Rudi Westendorp
**ALT WERDEN,
OHNE ALT ZU SEIN**

Rudi Westendorp

# ALT WERDEN, OHNE ALT ZU SEIN

## Was heute möglich ist

Aus dem Niederländischen von
Bärbel Jänicke und
Marlene Müller-Haas

Verlag C.H.Beck

Titel der niederländischen Originalausgabe:
Oud worden zonder het te zijn. Over vitaliteit en veroudering
© 2014 by Rudi Westendorp
Zuerst erschienen 2014 bei Uitgeverij Atlas Contact,
Amsterdam

Die Übersetzung dieses Buches wurde
von der niederländischen Stiftung für Literatur gefördert.

**N** ederlands
letterenfonds
dutch foundation
for literature

Für die deutsche Ausgabe:
© Verlag C.H.Beck oHG, München 2015
Gesetzt aus der Meridien roman im Verlag
Druck und Bindung: CPI – Ebner & Spiegel, Ulm
Umschlaggestaltung: Anzinger | Wüschner | Rasp, München
Gedruckt auf säurefreiem, alterungsbeständigem Papier
(hergestellt aus chlorfrei gebleichtem Zellstoff)
Printed in Germany
ISBN 978 3 406 66762 6

*www.beck.de*

# INHALT

SILVER ECONOMY – DAS LEBEN IN REVOLTE  9

**1**
**ALLES ALTERT, AUCH DIE BIBEL**  15
Es wird doch immer nur schlimmer, oder?  17
Nur auf die Nachkommen programmiert  19
*Rites de passage* – die Lebenstreppen des Menschen  25

**2**
**EWIGES LEBEN ODER**
**WIE MAN DAS ALTERN AUFSCHIEBEN KANN**  33
Die Hydra und der wunderbare Mechanismus
der Reparatur  35
Ein Herz auf Raten?  41

**3**
**UNSER EVOLUTIONÄRES PROGRAMM –**
**DER WEGWERFKÖRPER**  47
Altern muss nicht sein  49
Die Sache mit den Ressourcen  54
Sex gibt es nicht ohne Kosten  59
Aristokratische Fruchtfliegen  63

# 4
## STERBETAFELN – WER GELD HAT, LEBT LÄNGER 67
Wenn das Sterberisiko zu- oder abnimmt 69
Genetisch oder selbstverschuldet? 72

# 5
## ÜBERLEBEN UNTER WIDRIGEN BEDINGUNGEN 75
Ein außergewöhnlicher Fund im Tschad 77
Der noch «ursprüngliche» Bimoba-Stamm 83
Schwangerschaft versus Infektionskrankheiten 87
Wozu Großmütter gut sind 92

# 6
## JEDE WOCHE VERLÄNGERT SICH UNSER LEBEN UM EIN WOCHENENDE 97
Cholera und Pest – woran wir einst starben 99
Die neuen Todesursachen 106
Die Medizintechnik und der weniger bedrohliche Herzinfarkt 110
Man kann sich das Leben auch vermasseln 114

# 7
## BABYBOOMER UND VIELE ALTE 121
Unruhe unter den Totengräbern 123
Von der Pyramide zum Wolkenkratzer 125
Grüner und grauer Druck 129

**8**
**ALTERN IST EINE KRANKHEIT** 135
Krebs und die Concorde-Katastrophe 138
Immer mit Nebenwirkungen –
ein normales Altern gibt es nicht 141
Demenz – eine Epidemie 145
Ein Gebrechen nach dem anderen 151

**9**
**WARUM WIR UNWEIGERLICH ALTERN,
ABER NICHT UNBEDINGT ALT SEIN MÜSSEN** 157
Schon ganz jung ganz alt 161
Alt durch freie Radikale? 166
Langlebige Fadenwürmer und
das Wachstumshormon 168
Sollen wir weniger essen? 174

**10**
**LANG SOLLST DU LEBEN** 177
Länger krank durch Ärzte 178
Mehr Jahre ohne Einschränkungen 183
Der ausgefranste Saum des Lebens 188

**11**
**DIE QUALITÄT UNSERES DASEINS AUS
EINER ANDEREN PERSPEKTIVE** 191
Was ist eigentlich gesund? 194
Die Leidener 85-plus-Studie 196
Eine Note fürs Leben 203

**12**
**VITALITÄT!**
**AUCH IN UNSERER GESELLSCHAFT** **207**
Die neue Lebenstreppe **210**
Optimismus und Lebenslust **220**
Grau ist nicht Schwarz-Weiß **227**

**13**
**DER NEUE LEBENSLAUF** **231**
Fünfundsiebzig ist das neue Fünfundsechzig **233**
Wer ist wofür verantwortlich? **236**
Ein kleines Gedicht für einen Jubilar **241**

**EIN REZEPT FÜR DIE ZUKUNFT** **243**

**DANK** **251**

**ANMERKUNGEN** **253**

**REGISTER** **279**

# SILVER ECONOMY – DAS LEBEN IN REVOLTE

Unser menschliches Leben hat im vergangenen Jahrhundert eine Entwicklung erfahren, die man nur als radikal bezeichnen kann. Vergleichbar mit einer Explosion. Nie zuvor haben so viele Menschen in der westlichen Welt ein so hohes Alter erreicht. Es ist eine tief greifende gesellschaftliche Veränderung, die im Zusammenhang mit der Industriellen Revolution steht. Innerhalb von hundert Jahren stieg die durchschnittliche Lebenserwartung von vierzig auf achtzig Jahre, und die Chance, fünfundsechzig Jahre alt zu werden, verdreifachte sich. Auch Pensionäre und Rentner profitierten und profitieren von dieser Wandlung: Sie haben nicht mehr zehn, sondern zwanzig weitere Lebensjahre vor sich. Und dann gibt es noch Madame Calment, eine Französin, die 122 Jahre alt wurde, das war 1997. Die Neugeborenen von heute können auf ein noch längeres Leben hoffen; einer von ihnen wird mit Sicherheit seinen 135. Geburtstag erleben. All diese zusätzlichen Jahre sind uns nicht geschenkt worden, weil sich unser Körper – durch genetische Manipulation oder auf andere Weise – verändert hätte. Nein, unser Körper ist ziemlich gleich geblieben. Unsere stark ansteigende Lebensdauer ist die Konsequenz enormer Umgestaltungen, die wir in unserem Lebensraum bewirkt haben. Anders als früher hat heute jeder Mensch in der westlichen Welt etwas zu essen, aus den Wasserleitungen fließt sauberes Trinkwasser, und sehr viele Infektionskrankheiten sind inzwischen ausgerottet. Auch das Risiko, durch Kriege oder andere Gewalteinwirkungen zu Tode zu kommen, hat sich auf ein Minimum reduziert. Immer weniger Menschen sterben im Kindesalter, fast alle erreichen heute ein hohes Alter. Zudem leben wir länger, weil wir Alterserkrankungen oder Verschleißerscheinungen immer wirkungsvoller behandeln können.

Unsere emotionale und soziale Anpassung an diese Revolution hinkt allerdings noch stark hinterher. Wir sind vollständig in alten Mustern festgefahren. Wer erzieht seine Kinder schon in der realen Erwartung, dass sie hundert werden? Wer nimmt mit einem Schulterzucken hin, wenn der Sohn oder die Tochter eine Klasse wiederholt? Eltern von heute versuchen, ihre Kinder innerhalb von zwanzig Jahren für das Leben zu drillen; stattdessen sollten sie ihnen lieber vermitteln, dass sie permanent weiterlernen müssen, um nicht die Kontrolle über die sich verändernden Lebensbedingungen zu verlieren. Und was werden Sie tun, wenn Ihre Kinder einmal erwachsen sind? Die Zeit, in der man nur lebte und arbeitete, um seine Kinder großzuziehen und danach – im wortwörtlichen wie im übertragenen Sinne – in den Ruhestand zu gehen, gehört definitiv der Vergangenheit an. Heutzutage haben Eltern, nachdem ihre Kinder ausgeflogen sind, mit dem Problem zu kämpfen, wie sie dieses lange Leben sinnvoll gestalten sollen. Das ist auch mir, einem Vierundfünfzigjährigen, nicht fremd. Eine längere Lebensdauer ist zum Teil erblich bedingt, und mit einer Großmutter mütterlicherseits, die neunundneunzig wurde, werde ich vielleicht neunzig oder sogar hundert Jahre alt. Was für ein Horror! Was soll ich die kommenden vierzig Jahre bloß tun, mit zwei erwachsenen Töchtern, die ausgezeichnet allein zurechtkommen? Natürlich bin ich froh, dass ich nicht in jungen Jahren gestorben bin, und ich freue mich auch auf ein sorgenfreies Alter. Gleichzeitig sehe ich am Ende des Lebens Gewitterwolken aufziehen, und ich frage mich, ob mich dieses Unwetter wohl verschonen wird. Ein langes Leben ist ein beeindruckender Erfolg, aber zugleich auch eine beängstigende Perspektive. Werde ich ungelenk, taub, mit schlechtem Sehvermögen und inkontinent auf mein Ende zugehen? Oder sind das die üblichen Ängste eines Mannes zwischen fünfzig und sechzig, der meint, dass es von nun an in allem nur noch bergab geht?

Nicht jeder freut sich auf ein langes Leben. Es macht Menschen nervös. Manche sprechen von einer Katastrophe, die über uns hereingebrochen ist. Es zirkulieren Schätzungen, dass von allen Fünfundsechzigjährigen, die je auf Erden gelebt haben, die Hälfte heute zu finden ist. Warum hat niemand die Notbremse gezogen? Die Sicherheiten von ehedem sind Aussichten gewichen, die sich noch nicht klar auf unserer Netzhaut abzeichnen. Es ist alles auch sehr schnell gegangen. Viele von uns denken beim Älterwerden an das Leben ihrer Eltern oder Großeltern wie an ein Schifffahrtszeichen, nach dem sie auf der stürmischen See des Lebens navigieren können. Doch zwischen der Zeit unserer Großeltern und unserer eigenen als Großeltern liegen vier Generationen und etwa hundert Jahre. Deshalb ist es irrig zu meinen, wir könnten aus den Lebensgeschichten unserer Eltern und Großeltern ableiten, wie wir selbst altern werden. Diese Bilder sind für das Leben, das uns bevorsteht, nicht maßgeblich. Wir können von ihrem Wissen und ihrer Erfahrung zehren, aber leben müssen wir mit dem Blick nach vorn.

Wenn man mit offenen Ohren zuhört, erfährt man von alten Leuten, dass Leben harte Arbeit ist. Altwerden geht mit Verlust einher, manchmal unverhofft und früh, aber immer öfter auch langsam und später. Irgendwie müssen wir uns darauf einstellen und unsere Vorkehrungen treffen. Artur Rubinstein (1887–1982), einem der größten Pianisten der Welt, gelang es bis ins hohe Alter, sein Publikum zu verzaubern. Er kompensierte den Verlust an Fingerfertigkeit, indem er sein Repertoire einschränkte, mehr übte und zu Beginn eines Stückes langsamer spielte, sodass er das Tempo, falls erforderlich, leichter steigern konnte. Glücklicherweise gelingt es älteren Menschen im Allgemeinen gut, sich ihren Funktionsverlusten anzupassen. Sie sind in der Regel mit ihrer Gesundheit zufrieden. Zwei Drittel von ihnen beschreiben den eigenen Gesundheitszustand als gut bis sehr gut. Trotz dieser positiven Einschätzung ist vielen Menschen der Gedanke ein Gräuel, immer älter zu werden: «Wozu soll das gut sein?» Doch es hat keinen Sinn, die Tatsachen zu leugnen. Merkwürdigerweise wird die Frage, ob wir länger gesund bleiben wollen, trotzdem einmütig positiv beantwortet. Dann ruft jeder: «Aber selbstverständlich!» Und gerade dies – länger gesund zu bleiben – gelingt uns immer besser, was eben dazu führt, dass wir auch immer älter werden. Unsere Gesellschaft ist im Hinblick auf den Alterungsprozess nicht weniger wankelmütig. Studenten müssen sich in immer kürzerer Zeit immer speziellere Fertigkeiten aneignen, damit sie für den heutigen Arbeitsmarkt nicht zu alt und zu unangepasst sind. Doch mit der ganzen Rastlosigkeit wird ihre Produktivität langfristig eher ab- als zunehmen. Wenn man erst einmal die fünfzig überschritten hat, sollte man heutzutage besser nicht mehr seinen Arbeitsplatz wechseln. Und sollte man in diesem Alter seine Stelle verlieren, wird es verdammt schwierig, einen neuen Job zu finden. Es gibt so gut wie keine Angebote. Unter Arbeitgebern geht die Mär um, die körperlichen und geistigen Fähigkeiten von «Senioren» seien eingeschränkt und würden schnell abnehmen. Es sei daher nicht mehr sinnvoll, in deren Körper und graue Zellen zu investieren. Obwohl mancher Unternehmer in der *silver economy* ungeahnte Chancen sieht – noch nie hat es so viele ältere Menschen gegeben, die durch Arbeit oder Konsum zu unserer Wirtschaft beitragen –, wird gleichzeitig die Überalterung als *die* Ursache der sozioökonomischen Probleme angesehen, mit denen wir heute zu kämpfen haben. Im Zeitraum von hundert Jahren hat sich die bestehende biologische und gesellschaftliche Ordnung überlebt, diese Ordnung ist reif für eine Revision. Wir müssen unser Leben neu einrichten und es mit den Bedingungen, unter denen wir heute leben, in Einklang bringen. Zögernd beginnt man in den westlichen Ländern damit, das Rentenalter um einige Jahre anzuheben. Vielleicht ist es sogar besser, eine Festlegung des Rentenalters gänzlich abzuschaffen. Es zwingt uns in ein Korsett, in das wir immer schlechter hineinpassen. Weil wir heute länger gesund bleiben als je zuvor, haben wir die Chance, und auch die Verantwortung, unser Leben zu gestalten.

Dieses Buch ist ein TomTom, das uns dabei helfen kann, in dem vor uns liegenden Leben besser zu navigieren. Ich werde aufzeigen, wie und warum sich Menschen im Lauf von Millionen von Jahren ihrer Umgebung angepasst haben. Ich werde auch darstellen, dass es uns stetig besser gegangen ist – so viel besser, dass der Altersaufbau unserer Bevölkerung mittlerweile nicht mehr einer Pyramide gleicht, sondern einem Wolkenkratzer. Damit erhebt sich natürlich die Frage, was wir nun mit diesem langen Leben anfangen sollen. Gelingt es uns selbst, ihm eine Wendung zu geben? Alle sagen, dass es «normal» sei, alt zu werden, dass das «üblich» sei. Aber ist das auch so? Was können wir von Menschen lernen, die extrem lange ein gesundes Leben führen? Hilft es, weniger zu essen oder Hormone, Vitamine und Mineralien zu schlucken? Was können wir von älteren Menschen lernen, die trotz Krankheit und Gebrechen vital im Leben stehen? Wie bewahren sie ihr Wohlbefinden? Natürlich beschäftige ich mich auch ausführlich mit den gesellschaftlichen und politischen Implikationen dieser Explosion von Leben.

All dies betrachte ich durch eine medizinisch-biologisch-evolutionäre Brille. Wie das Buch zeigen wird, ist das die einzige Perspektive, die erklären kann, warum wir altern. Innerhalb dieses evolutionären Rahmens, in dessen Zentrum Sex und Fortpflanzung stehen, wird deutlich, dass die Entwicklung von Neugeborenen und das Vergreisen von Erwachsenen zwei Seiten derselben Medaille sind. Die Liebe zu Kindern ist in unseren Genen ebenso angelegt wie der «Verfall» unseres Körpers in hohem Alter.

Obwohl der Alterungsprozess im Detail ziemlich kompliziert und vielgestaltig ist, versuche ich, ihn verständlich zu erklären. Aus diesem Grund leite ich jedes Kapitel mit einer kurzen Zusammenfassung ein. Aus Gründen der Lesbarkeit habe ich auf einen Anmerkungsapparat verzichtet. Wer jedoch mehr wissen möchte, kann am Ende des Buches Kapitel für Kapitel eine ausführliche annotierte Literaturliste einsehen.

Ich komme nicht umhin, allgemeine Begriffe wie «Kinder», «Jugendliche», «Erwachsene» und «ältere Menschen» zu verwenden. «Ältere Menschen» sind Erwachsene, bei denen der Alterungsprozess bereits eingesetzt hat, was durchschnittlich nach fünfzig Jahren der Fall ist. Den Begriff «hohes Alter» verwende ich für Menschen über fünfundsiebzig. Unter «höchstes Alter» fasse ich die über Fünfundachtzigjährigen zusammen. Das ist das Alter, in dem derzeit die meisten Menschen sterben.

Und schließlich: Heutige ältere Menschen sagen, dass ihr Leben bis ins höchste Alter absolut lebenswert sei. Von ihnen können wir lernen, wie man das macht, alt zu werden, ohne es zu sein. Es ist mir ein Vergnügen, sie in den letzten Kapiteln zu Wort kommen zu lassen.

# 1

## ALLES ALTERT, AUCH DIE BIBEL

• • •

Alles, was existiert, altert.
Das gilt für Bücher, Biergläser und
Waschmaschinen – und auch für Menschen.
Altern ist ein Prozess, der aus einer
Anhäufung minimaler Beschädigungen besteht,
die uns allein deshalb treffen, weil wir existieren.
Aus biologisch-evolutionärer Sicht spricht nichts dafür,
alt zu werden. Was zählt, ist der Beginn des Lebens,
die Fähigkeit, Kinder zu zeugen, zu bekommen und
großzuziehen. Ist dieser Prozess abgeschlossen, ist
die Mission des Menschen im biologischen Sinn erfüllt.
Im Alterungsprozess sind Lebensalter,
Gesundheit und gesellschaftliche Stellung
unauflösbar miteinander verknüpft.
Dank der medizinisch-technischen Entwicklungen
bedingen sich biologisches und kalendarisches
Alter jedoch immer weniger.

Vor einiger Zeit wurde ich eingeladen, über das Altern zu sprechen, und zwar vor einem kleinen Diskussionsforum, das einmal jährlich zusammenkommt, um ein ernstes Thema zu erörtern. Diese Gesellschaft besteht seit langem, die Mitglieder waren also schon in gesetztem Alter. Das Thema beschäftigte die Teilnehmer und sie erhofften sich von mir, mehr Klarheit darüber zu gewinnen.

Es war ein freier Vortrag. Doch ob frei oder nicht, es ist nicht leicht, Laien das Wesen des Alterungsprozesses zu erklären. Auch ich sehe mich erst seit ein paar Jahren in der Lage, dazu klare Gedanken zu entwickeln. Ich wollte meinen Zuhörern experimentell beweisen, dass Altern ein allgemein auftretendes Phänomen ist, nicht nur bei Menschen, sondern auch bei unbelebter Materie. Ich hoffte, damit eine interessante Diskussion anstoßen zu können. In meinem Bücherschrank stand noch eine ledergebundene Bibel von 1856. Ein Bücherwurm hatte darin seine Bohrlöcher hinterlassen. Ich nahm das Buch aus dem Schrank und schlug es auf. Beim Umblättern der Seiten brachen einige Bögen auseinander. Obwohl ich sehr vorsichtig war, zerfielen die Seiten unter meinen Fingern zu Staub. Das Buch war alt, sehr alt geworden.

Diese Konfrontation mit der zerbröselnden Bibel hinterließ großen Eindruck bei den Mitgliedern der Gesellschaft. Bis in ihre Knochen hinein fühlten sie, dass ihr Körper genau denselben Prozess durchlaufen hatte wie das brüchig gewordene Buch. Es war wie eine Offenbarung, zu erkennen, dass *alles* altert. Ich vergaß jedoch nicht zu erwähnen, dass *ein* Teil der Bibel nicht veraltet, nämlich ihr Inhalt. Der wird immer wieder gelesen, gesprochen, gesungen und immer wieder aufs Neue gedruckt. Die Texte bleiben taufrisch.

## Es wird doch immer nur schlimmer, oder?

Der Vergleich alter Bücher mit alten Menschen mag simpel erscheinen, ist es aber nicht. Die Idee kam mir nach der Lektüre der Werke des britischen Nobelpreisträgers Peter Medawar. Es war 1998 in England, als ich mich zum ersten Mal fragte, warum wir eigentlich altern.

Die Generation von Ärzten, zu der ich gehöre, drückte in den Siebziger- und Achtzigerjahren die Schulbank. Unsere Ausbildung war von der Differenzierung zwischen Kindern und Erwachsenen geprägt, mehr Variationen in Sachen Alter kannten wir damals noch nicht. Das Altern an sich wurde nur nebenbei behandelt. Erst viel später, in England, habe ich mir die Wissensgrundlagen des Alterungsprozesses angeeignet. Bemerkenswerterweise musste ich dafür den Bereich der Medizin verlassen und mich auf das Feld der Biologie begeben. Zur Aufgabe von Biologen gehört es, die Vielfalt und den Lebenslauf – die Entwicklung, die Fortpflanzung und den Abbau – der Arten unter höchst unterschiedlichen Bedingungen zu erklären. Daher wird in der Biologie schon sehr lange über Alterungsprozesse nachgedacht; hier findet sich eine große Schar von Altersforschern, beginnend mit Charles Darwin. Es ist erstaunlich, wie wenig von diesem reichen biologischen Wissen und den dort entwickelten Gedanken in die Medizin Eingang findet, umso mehr, als es heutzutage in der Mehrzahl alte Menschen sind, die ärztliche Hilfe in Anspruch nehmen.

In England, weit weg vom Krankenbett der Patienten, fand ich als Mitglied einer biologischen Forschergruppe, die mit Würmern und Fliegen experimentierte, die Zeit, über den Prozess des

Alterns nachzudenken. Warum lassen alle Lebensfunktionen nach? Einer der klassischen Forscher, den ich dort in seinen Schriften kennenlernte, war Peter Medawar, der für eine völlig andere Thematik – Transplantationen und Immunsystem – den Nobelpreis erhalten hatte. 1951 hielt er zur Eröffnung seines Labors eine Rede mit dem Titel «An Unsolved Problem of Biology» («Ein ungelöstes Problem der Biologie»), ein Versuch zu verstehen, warum wir altern. Bis auf den heutigen Tag ist es ein wahrer Genuss, diesen Vortrag zu lesen. In Leiden verwenden wir sein Werk als Einführung in unseren Kurs «Das Altern» für Medizinstudenten.

Medawar gelingt es, das Interesse des Lesers zu wecken, indem er in ganz einfachen Worten vor Augen führt, dass sich der Alterungsprozess überall beobachten lässt. Sein Vergleich von Gläsern und Menschen eröffnete mir einen völlig neuen Blickwinkel. Wenn ein Barmann ein Glas Bier zapfen möchte, auf dem Weg zum Zapfhahn jedoch versehentlich an den Tresen stößt, kann das Glas unter Umständen zerbrechen. Mitunter handelt es sich dabei um ein neues Glas, das wegen einer Unregelmäßigkeit, die sich beim Pressen oder Blasen ergeben hat, noch unter Spannung stand. Ein Fabrikationsfehler. Aber der größte Teil der Gläser, die auf diese Weise zerbrechen, ist einfach alt und geht schon beim geringsten Anstoßen kaputt. Ein «junges» Glas antwortet klingend, wenn damit gegen den Tresen getippt wird: Der Stoß wird vom Material aufgefangen. Welch ein Unterschied zu einem alten Glas, das mit einem dumpfen Knall reagiert und entzweigeht. Wir sprechen von «Materialermüdung», einer Anhäufung minimaler Strukturschäden. Das alte Glas sieht noch gut aus, wird aber schon bei geringer Belastung zerspringen, so wie ein alter Gummiring beim Dehnen zerreißt.

Wie Bücher und Biergläser gehen auch Waschmaschinen nach einer gewissen Zeit kaputt, nicht aufgrund eines Fabrikationsfehlers, sondern weil in all den Jahren so viel Verschleiß und so viele Schäden an dem Apparat aufgetreten sind, dass er schon bei normaler, nicht übermäßiger Belastung nicht mehr funktioniert. Ein solches Gerät ist dann alt und wird nicht selten ersetzt.

Weil Hersteller von Waschmaschinen die Alterungsgeschwindigkeit ihres Produkts gut kennen, können sie die Lebensdauer des Geräts genau einschätzen. Das ausgewählte Material und die eingesetzte Technik bestimmen zum größten Teil, wie lange eine Maschine halten wird. Deshalb ist es kein Zufall, dass eine Waschmaschine «plötzlich den Geist aufgibt» und ersetzt werden muss. Dafür ist sie schließlich gebaut worden! Im Internet kann man in Tabellen nachlesen, für wie viele Waschgänge die verschiedenen Modelle entworfen wurden.

Die Erkenntnis, dass alle unbelebte Materie altert, ist ein wesentlicher Schritt zum Verständnis des menschlichen Alterungsprozesses. Wir altern nicht, weil wir leben, sondern allein dadurch, dass wir «da sind». Es ist ein universelles Prinzip. Bücher, Gläser, Gummiringe und Waschmaschinen altern, auch wenn man sie nicht benutzt. Im Lauf der Zeit wird das Material spröde, sodass es bei geringster Belastung birst. Wenn ein Schaden in dem Gewebe entsteht, aus dem Lebewesen aufgebaut sind, verhält sich das nicht anders. Die Menschen werden krank, entwickeln Gebrechen und sterben schließlich. So kann man Altern ganz allgemein definieren: Etwas oder jemand wird im Lauf der Jahre stets zerbrechlicher und verletzlicher und geht bei minimaler Belastung kaputt beziehungsweise stirbt. Damit verbindet sich mit dem Altern sofort der negative Gefühlswert, den das Wort bei vielen weckt: «Hab ich's nicht gesagt? Es wird immer nur schlechter.»

## Nur auf die Nachkommen programmiert

Haben wir erst einmal die fünfzig erreicht, dann ist die Realität unübersehbar: Unser Körper verlangt größere Aufmerksamkeit. Bis dahin war er nach jeder gewaltigen Anstrengung problemlos wieder in Schwung gekommen, doch von nun an macht sich ein Arbeitstag im Garten deutlich bemerkbar. Am nächsten Morgen senden Arme, Rücken und Beine unmissverständliche Signale. Unser Körper braucht Zeit und Ruhe, um den erlittenen Schaden an Muskeln und Gelenken zu reparieren, ob mit oder ohne die Unterstützung von massierenden Händen oder Tabletten. Beim ersten Mal nehmen wir diese Beschwerden noch mit einer gewissen Gelassenheit hin. Wir argumentieren, dass jeder, der Sport treibt oder im Garten tätig ist, ab und zu eine Blessur abbekommt: «Im Nachhinein betrachtet war es auch eine idiotische Idee, in nur einem Tag den ganzen Garten umgraben zu wollen.» Hat sich dieses Muster aber mehrmals wiederholt, überlegen wir uns, ob wir nicht unsere körperliche Kondition verbessern müssten. So schwer kann das doch nicht sein! Guten Mutes gehen wir ins Fitnessstudio. Dort erweist sich das Problem als unerwartet hartnäckig: «Anfangs geriet ich beim Training noch schnell außer Atem. Das hat sich binnen weniger Wochen gebessert. Nur der Muskelkater danach hält verdammt lange an! Alle Wehwehchen ziehen sich viel länger hin, als ich es von früher in Erinnerung habe. Ich brauche mehr Zeit, um wieder fit zu werden, um wieder ins Gleichgewicht zu kommen. Es geht mir bei Weitem nicht schlecht, aber dieses Knie, das bleibt meine Schwachstelle. Es bleibt steif und schmerzt, und das will trotz der Übungen einfach nicht besser werden.» Nach fünfzig Lebensjahren ist der Körper offenbar empfindlich geworden, eine hartnäckige Verletzung hat sich eingestellt und der Gang zum Physiotherapeuten wird unvermeidlich. «Ich hatte vorher noch nie Probleme mit dem Knie», erzählen wir dem Therapeuten ungehalten. Das so beherzt aufgenommene Trainingsprogramm muss bis auf Weiteres reduziert werden.

Charles Darwin und Peter Medawar haben es erkannt: Aus evolutionär-biologischer Sicht gibt es keinerlei Grund, alt zu werden. Im Zentrum steht die Entwicklung vom Neugeborenen zum sexuell aktiven Individuum. Menschen müssen sich fortpflanzen und für ihre Kinder sorgen, damit auch diese ihre Sexualität entwickeln und Nachkommen bekommen können. Die DNA, die Blaupause unseres Körpers, bedingt einen «ewig» währenden Zyklus. Die Anlage zu dieser zyklischen Wiederholung bezeichnete Charles Darwin als *fitness*. Darunter verstand er nicht körperliche Kraft oder Widerstandskraft gegen Krankheiten, für ihn kennzeichnete Fitness vielmehr das Vermögen und den Drang, Kinder zu zeugen und Kinder zu gebären – je mehr, desto besser. Nicht nur unser Körperbau, auch die Entwicklung unseres Charakters ist Teil dieses «Fitnessprogramms». Und natürlich steht für uns der eigene Nachwuchs an erster Stelle; wir fühlen eine starke Verantwortung für unsere Kinder, weil sie noch lange von uns abhängig sind, bevor sie eigene Familien gründen.

Laufen, Sprechen, Überleben und Liebenlernen – eigentlich alles biologische Funktionen – stehen im Dienste des Fitnessprogramms. Wir sind das Produkt natürlicher Auslese, der treibenden Kraft der Evolution. Gut an ihre Umgebung angepasste Individuen einer bestimmten Art haben größere Chancen, zu überleben und für ihre Nachkommen sorgen zu können, als weniger gut angepasste. Weil diese besser angepassten Individuen die dazu benötigten Eigenschaften an ihre Nachkommen weitergeben, gewinnen die angepassten Individuen in der Population immer mehr die Oberhand. Oder wie Darwin es formulierte: *Survival of the Fittest* – die am besten Angepassten werden überleben.

Bei Menschen dauert das Fitnessprogramm etwa fünfzig Jahre. Die dafür benötigte Information ist in der DNA festgelegt. Zunächst ereignet sich das biologische Wunder, dass ein wehrloses Geschöpf sich in fünfzehn bis zwanzig Jahren zu einer einzigartigen Persönlichkeit entwickelt. Diese Entwicklung ist genau programmiert, wir können das Verhalten von Pubertierenden aus einer evolutionär-biologischen Perspektive erklären. Die natürliche Auslese macht einen Jugendlichen zu dem, was er ist: ehrgeizig, risikofreudig und voller Sehnsucht nach Zuneigung und Sex. Ohne diese Eigenschaften gibt es keine Fitness und wäre es um unsere Art schnell geschehen.

Auf diese Entwicklungsphase folgt die Periode des Erwachsenseins. Das Fitnessprogramm macht uns stark, damit wir lange genug überleben können, um unsere Kinder großzuziehen. Aus diesem Grund unterliegen auch die Tatkraft sowie die Fähigkeit, Entscheidungen zu treffen und Probleme zu lösen, der natürlichen Auswahl. Fitness erfordert einen optimistischen Blick auf das Leben, wobei das eigene Können nicht überschätzt werden darf. Im Erwachsenenalter ist es zusätzlich noch wichtig, dass die Entwicklung von Körper und Geist gut aufeinander abgestimmt ist. Die Fruchtbarkeit, insbesondere der Zyklus der Frau, ist kompliziert und störanfällig; beim geringsten physischen oder emotionalen Stress verschiebt sich dieser Rhythmus, was wiederum Unfruchtbarkeit nach sich zieht. Menschen müssen Lust auf Sex haben, sonst entsteht kein neues Leben.

Und dann, nach einer Zeitspanne von zwei Generationen, lässt alles im Leben ein wenig nach. Es ist in etwa so, als hätten buddhistische Mönche wochenlang, mit minutiöser Aufmerksamkeit und begleitet von Ritualen, aus winzigen Sandkörnchen ein Mandala geschaffen, um es anschließend im Handumdrehen wegzuwischen: Die Zeremonie ist vorbei, das Mandala hat seine Funktion erfüllt. Viele Eltern können darüber lachen, dass ihr Körper aus dem Leim geht, aber viele jüngere Menschen werden häufig allein schon bei dem Gedanken daran panisch. Einige sehen ihrem dreißigsten Geburtstag mit Angst und Schrecken entgegen: «Sehe ich dann noch gut aus?» Einige Männer werden schon vor ihrem dreißigsten Lebensjahr kahl oder bekommen womöglich bereits graue Haare. Kahl wird man, wenn die Haarwurzeln absterben. Grauwerden ist ein vergleichbarer Prozess: Die Wurzel ist zwar noch vorhanden, aber die Melanin produzierenden Zellen sind verloren gegangen und damit die Fähigkeit, dem Haar Farbe zu verleihen – als wäre die Farbpatrone eines Druckers leer geworden. Aber wie schlimm es einen persönlich auch treffen mag, bereits mit dreißig kahl oder mit vierzig grau geworden zu sein, das Fitnessprogramm an sich bleibt davon unberührt. Man verliebt sich, bevor man zwanzig ist, und auf diese Weise können Kinder da sein, bevor man die dreißig erreicht. Kahlheit und graue Haare treten erst auf, wenn ein Mensch erwachsen ist und für seine Nachkommen sorgen muss; körperlich attraktiv muss man dafür nicht mehr sein.

Altern bedeutet allerdings mehr als kahl und grau werden. So spiegeln die Laufzeiten, die ein Mensch beim Marathon erreicht, recht genau die Entwicklung und den Abbau seines Körpers wider. Man muss erwachsen und endlos viele Kilometer gerannt sein, bis man zum ersten Mal einen Marathon zu Ende laufen kann. Wenn man danach weitertrainiert, wird sich die benötigte Zeit rasch verringern. Die kürzeste Zeit, die ein Mensch bis zum Zieleinlauf benötigt, wird im Alter von etwa dreißig Jahren erreicht. Die Chance, danach noch Olympiasieger zu werden, ist vernachlässigbar gering, wie intensiv das Trainingsprogramm auch sein mag. Der Stresstest über zweiundvierzig Kilometer demonstriert gnadenlos, wie die Fähigkeit zu körperlichen Spitzenleistungen – viel früher, als es manch einer erwartet – nachlässt. Das Los von Eisschnellläufern und Radrennfahrern ist nicht anders. Wie viele über Dreißigjährige stehen noch auf dem Treppchen? Doch im Alltagsleben eines normalen Erwachsenen, das aus der Sorge um Heim und Nachkommen besteht, muss man mit dreißig keine körperlichen Spitzenleistungen mehr vollbringen können. Dann dauert es bei durchschnittlicher Leistungsfähigkeit noch einmal zwanzig Jahre, bevor man es nach einem Tag Gartenarbeit am nächsten Morgen nicht mehr aus dem Bett schafft.

In hohem Alter ist die Gehgeschwindigkeit ein guter Gradmesser für das Ausmaß der bleibenden Schäden, die sich in unserem Körper angehäuft haben, und für die noch verbliebenen Restfunktionen. Manche Senioren können sich bis ins hohe Alter flott bewegen. Sie überleben im Durchschnitt länger als ihre steifen, ungelenken Altersgenossen, die nur mühsam vorankommen. Von allen Richtgrößen, die Ärzten zur Verfügung stehen, um die Anfälligkeit und das Sterberisiko ihrer Patienten einzuschätzen, scheint die Gehgeschwindigkeit eine der aussagekräftigsten zu sein. Sie verrät nicht nur etwas über die Leistungsfähigkeit von Muskeln und Gelenken, sondern auch über die der Nerven, des Herzens und der Lunge. Sich in hohem Alter recht flott bewegen zu können, deutet darauf hin, dass der Alterungsprozess des Körpers noch nicht mit aller Härte zugeschlagen hat.

Die Entwicklung und das Altern unseres Gehirns weisen dasselbe Muster auf wie unser restlicher Körper. Den meisten von uns fällt es schon nicht leicht, das Nachlassen ihrer körperlichen Leistungskraft zu akzeptieren, besonders unangenehm finden wir es aber, wenn uns unser Kopf bereits frühzeitig im Stich lässt. Jeder weiß, dass kein Vater, keine Mutter, keine Oma und auch kein Opa jemals bei Memory gewinnen kann, wenn Kinder und Enkelkinder mitspielen. Das gelingt selbst dann nicht, wenn die Älteren aus reinem Frust ihr Bestes geben; wenn die Anspannung steigt, werden die Leistungen noch schlechter. Die Fähigkeit von Kindern, Bilder zu erkennen, sie mit Zeit und Ort zu verknüpfen, diese Informationen im Gedächtnis zu speichern und auf Abruf zu reproduzieren, ist phänomenal. Im Kindesalter, wenn man jederzeit Vater und Mutter unter Tausenden herausfinden muss, ist dieses Talent unverzichtbar – ein Selektionskriterium. Mit zunehmendem Alter nimmt die Fähigkeit zu diesem Kunststückchen schnell ab; trotzdem kann man noch bis zu seinem 100. Geburtstag mit großem Vergnügen Memory spielen. In der Regel ist auch dann noch genug an Hirnfunktion vorhanden, es bleibt genügend Restkapazität.

Mathematikprofessoren werden meistens im Alter von etwa dreißig Jahren berufen. Albert Einstein schrieb seine bedeutendsten Werke, bevor er vierzig war. Offenbar ist dann der Gipfel des menschlichen algebraischen und theoretischen Könnens erreicht. Das ist zwar früh, aber bedeutend später als die Pubertät, der Zeitpunkt, zu dem man aus evolutionärer Sicht erwachsen ist. Merkfähigkeit, räumliches Denken, Gedächtnis und Reproduktionsvermögen sind im jugendlichen Alter optimal ausgebildet. Aber trotz der Minderung dieser einzelnen kognitiven Fähigkeiten werden Erwachsene beim Lösen komplexer Probleme mit der Zeit immer besser. Die einzelnen Funktionen ergänzen sich zunehmend besser, weil sie sich perfekter aufeinander einspielen. Dies gilt auch für das Lösen heikler emotionaler und sozialer Probleme. Dafür braucht man soziale und intellektuelle Fähigkeiten, die man sich zu einem Großteil durch Übung aneignen muss. Daher spielt auch das Umfeld, in dem man aufwächst, eine so große Rolle. Es ist vor allem ein *biologisches* Faktum, dass man mit zwanzig Vater oder Mutter und mit dreißig Mathematikprofessor werden kann, aber es sind Erfahrung und Kultur, die aus einem Menschen einen effektiven Entscheidungsträger, eine *Grande Dame* oder einen weisen Mann machen. Die Reife dafür erreicht man erst in den Vierzigern, denn dann erst stehen einem in beruflicher und persönlicher Hinsicht die größten Herausforderungen bevor.

## *Rites de passage –* die Lebenstreppen des Menschen

Solange es den Menschen gibt, hat er die wichtigen Momente seines Lebens – Geburt, Erwachsensein, Hochzeit, Tod – durch Rituale markiert. Diese Rituale helfen dem Einzelnen wie der Gesellschaft, sich von der alten Rolle zu verabschieden und eine neue Rolle zu übernehmen. Taufe, Kommunion, der erste Schultag oder die Aufnahme in eine Studentenverbindung sind andere Beispiele für Übergangsrituale unserer westlichen Gesellschaft. Der französische Anthropologe Arnold van Gennep (1873–1957) bezeichnete diese Rituale als *rites de passage*. Er sah in ihnen einen Bestandteil des Sozialisationsprozesses, der Anpassung des Menschen an seine Umgebung.

Seit dem 16. Jahrhundert kennen wir die Lebenstreppe beziehungsweise die «Lebensalterstufen». Dabei handelt es sich um eine Darstellung von «des Menschen Auf- und Niedergang», eine strukturierte, chronologische Einteilung in Form eines Treppengiebels mit einer aufsteigenden Linie, einem Höhepunkt und einer absteigenden Linie mit dem Tod als Endpunkt. Auf den meisten Zeichnungen sieht man eine Lebenstreppe von null bis hundert Jahren in zehn Stufen: links beginnend bei einem Kleinkind, dem die Zukunft offensteht, und rechts endend bei einem buckligen Alten, der nur noch ein Schatten seiner selbst ist. Jung und alt stehen als die beiden Extreme auf den untersten Stufen, sie versinnbildlichen, dass Anfang und Ende des Lebens feststehen. Genau in der Mitte, mit fünfzig Jahren, wird die höchste Stufe erreicht: Hier ist ein Mann in all seiner Pracht und Herrlichkeit zu sehen. An diesem Punkt weichen die überlieferten Stiche voneinander ab. Einige Männer werden als lorbeergeschmückte Soldaten gezeigt, andere als erfolgreiche Kaufleute oder Aristokraten. Im Vordergrund ist fast immer das Jüngste Gericht zu sehen. Die Vorstellung vom Lebenslauf war selbstverständlich in die herrschende christliche Moral eingebettet. Das trug zweifellos mit dazu bei, dass bis zum Beginn des 20. Jahrhunderts in vielen europäischen Haushalten ein Exemplar der Lebenstreppe an der Wand hing.

Auf den meisten Stichen steht, wie bereits erwähnt, ein Mann an der Spitze, auf einigen Lebenstreppen werden jedoch auch Frauen dargestellt. Auf einer Fassung einer solchen weiblichen Lebenstreppe erreicht die Frau die höchste Stufe bereits mit zwanzig Jahren! Sollten wir daraus ableiten können, dass bei Frauen der Alterungsprozess bereits in jüngeren Jahren einsetzt? Dafür gibt es keine biologischen Argumente, eher ist das Gegenteil der Fall. Frauen leben im Schnitt unter nahezu allen Bedingungen länger als Männer. Um es in aller Kürze zu sagen: Der in diesen Darstellungen von Lebenstreppen unterstellte schnelle Niedergang der Damen zeigt vor allem deren Sozialstatus. Die Lebenstreppen spiegeln schonungslos, wie in den vergangenen Jahrhunderten über den gesellschaftlichen Lebenslauf von Mann und Frau gedacht wurde. Das war übrigens weitaus noch nicht das Schlimmste. Manchen Frauen wurden nach der Menopause magische Kräfte zugeschrieben. «Sie konnten Gras verdorren und Früchte am Baum verschrumpeln lassen.» Frauen aus guten Familien hatten diese Eigenschaften natürlich nicht.

Die *rites de passage* in den Lebenstreppen führen vor Augen, wie stark Alter, Gesundheit, soziale Stellung und Lebensraum miteinander zusammenhängen. Gerade darum ist es von großer Bedeutung, die zahllosen Erscheinungsformen des Alterns voneinander zu unterscheiden. Es gibt ein kalendarisches, ein biologisches und ein gesellschaftliches Alter, und die Beziehungen zwischen den drei Kategorien hängen von der Zeit ab, in der Menschen leben. Zum Teil sind die unterschiedlichen Altersformen und das jeweilige Umfeld unauflöslich miteinander verbunden, doch viel häufiger liegen diesen Verbindungen bewusste oder unbewusste Entscheidungen zugrunde.

Das kalendarische Alter ist das eindeutigste Phänomen: Jedes Jahr feiern wir unseren Geburtstag. Manchmal sind es Jubeljahre, die einem innerhalb der Gesellschaft einen neuen Status verleihen. Das bezeichnen wir als soziales Alter. So wird man mit achtzehn in der Regel gesetzlich als volljährig anerkannt, man erhält das Stimmrecht und darf ohne Erlaubnis der Eltern seinen Partner heiraten. Dass achtzehn Jahre dafür ein gutes Alter ist, beruht auf einer gesellschaftlichen Festlegung. Vor nicht allzu langer Zeit waren es noch einundzwanzig Jahre gewesen. Auf der gegenüberliegenden Seite des Lebens bietet das Erreichen des fünfundsechzigsten Lebensjahrs in vielen Ländern Arbeitgebern eine gesetzlich fixierte Gelegenheit, ihre Arbeitnehmer ohne Angabe von Gründen entlassen zu können. Dieses Recht der Arbeitgeber kam auf, als Reichskanzler Otto von Bismarck Ende des 19. Jahrhunderts mit großer Geste den wenigen Beamten, die ihren fünfundsechzigsten Geburtstag erlebten, eine Pension zahlte. Damit war für viele, sowohl für Arbeitgeber wie für Arbeitnehmer, das fünfundsechzigste Jahr zur Norm erhoben worden, um sich nunmehr aus dem tätigen Leben zu verabschieden und ihre Pension beziehungsweise Rente zu genießen. Dabei treten jedoch große Unterschiede auf: Franzosen wird diese Errungenschaft bereits mit sechzig gegönnt, chinesischen Männern mit fünfundfünfzig und chinesischen Frauen mit fünfzig Lebensjahren.

Es leuchtet ein, dass eine Gesellschaft strikte Altersgrenzen braucht. Aber diese Festlegungen gehen von der Annahme aus, dass die Leistungsfähigkeit von Körper und Geist in einem festen Zusammenhang mit dem kalendarischen Alter steht. Die menschliche Entwicklung ist chronologisch streng festgelegt. Babys lernen zuerst laufen und anschließend sprechen; aber das Tempo, mit dem sie sich entwickeln, kann sehr verschieden sein. Von Ausnahmen abgesehen, ist der Körper mit achtzehn Jahren bereit für Sex und Fortpflanzung, aber der Verstand ist an diesem Geburtstag bei vielen noch keineswegs ausgereift. Die biologische Entwicklung des Gehirns ist weiterhin in vollem Gang und wird erst um das dreißigste Lebensjahr allmählich zum Stillstand gelangen. Die Rechte und Pflichten, die der gesetzliche Erwachsenenstatus, die Volljährigkeit, mit sich bringt, kommen für viele zu früh und für einige andere deutlich zu spät. In hohem Alter treten beim Nachlassen von Körper und Geist – dem Alterungsprozess – noch wesentlich größere Unterschiede zwischen einzelnen Menschen zutage. Einige von uns sehen bereits mit fünfzig Jahren aus wie Achtzigjährige; sie haben ihren Höhepunkt schon längst überschritten. Aber auch das Gegenteil kommt vor: Achtzigjährige, die aussehen wie Menschen im besten Alter. Diese variable Qualität von Körper und Geist bezeichnen wir als das biologische Alter, und deren Degeneration ist ein weiteres Altersphänomen. Es ist nicht logisch, alle Menschen zu einem festgelegten kalendarischen Alter in den Ruhestand zu schicken – dafür fehlt jede medizinisch-biologische Begründung. Für den einen kommt die Pensionierung oder Verrentung (viel) zu früh, für den anderen viel zu spät.

Der Rhythmus des Lebenslaufs – die Abfolge von Entwicklung und Altern – unterscheidet sich bei Säugetieren nicht, sehr wohl dagegen das Tempo, in dem das alles vor sich geht. Im Allgemeinen besteht ein Zusammenhang zwischen der Geschwindigkeit, mit der sich der Körper entwickelt, und der Geschwindigkeit, mit der er altert. Manchmal geht alles sehr schnell, etwa bei den Mäusen. Sie sind innerhalb von sechs Wochen geschlechtsreif und werden nicht viel älter als zwei Jahre. Aber all das kann auch äußerst langsam ablaufen, etwa bei Menschen und Elefanten. Letztere können ebenfalls sehr alt werden; die Tragezeit ist bei Elefanten weitaus länger als bei Menschen, und es dauert auch extrem lange, bis die Elefantenjungen erwachsen sind. Das Entwicklungstempo von Säugetieren wie Hunden und Katzen liegt zwischen dem der Mäuse und dem der Elefanten.

Auch innerhalb einer Art gibt es eine Verbindung zwischen dem Tempo der Entwicklung und dem des Alterns. So zeigen Laborexperimente mit Versuchstieren, dass schnelles Wachstum oder Aufholwachstum nach einer Phase des Mangels den Alterungsprozess beschleunigt. Bei Menschen wurde der Zusammenhang zwischen dem Einsetzen der Pubertät und der Menopause und dem Auftreten von Krankheiten in hohem Alter erforscht. Dabei wurde eine positive Relation zwischen einer spät einsetzenden Pubertät, der Körpergröße und der Knochendichte nachgewiesen. Ableiten lässt sich daraus, dass eine längere Entwicklungszeit zu einem besseren biologischen Ergebnis führt. Dem steht gegenüber, dass hoch gewachsene Menschen ein erhöhtes Risiko haben, an Krebs zu erkranken. Die gängige Interpretation lautet, übermäßiges Wachstum habe nachteilige Folgen.

Im Gegensatz zum kalendarischen Alter, das keinen Schwankungen unterliegt, kann die biologische Entwicklung von Individuen derselben Art offensichtlich stark variieren, ein Phänomen, das die Biologen als «Plastizität» bezeichnen. Ein Hund ist ein Hund, ein Mensch ist ein Mensch, und dennoch gibt es große Unterschiede im individuellen Lebenslauf. Fadenwürmer können als Reaktion auf ungünstige Lebensbedingungen eine vorübergehende Metamorphose durchlaufen – das sogenannte Dauerlarvenstadium –, in dem sie auf «Sparmodus» eingestellt sind, sich nicht fortpflanzen und ungünstigen äußeren Einflüssen Widerstand bieten können. Auf diese Weise kann der Fadenwurm auch unter widrigen Bedingungen lange Zeit überleben. Wenn sich die Gegebenheiten dann zum Besseren wandeln, nehmen die Würmer wieder ihr normales Leben auf und pflanzen sich fort. Der zugrunde liegende biologische Mechanismus dieses Dauerlarvenstadiums hat das Interesse von Wissenschaftlern geweckt, nicht nur wegen seiner Rätselhaftigkeit, sondern auch wegen der potenziell großen medizinischen Bedeutung. Fadenwürmer haben mit ihrem Dauerlarvenstadium einen Lebenslauf, der mit einem langen Leben frei von Krankheit einhergeht, offenbar ohne dass dafür ein Preis zu zahlen wäre. Nicht alle Arten sind mit der Fähigkeit ausgestattet, den Verlauf ihres Lebens durch Zwischenschaltung eines «Pausenzustands» so flexibel, aber auch so weitgehend der Umgebung anzupassen. Bei Menschen ist diese Anlage eher gering ausgeprägt. Bären, die Winterschlaf halten, sind dazu schon besser in der Lage, und die erwähnten Fadenwürmer sind diesbezüglich anscheinend optimal ausgerüstet. «Plastizität» ist anscheinend im genetischen Code festgelegt und für einige Arten eine notwendige Eigenschaft, um sie vor dem Aussterben zu bewahren.

Die Epoche, in der man lebt, ist von großer Bedeutung für die verschiedenen Erscheinungsformen des Alterns. Vergleicht man die Situation von heute mit der vor hundert Jahren, wird deutlich, wie sehr unser Lebenslauf von der Umgebung abhängt. Betrug die durchschnittliche Lebenserwartung vor einigen Generationen noch circa vierzig Jahre, hat sie sich in den entwickelten Ländern heute in etwa verdoppelt. Wir bleiben auch länger gesund. War man in einer althergebrachten Umgebung nach achtzehn Jahren ausreichend auf das Leben vorbereitet, werden heute an einen Erwachsenen in psychischer und emotionaler Hinsicht viel höhere Anforderungen gestellt, er muss nach dem achtzehnten Lebensjahr noch viel dazulernen. Und diese Erwartung scheint eher zu- als abzunehmen. In der modernen Zeit müssen wir uns ein Leben lang weiterentwickeln. Die sozialen und technischen Entwicklungen folgen so schnell aufeinander, dass einmal erworbenes Wissen und einmal erworbene Fähigkeiten schnell veralten und Menschen gesellschaftlich rasch ins Hintertreffen geraten. Möglicherweise haben viele Männer aus diesem Grund heute bereits vor ihrem fünfzigsten Geburtstag den Gipfel ihrer Karriere erreicht. Umgekehrt werden Frauen mit dreißig gesellschaftlich nicht mehr ausrangiert. In all diesen Veränderungen lassen sich nur schwer Gesetzmäßigkeiten entdecken. Jede Zeit, jede Gesellschaft hat ihre Chancen, ihre Moral und ihre Gepflogenheiten. Aber was wir von uns selbst und in sozialer Hinsicht voneinander erwarten, lässt sich natürlich nicht völlig von unserem biologischen Alter abkoppeln, von dem Zeitpunkt, an dem wir erwachsen sind oder krank und abhängig werden.

Immerhin: Die moderne Zeit bietet uns mehr Möglichkeiten als je zuvor. So entstanden 1968 überall auf der Welt – in der Nachfolge der Pariser Studentenrevolte – zahlreiche Bürgerinitiativen. Deren Ziel war es, den traditionellen Lebenslauf von Männern und Frauen, wie er in der Lebenstreppe dargestellt wird, grundlegend zu verändern. Man wollte die Verknüpfung von kalendarischem, biologischem und gesellschaftlichem Alter auflösen, weil man sie nicht mehr zutreffend fand. Dank gravierender medizinisch-technischer Entwicklungen überschlugen sich diese gesellschaftlichen Entwicklungen. Sex und Fortpflanzung, bis dahin durch kalendarisches und biologisches Alter aneinandergeschmiedet, wurden nun der Entscheidung des Einzelnen überlassen. Die Antibabypille gab Frauen und Männern die Möglichkeit, die Fortpflanzung aufzuschieben oder sogar ganz darauf zu verzichten. Damit geriet auch das soziale Alter ins Trudeln. Die Hochzeit war nicht länger das Übergangsritual zur Elternschaft. Die Verantwortung für Kinder konnte aufgeschoben oder ohne eine eheliche Verbindung übernommen werden. Auch hier haben sich die medizinischen Entwicklungen und die gesellschaftlichen Entkopplungsprozesse wechselseitig verstärkt. In-vitro-Fertilisation schuf die Möglichkeit, mithilfe eines Spenders Kinder zur Welt zu bringen, wenn einer der Ehepartner unfruchtbar war. Nun konnte man selbst noch in einem Alter Kinder bekommen, in dem das früher unmöglich gewesen war. Kurz gesagt: Der Hang zu einem neuen, stärker individuell geprägten Lebenslauf wurde durch eine teilweise Trennung von Fruchtbarkeit, Alterungsprozess und kalendarischem Alter möglich.

Anpassung an die Umgebung – Sozialisation, wie es Arnold van Gennep bezeichnete – ist wesentlich für das Überleben und die Sorge für die Nachkommen. Natürliche Auslese spielt dabei eine entscheidende Rolle. Wir haben nicht die Plastizität von Fadenwürmern beziehungsweise deren Fähigkeit, die Gestalt zu wechseln und damit das Altern hinauszuzögern. Der Rhythmus des menschlichen Lebenslaufs ist größtenteils festgelegt. Aber wir sind durchaus mehr und mehr in der Lage, biologische Prozesse zu beeinflussen, die früher unabänderlich zu sein schienen. Es ist einfach faszinierend, dass wir seit fünfzig Jahren den strikten Zusammenhang von kalendarischem und biologischem Alter auflösen können, weil es uns gesellschaftlich angemessener erscheint.

# 2

## EWIGES LEBEN ODER WIE MAN DAS ALTERN AUFSCHIEBEN KANN

• • •

Hydra ist nicht nur der Name eines vielköpfigen Ungeheuers, sondern auch der eines speziellen Süßwasserpolypen. Diese Tiere bilden anscheinend die Ausnahme von der Regel, dass alles altert, und zwar wegen ihrer ungewöhnlichen Fähigkeit, erlittene Schäden zu reparieren. Menschen verfügen nur in beschränktem Maße über die Möglichkeit zu Reparatur und Genesung. Viele Schäden sind irreversibel – etwa ein verlorenes Fingerglied. Aber es gibt Menschen mit überdurchschnittlichen Selbstheilungskräften. Sie werden älter als andere und sind seltener krank. Menschen werden zwar nie unsterblich sein, dennoch können wir den von Beschädigungen verursachten Alterungsprozess offenbar aufschieben.

Der Sommer erweckt Wassergräben zum Leben. Die Dotterblumen blühen, Libellen schwirren über dem Wasser und die Uferböschungen bieten vielen Vögeln Brutplätze. Mit dem Kescher kann man alles Mögliche aus dem Wasser fischen: einen Stichling zum Beispiel, aber auch eine Hydra, einen Süßwasserpolypen.

Die Hydra gehört zur Familie der Hohltiere, zu denen ebenso Korallen, Quallen und Seeanemonen zählen. Eine Hydra ist einen halben Zentimeter lang und hat einen röhrenförmigen Körper. Eigentlich ist sie ein großer Darm mit einem Kopf und einem Schwanz an den beiden Enden. Am Kopf sitzt eine Reihe von Tentakeln, mit denen sie ihre Beute fängt. Von der Hydra heißt es, sie sei unsterblich. Der Name verweist auf das neunköpfige Ungeheuer aus der griechischen Mythologie, das in den Sümpfen von Lerna hauste. Dem Mythos zufolge war die Bestie nicht zu besiegen, weil immer dort, wo ein Kopf abgeschlagen wurde, doppelt so viele nachwuchsen. Am Ende gelang es Herkules, die Hydra zu töten, was als übermenschliche Leistung von Generation zu Generation überliefert wurde.

Auch eine Hydra aus dem Kanal ist sterblich. Holt man den Polypen aus dem Wasser und legt ihn in die Sonne, dann trocknet er aus; ein Stichling muss nur einmal zuschnappen, und schon ist eine ganze Hydra verspeist. Vom Mythos bleibt nichts übrig, und dennoch ist die Hydra etwas Außergewöhnliches.

## Die Hydra und der wunderbare Mechanismus der Reparatur

Ende der Neunzigerjahre machte der Biologe Dr. Daniel E. Martínez die Probe aufs Exempel. Er füllte ein Aquarium mit Wasser, setzte eine große Menge Hydren hinein und wartete ab, was nun geschehen würde. Die Tiere wurden in immer gleicher Weise gefüttert, das Wasser wurde regelmäßig ausgetauscht und die Temperatur konstant gehalten. Mit ihren «Füßen» am Boden festgeklammert, wogten die Polypen hin und her und schwenkten ihre Tentakeln, um Futter aufzunehmen. Nur sehr selten war morgens der Tod einer Hydra zu verbuchen. Dieses seltene Ereignis trat auch nicht öfter auf, nachdem einige Zeit verstrichen war. Insgesamt vier Jahre lang beobachtete Martínez das Wohl und Wehe seiner Polypen. Dann ging er in Urlaub und ein Kollege versorgte das Aquarium.

Nach seiner Rückkehr fand Martínez alle Hydren tot vor. Zu viel oder zu wenig Futter? Zu niedrige oder zu hohe Temperatur? Niemand konnte es sagen.

Dennoch ermöglichte dieser unliebsame Vorfall eine wichtige wissenschaftliche Beobachtung, aus der sich zwei Folgerungen ziehen ließen. Erstens: Eine Unsterblichkeit der Hydra ist, anders als in der griechischen Mythologie, nachweislich nicht gegeben. Eine Hydra lebt nicht ewig. Die zweite Schlussfolgerung ist jedoch bemerkenswerter. Wenn vier Jahre lang in dem Labor nur hin und wieder eine Hydra gestorben und die Zahl der Todesfälle mit zunehmendem Alter nicht gestiegen war, war das Sterberisiko konstant geblieben! Anders als die Gefahr der Zerstörung bei Biergläsern, Gummiringen, Büchern und Waschmaschinen und der Sterbewahrscheinlichkeit bei Menschen nimmt das Sterberisiko bei Hydren nicht zu. Bis zu jener verhängnisvollen Ferienperiode war das Sterberisiko einer vierjährigen Hydra genauso groß wie das einer vier Monate oder vier Wochen alten Hydra.

Eine vierjährige Hydra sah auch nicht anders aus als eine vier Monate oder vier Wochen alte Hydra. Auf Grundlage dieser Fakten zog Martínez den aufsehenerregenden Schluss, dass eine Hydra nicht altert. Waren wir bis dahin davon überzeugt, dass alle unbelebte Materie und alles Leben im Lauf der Jahre in zunehmendem Maße zerbrechlich oder anfällig werden, stellte sich nunmehr heraus, dass sich einige Organismen offenbar doch dem Alterungsprozess entziehen können.

Als Martínez' Forschungsgruppe einen Artikel über diese Beobachtungen publizierte, entstand große Aufregung innerhalb der wissenschaftlichen Welt. Viele hielten seine Folgerungen für fragwürdig. Forscherkollegen widersprachen vehement seiner weitreichenden Schlussfolgerung und argumentierten für eine passende alternative Erklärung dieser Beobachtungen. Eine davon lautete, der Zeitraum, in dem die Hydren beobachtet worden waren, sei zu kurz gewesen und dadurch sei ein Anstieg des Sterberisikos übersehen worden. Martínez hielt dagegen, dass vier Jahre – viermal vier Jahreszeiten – für die zarten Tierchen ein respektables Alter sei und dass sich in dieser Zeitspanne Alterungsanzeichen hätten zeigen müssen. Andere Organismen derselben Größe hätten in einer vergleichbaren Umgebung eine viel kürzere durchschnittliche Lebensdauer. Dennoch war Martínez' vergleichende Studie nicht beweiskräftig genug, um die Kritiker zu überzeugen.

*Eine* Beobachtung ist *keine* Beobachtung. Entsprechend der wissenschaftlichen Tradition versuchen daher weitere Laboratorien die Ergebnisse von Kollegen zu bestätigen oder zu widerlegen. Viele der in maßgeblichen Zeitschriften veröffentlichten Thesen werden von anderen Forschern nicht bestätigt. Das bedeutet jedoch nicht, dass sich die Wissenschaftler die ursprünglichen Studien aus den Fingern gesogen hätten und sie daher als betrügerisch entlarvt werden müssten. Denn manchmal erklären sich die zunächst gewonnenen Erkenntnisse aus ungewöhnlichen und einzigartigen Bedingungen. In solchen Fällen kommt es dann zu keiner Bestätigung, es lässt sich keine Gesetzmäßigkeit erkennen – und daher lässt sich auch kein Grund finden,

den bisherigen Stand der Wissenschaft zu korrigieren. Nun aber werden seit 2005 in den Aquarien des Max-Planck-Instituts für demografische Forschung in Rostock fast zweitausend Hydren studiert, um Martínez' Beobachtungen als allgemeine Gesetzmäßigkeit zu verifizieren oder zu falsifizieren. Inzwischen sind acht Jahre vergangen, gelegentlich stirbt zwar eine Hydra, aber auch in Rostock nimmt die Anzahl der Todesfälle mit der Dauer des Experiments nicht zu, die Polypen werden alt und immer älter. Und sie haben sich kein bisschen verändert!

Wie kann es sein, dass eine Hydra im Aquarium bis ins hohe Alter keine bleibenden Schäden an ihrem Körper erleidet und sich dem Alterungsprozess entziehen kann? Schneidet man eine Hydra in zwei Stücke – ein im wahrsten Wortsinn einschneidendes Experiment, wie Kinder es gern mit Regenwürmern durchführen –, wächst jedes der beiden Teile im Aquarium wieder zu einer vollständigen Hydra heran. Der Kopf wird wieder um einen Schwanz ergänzt, und der Schwanz bekommt wieder einen Kopf. Anders als Menschen und Mäuse verfügen Hydren offenbar über eine enorme Regenerationsfähigkeit. Mit anderen Worten: Wenn irgendwo am Körper ein Schaden aufgetreten ist, der nicht mehr repariert werden kann, wird das beschädigte Gewebe ersetzt. Auf diese Weise lassen Salamander einen im Kampf verlorenen Schwanz wieder nachwachsen. Wir Menschen hingegen müssen, wenn wir einen Arm oder ein Bein verloren haben, bis zum Lebensende ohne das jeweilige Glied auskommen. Unser Körper hat eine «segmentale» regenerative Fähigkeit, das heißt, er kann bestimmte Gewebe ersetzen, andere nicht. Die menschliche Leber kann bis zu einem Zehntel absterben oder entfernt werden, danach wächst sie wieder zur normalen Größe heran. Unsere Haut schuppt sich tagaus, tagein. Zum Glück sind in den tiefsten Hautschichten Stammzellen enthalten, die von dort aus die Haut wieder Schicht für Schicht aufbauen. Dasselbe geschieht im Darm, wo die Darmwand regelmäßig abgeschmirgelt wird. Es ist dieser Regenerationsfähigkeit von Zellen, Gewebe und Organen zu verdanken, dass eine Hydra nicht altert und weiterhin «jung» aussieht. Wir wissen inzwischen, dass eine Hydra über «omnipotente» Stammzellen mit uneingeschränkter Teilungskapazität verfügt, aus der alle verschiedenen Gewebe, sogar ein ganzer Körper, erneut aufgebaut werden können. Deshalb hinterlassen all diese äußeren oder inneren Formen der Beschädigung keine bleibenden Folgen. Wenn alle Stammzellen, aus denen eine Hydra aufgebaut ist, gleichzeitig verloren gehen, etwa wenn der Süßwasserpolyp auf dem Trockenen, in der Sonne oder im Magen eines Stichlings liegt, dann ist auch eine Hydra sterblich.

Es ist nahezu unvorstellbar, dass dieses Tier seinen gesamten Körper regenerieren kann. Gleichwohl bildet das für den Polypen die gängigste Art der Fortpflanzung. Durch Klonen entwickelt sich aus einer einzigen Zelle an der Außenwand der Hydra ein neues Exemplar. Sobald es sich vom elterlichen Körper abgelöst hat, kann der Klon selbständig weiterexistieren. Uns Menschen ist so etwas leider versagt. Wir können einen erlittenen Schaden nicht oder nicht immer vollständig reparieren, weil es uns an einer entsprechenden Regenerationsfähigkeit dafür mangelt. Daher bleiben manche Schäden bestehen und summieren sich mit jedem Jahr. Unser Körper und unser Gehirn werden anfällig und verwundbar. Wir werden biologisch älter, während eine Hydra «ewig» jung bleibt.

Das Wissen um die beschränkte Fähigkeit des Menschen, Zellen, Gewebe und Organe zu regenerieren, verhilft den Forschern zu einer Vorstellung, in welcher Richtung sie suchen müssen, um die Folgen des Alterns zu bekämpfen oder zu beheben. Die Parkinson-Krankheit beispielsweise wird durch das Absterben einer kleinen Gruppe stark spezialisierter Zellen im Gehirn, der *Substantia nigra,* ausgelöst. Dadurch entsteht im Gehirn ein Mangel des Signalstoffs Dopamin. Das macht die Parkinson-Patienten langsam und ungelenk und sie entwickeln unwillkürliche Bewegungen. Heute werden in der Parkinson-Behandlung noch Tabletten verabreicht, um die Dopaminkonzentration im Gehirn zu erhöhen. Diese Therapie zeigt durchaus Wirkung, kann aber die Symptome nicht restlos beseitigen. Außerdem treten immer Nebenwirkungen auf, denn durch die Tabletteneinnahme steigt der Dopaminspiegel überall im Gehirn und nicht nur in der *Substantia nigra*, wo der Dopaminmangel die Parkinson-Symptome auslöst. Es wäre phantastisch, wenn wir künftig aus körpereigenen Stammzellen eine neue Gruppe Zellen wachsen lassen könnten, die über die Fähigkeit verfügen, stark spezialisiertes Dopamin zu produzieren. Wenn diese Zellen dann ihren Weg zur *Substantia nigra* im Gehirn finden und dort ihre normale Funktion aufnehmen könnten, würde die Parkinson-Krankheit der Vergangenheit angehören.

Aus medizinisch-biologischer Perspektive geht ein hohes Alter mit bleibenden Schäden unseres Körpers einher. Mancher Schaden ist größer als ein anderer, wichtiger aber ist, dass sich manche Arten von Schäden reparieren lassen und andere nicht. Von einem Trümmerbruch im Unterschenkel – als Folge eines Mopedunfalls – ist nach Jahren hoffentlich nichts mehr zu sehen oder zu spüren. Aber ein fehlendes Glied am linken Mittelfinger – nach einer Sekunde der Unaufmerksamkeit an der Kreissäge – erhalten wir nie wieder zurück, denn über ein derartig großes Maß an Regenerationsfähigkeit verfügen wir nicht. Wir haben aber durchaus Kunstgriffe: Wenn unsere Augenlinse vom Star getrübt wird und das Lesen selbst mit Brille nicht mehr möglich ist, kann ein Augenarzt die Linse zum Glück durch eine Kunstlinse ersetzen.

Der Alterungsprozess lässt sich nicht nur an unseren Augen ablesen, auch anderswo in unserem Körper und unserem Gehirn entstehen gewisse Schäden, die in unterschiedlichem Maße repariert und behoben werden können. Begleiterscheinungen bei einer richtigen Grippe sind schreckliche Muskelschmerzen und hohes Fieber, das Virus richtet dabei eine Menge Nachteiliges an. Nach einer überstandenen Grippe krebst man nicht ohne Grund noch eine Weile herum. Doch nach wenigen Wochen ist alles wieder wie zuvor. Nicht jede Virusinfektion nimmt jedoch einen so günstigen Verlauf, die eine oder andere überstehen wir nicht ohne dauerhafte Einbußen. So können das Masernvirus zu Hirnschäden und das Poliovirus zu Lähmungen führen. Der Schaden, den das menschliche Papillomavirus (HPV) anrichtet, trägt langfristig zur Entstehung von Gebärmutterhalskrebs bei. Daher wurden für Masern, Polio und HPV Impfkampagnen aufgelegt: Sie stellen die einzige Möglichkeit dar, bleibenden Schäden vorzubeugen.

Aus den oben genannten Beispielen könnte man ableiten, dass jeder Schaden an unserem Körper durch äußere Einwirkung verursacht wird, sei es durch Unfälle oder Infektionen. Sollte das zutreffen, könnten wir in unserem Umfeld nach Möglichkeiten Ausschau halten, länger gesund zu bleiben. Jemand, der sich Zeit seines Lebens jeglichem Stress und jeglicher Unfallgefahr entziehen und auch Infektionen vermeiden könnte, hätte weniger Schäden an seinem Körper zu beklagen. Achtsamkeit würde sich lohnen. Das stimmt zwar, bedeutet aber noch lange nicht, dass ein vorsichtiger Mensch keinerlei Schaden davonträgt. Beispielsweise reiben bei jeder Bewegung in den Gelenken zwei dünne Knorpelschichten gegeneinander. Sie sind superglatt und elastisch und werden optimal geschmiert, und dennoch wird damit der Verschleiß des Knorpels nicht gänzlich vermieden. Vor allem Knie und Hüften sind berüchtigt und bereiten, wenn dort kein Knorpel mehr vorhanden ist, vielen Menschen in hohem Alter beträchtliche Schmerzen. Die Stammzellen, die Wachstum und Reparatur in den untersten Knorpelschichten in Gang setzen, sind dann aufgebraucht. Der oben aufliegende Knorpel geht zurück, und irgendwann scheuern die Knochen gegeneinander. Dieser Knorpelverlust wird als Arthrose bezeichnet. Nicht nur Knie und Hüften können davon betroffen sein, auch Schultern und Fingergelenke – wie eigentlich alle Stellen, an denen Knorpel vorhanden ist, auch im Rückgrat. Ist der Stand des Gelenks durch eine Fehlentwicklung, durch Wachstum oder einen Unfall nicht optimal, baut sich der Knorpel noch schneller ab, da genau an dieser Stelle die Knorpelschicht zu stark belastet wird. So kann die eine Beschädigung eine weitere nach sich ziehen oder sie gar verschlimmern.

Sich vorsehen und stillsitzen – ist das etwa die Devise? Nein, denn selbst beim Stillsitzen ist unser Körper in voller Aktion. Die Arm- und Beinmuskeln haben womöglich Ruhe, aber nicht die Muskulatur des Brustkorbs, mit der wir atmen, oder die des Herzens, die die Blutzirkulation in Gang hält. Und was ist mit den Herzklappen, die sich bei jedem Herzschlag öffnen und schließen? Eine sorgfältige Herzuntersuchung zeigt, dass die Herzklappen bei den meisten älteren Menschen undicht oder verengt sind. Sehr oft bringt das keinerlei Beschwerden mit sich, aber der Schaden ist dennoch vorhanden.

## Ein Herz auf Raten?

Aufgrund dieses Verschleißprozesses kam man auf die populäre, allerdings unzutreffende *Rate-of-Living*-Theorie, die Lebensratentheorie. Dabei wird die Auffassung vertreten, dass ein Knie nur für eine begrenzte Anzahl von Beugungen gebaut sei und Herzklappen sich nicht unendlich oft öffnen und schließen könnten. Sobald diese maximale Zahl von Beugungen oder Herzschlägen erreicht werde, sei Schluss: Das Organ ist kaputt, der Körper krank und der Mensch stirbt. Häufig wird in diesem Zusammenhang auf den Kolibri verwiesen, der einen sehr schnellen Herzschlag hat und entsprechend kurz lebt. Doch aus einer einzigen Beobachtung kann man keine biologischen Gesetzmäßigkeiten ableiten. Eine Hypothese ist erst dann untermauert, wenn sich der Zusammenhang wiederholt bei verschiedenen Arten beobachten lässt. Wenn die Lebensratentheorie zuträfe, würden Sportler ihr Leben entscheidend verkürzen, denn mit der wiederholten Anstrengung peitschen sie ihr Herz ja zu Höchstleistungen und -geschwindigkeiten hoch. Doch statt ihr Leben zu verkürzen, bauen Sportler damit eine bessere Kondition auf und leben meistens länger als untrainierte Menschen.

Auch aus medizinisch-biologischer Perspektive ist es schwer vorstellbar, dass die Lebensratentheorie zutreffen sollte, denn unser Körper wird im Lauf seines Lebens schließlich nicht nur durch Schäden in Mitleidenschaft gezogen, er besitzt ebenso

Möglichkeiten zu ihrer Reparatur. Unser Körper ist kein schlaffer Sack, der nur ein paar Schläge abbekommt und daran allmählich zugrunde geht, unser Körper ist responsiv: Er versucht, die erlittenen Schäden möglichst gut zu reparieren oder das Gewebe, wo möglich, zu ersetzen, sodass weder ein bleibender Schaden noch Narben zurückbleiben. Alles weist darauf hin, dass die Regenerationsfähigkeit unseres Körpers durch wiederholte körperliche Anstrengung stärker aktiviert wird, sodass das Gleichgewicht von Schaden und Reparatur trotz der erhöhten Belastung erhalten bleibt und dauerhafte Schäden nicht so schnell eintreten.

Eine Hydra scheint alle erlittenen Schäden heilen zu können, was daran liegen mag, dass der Körper einer Hydra nicht so kompliziert aufgebaut ist. Bei Menschen ist das Regenerationsvermögen von Gewebe und Organen sehr unterschiedlich ausgeprägt. Logischerweise trägt eine große Regenerationsfähigkeit von Zellen, Gewebe und Organen zu einer längeren Lebensdauer bei. Diese Selbstheilungskraft ist in der DNA, in unseren Genen, festgelegt. Sie ist uns Menschen also «angeboren» und mitentscheidend dafür, wie alt wir durchschnittlich werden. Eine größere Regenerationsfähigkeit würde zweifellos dazu beitragen, dass wir älter werden und mehr Klippen des Lebens umschiffen könnten. Doch diese Regenerationsfähigkeit ist uns als Menschen nicht gegeben. Dennoch besteht kein Grund zur Traurigkeit. Wir verfügen über sehr große Selbstheilungskräfte, und das ist auch ein Grund dafür, warum wir erheblich älter werden als Mäuse, Hunde oder Katzen.

In einigen Familien treten Thrombosen, Krebs oder eine psychische Anomalie häufiger auf als beim Durchschnitt der Bevölkerung. Sie sind erblich vorbelastet, weil sich die Krankheit aufgrund des Aufbaus ihrer DNA häufiger und oft früher in ihrem Leben entwickelt. Das muss als eine angeborene Anomalie betrachtet werden. Aber das Gegenteil kommt ebenso vor: Es gibt Familien, in denen viele Mitglieder nicht nur ein außerordentlich hohes Alter erreichen, sondern auch nie oder selten krank sind. Eine Erklärung dafür könnte darin liegen, dass alle sehr achtsam gelebt haben und es ihnen gelungen ist, sich vor Infektionen zu schützen. Aber es kann genauso sein, dass die Mitglieder dieser Familien erblich mit einer überdurchschnittlichen Regenerationsfähigkeit ausgestattet sind, nicht so schnell dauerhafte Schäden davontragen, in höherem Alter weniger Krankheiten entwickeln und insgesamt länger gesund bleiben.

Die Hypothese, dass manche Familien eine überdurchschnittliche Regenerationsfähigkeit aufweisen, wird derzeit in wissenschaftlichen Testreihen überprüft. In Italien und in Amerika untersuchen Kollegen die sechzig- bis achtzigjährigen Söhne und Töchter von Hundertjährigen und vergleichen sie mit ihren Altersgenossen innerhalb der allgemeinen Bevölkerung. Diese Studie sucht in den Unterschieden zwischen den beiden Erwachsenengruppen nach Erklärungen dafür, warum manche von ihnen überdurchschnittlich lange leben.

Aber was ist, wenn deren Vater oder Mutter einfach Glück hatten und keiner ihrer Onkel oder Tanten sehr alt geworden ist? Dann wäre das doch überhaupt nichts Außergewöhnliches? Um sicherzugehen, dass es eine biologische Erklärung für das hohe Alter gibt, haben Eline Slagboom, Professorin für Molekulare Epidemiologie, und ich uns für einen anderen Weg entschieden. Wir bezeichnen eine Familie erst dann als außergewöhnlich, wenn ein über Neunzigjähriger sich wenigstens eines lebenden Bruders oder einer lebenden Schwester mit ebenfalls über neunzig Jahren rühmen kann. Beim Betrachten von Fotos sehr alter Geschwisterpaare ruft jeder gleich aus: «Das kann kein Zufall sein, in dieser Familie muss es irgendetwas Besonderes geben.» Und dieser Besonderheit gilt unsere Suche.

Unter der Flagge der Leidener *Lang Leven Studie* (Leidener Langes-Leben-Studie) erfassten wir von 2002 bis 2005 etwa vierhundert dieser speziellen langlebigen Familien. Nicht nur die Neunzigjährigen, sondern auch deren mittlerweile erwachsene Kinder und deren Partner wurden gebeten, an der Studie teilzunehmen. Anschließend werteten wir deren Stammbäume aus und verglichen die Mortalität in diesen Familien mit der Mortalität innerhalb der allgemeinen Bevölkerung. Die Analysen ergaben, dass, gemessen an der durchschnittlichen Lebenszeit in den Niederlanden, alle Generationen dieser Familien in jedem Lebensalter ein 30 Prozent geringeres Sterberisiko aufwiesen. Das schlägt sich in einer um sechs Jahre höheren Lebenserwartung nieder. Es wurden ebenso alle angeheirateten Verwandten – das heißt die Nichtblutsverwandten – in die Untersuchung einbezogen. Wie von uns erwartet, hatten die angeheirateten Verwandten keinen Überlebensvorteil; sie wurden genauso alt wie der durchschnittliche Niederländer. Der Nachweis, dass ausschließlich Blutsverwandte dazu fähig waren, länger zu leben, deutet auf eine erbliche Veranlagung für ein hohes Alter hin.

Die fünfzig- bis siebzigjährigen Söhne und Töchter, die an der Studie teilnahmen, wurden ebenfalls mit ihren Partnern verglichen, mit denen sie seit vielen Jahren Freud und Leid teilten. Dieser Vergleich war bei ihren neunzigjährigen Eltern nicht mehr möglich, denn der Großteil von ihnen hatte in diesem Alter bereits den Partner verloren. Dem Anschein nach schienen sich die Kinder und ihre Partner nicht groß voneinander zu unterscheiden: Sie waren genau gleich alt, gleich groß und gleich dick. Wichtig für die genetische Untersuchung war zudem, dass sich ihr Lebensstil nicht unterschied: ein bisschen Rauchen, ein bisschen Sport, ein bisschen Alkohol. Durch unsere medizinisch-biologische Brille sahen wir dagegen durchaus Unterschiede: Die Kinder der langlebigen Eltern hatten erheblich seltener einen hohen Blutdruck, sie litten weniger häufig an Diabetes und an Herz- und Gefäßerkrankungen. Auch die Blutuntersuchung ergab ein günstigeres Risikoprofil, mit weniger schlechten Fetten und einem niedrigeren Blutzuckergehalt.

Die Ergebnisse aus der Leidener *Lang Leven Studie* stimmten größtenteils mit den Beobachtungen italienischer und amerikanischer Kollegen überein, die Kinder von heute Hundertjährigen untersucht hatten. Auch sie fanden bei den Nachkommen weniger Herz- und Gefäßerkrankungen und weniger Risikofaktoren wie Bluthochdruck, Diabetes oder einen hohen Cholesterinspiegel. Unsere vorläufige Schlussfolgerung aus der Studie lautet, dass bei Familien, die überdurchschnittlich lange leben, der Metabolismus – die «Energieversorgung und -verbrennung» – leistungsfähiger ist, wodurch sich weniger Schäden an Blutgefäßen und Organen ergeben.

Schäden lassen sich also durch einen gut funktionierenden Stoffwechsel verhindern. Die Reparatur oder der Ersatz von beschädigten Zellen und von Gewebe ist natürlich ebenfalls hilfreich. Einige Wissenschaftler haben sich voll und ganz der Forschung dazu verschrieben – mit der Begründung, dass sich Schäden nun einmal nicht verhindern lassen. In Leiden haben wir uns zum Ziel gesetzt herauszufinden, ob die Nachkommen langlebiger Familien nicht nur einen besseren Metabolismus, sondern auch ein besseres Regenerationsvermögen besitzen, wodurch sie weniger anfällig für Krankheiten sind. Kurzum, wir wollen wissen, ob sie ein klein wenig den Hydren ähneln. Und die nächste Aufgabe besteht dann darin zu ergründen, wie wir dieses Wissen für uns einsetzen können, um länger gesund zu bleiben.

# 3

# UNSER EVOLUTIONÄRES PROGRAMM – DER WEGWERFKÖRPER

• • •

Altern ist kein Mechanismus zur Verhinderung von Überbevölkerung. Wie verbreitet dieses Missverständnis ist, zeigt die Geschichte Irlands. Altern ist ein Nebeneffekt des evolutionären Programms für die Entwicklung von Leben, das darauf ausgerichtet ist, die DNA an unsere Kinder weiterzugeben. Wenn wir fünfzig und unsere Kinder erwachsen sind und selbst Kinder bekommen können, ist unsere Aufgabe erfüllt. Dann darf der Körper altern und «weggeworfen» werden. Die Theorie des Wegwerfkörpers geht davon aus, dass sich die Entwicklung des Menschen nach ökonomischen Prinzipien vollzieht. Bei Ressourcenknappheit gibt es zwei Optionen: entweder in die Kinder oder in den eigenen Körper zu investieren. Weil das eine immer auf Kosten des anderen geht, bedeutet, viele Kinder zu bekommen, ein weniger langes Leben, wie Experimente mit Fruchtfliegen und Studien zum britischen Adel zeigen.

2014 leben gut sieben Milliarden Menschen auf der Erde. Diese Zahl nimmt pro Tag um etwa 200 000 zu. Viele machen sich deshalb große Sorgen: Wenn diese Zahl immer weiter steigt, wird der Moment kommen, in dem wir nicht mehr genügend Nahrung produzieren können, um jedem Erdenbewohner das Existenzminimum zu garantieren. Durch ungehemmtes Bevölkerungswachstum wird der Fortbestand der Menschheit aufs Spiel gesetzt. Wie können wir die Kontrolle über den Umfang der Weltbevölkerung behalten? Oft hört man das Argument, darum gebe es doch das Altern: Menschen mit fortschreitenden Lebensjahren sterben, so sei einem zu schnellen Bevölkerungswachstum gegengesteuert. Dieser Alterungsmechanismus ist tatsächlich in unser genetisches Material eingeschrieben, aber aus einem ganz anderen Grund, als unser Aussterben zu verhindern.

Natürlich trifft das Risiko einer Überbevölkerung oder des Aussterbens nicht allein die Menschheit, sondern alle Arten. Neben dem Altern sollte es mithin noch andere Mechanismen geben, um die Zahl einer Art zu begrenzen. Man stelle sich etwa eine Insel vor, auf der Lemmingen aufgrund von Überpopulation und entsprechendem Nahrungsmangel eine hohe Sterblichkeit droht. Nur durch den Sprung eines Teils der Lemminge von einer Klippe ins Meer wird die Nahrungsknappheit – und damit das Aussterben dieser Art verhindert. Man hat dies als ein weiteres Beispiel für einen im Erbgut festgelegten Mechanismus zur Beschränkung der Anzahl einer Art betrachtet. Obwohl das uneigennützige Verhalten der Lemminge logisch erscheint, opfern sich die Lemminge im tatsächlichen Leben keineswegs. Ein Film, in dem ein solches Verhalten der Tiere dargestellt wurde, ist als Inszenierung entlarvt worden. Ähnlich unrichtig ist die Hypothese, das Alterungsprogramm sei genetisch verankert, um das Wachstum der menschlichen Bevölkerung einzudämmen. Im nächsten Abschnitt werde ich anhand der Geschichte Irlands nachweisen, dass die Zusammenhänge zwischen Überbevölkerung und knappen Ressourcen, Selbstaufopferung und Altern völlig anders interpretiert werden müssen.

## Altern muss nicht sein

Thomas Malthus (1766–1834) war ein britischer politischer Ökonom und Prediger. Vor allem ist er wegen seiner düsteren demografischen Theorien zum Umfang und Aufbau der Bevölkerung bekannt geworden. 1798 publizierte er die Streitschrift *An Essay on the Principle of Population (Das Bevölkerungsgesetz)*, in der er ein so starkes Anwachsen der Weltbevölkerung prophezeite, dass die Nahrungsmittelproduktion mit dieser Zunahme nicht mehr Schritt halten könne. Den Wendepunkt, an dem es zu einer Lebensmittelknappheit kommt, bezeichnete er als Wachstumsgrenze: die maximale Bevölkerungszahl im Verhältnis zum Ertrag aus der verfügbaren Ackerfläche. Diesem Wendepunkt werde unausweichlich eine Hungersnot folgen, die «Malthusianische Katastrophe», auch «Malthusianische Falle» genannt. Durch massenhaftes Sterben werde die Zahl der Menschen dann wieder mit dem möglichen Ertrag des Landes ins Gleichgewicht gebracht.

Malthus' Werk fand zu seiner Zeit große Beachtung. Charles Darwin schrieb, diese Streitschrift sei für die Entwicklung seiner Theorie der natürlichen Auslese entscheidend gewesen.

Als politischer Ökonom war Malthus in England Zeuge der beginnenden Industriellen Revolution. Es muss eine faszinierende Zeit gewesen sein, in der Unternehmer in großem Maßstab Projekte realisieren konnten, die man bis dahin für unmöglich gehalten hatte. Aber als Prediger war Malthus vom Elend der Menschen betroffen, das die Industrialisierung mit sich brachte. Die rasche industrielle Entwicklung löste eine enorme Nachfrage nach Arbeitskräften und damit einhergehend eine Migration der Bevölkerung vom Land in die Stadt aus. In hohem Tempo wuchs die Einwohnerzahl in den Städten – und gleichzeitig entwickelten sich dort menschenunwürdige Zustände. Kinderarbeit, Armut und Alkoholmissbrauch hatten Hochkonjunktur. Außerdem ging wegen der Landflucht aus der englischen Provinz die agrarische Produktion stark zurück; man musste Lebensmittel aus Irland importieren, um die englischen Städte, die der Motor der wirtschaftlichen Entwicklung waren, mit «Brennstoff» zu versorgen. Aber auch in Irland explodierte die Bevölkerungszahl, und die Erträge des Landes waren zu diesem Zeitpunkt zu gering, um sowohl Iren wie Engländer ernähren zu können. Daraus zog Malthus den Schluss, dass jeder Erdbewohner früher oder später von großer Armut und Hungersnot heimgesucht werde. Folglich plädierte er für eine aktive Bevölkerungspolitik zur Begrenzung der Kinderzahl, und zwar zuerst bei den Armen. Ihnen standen schließlich nicht genügend Mittel zur Verfügung, um ihre Nachkommen großzuziehen und ihnen eine Zukunft zu bieten.

Malthus sah bereits zu Lebzeiten, dass sich seine Voraussagen nicht durchgängig erfüllten. Kurz vor der Veröffentlichung seiner Streitschrift hatten spanische Entdeckungsreisende aus Südamerika die Kartoffel nach Europa mitgebracht. Sie sollte sich als sehr geeignete, vitamin- und kalorienreiche Nahrungsquelle erweisen. Aber die Kartoffel wurde noch nicht in großem Maßstab angebaut – womöglich, weil ihre oberirdischen Teile, Stängel und Beeren, giftig sind. Eine Änderung trat in Irland erst um 1800 ein, als mit dem massenhaften Anbau der Kartoffel begonnen wurde. Ihre erfolgreiche Einführung verhinderte, dass es auf der Insel zu einer malthusianischen Katastrophe kam.

Obwohl die Katastrophe in Irland ausblieb, gibt es durchaus einen Zusammenhang zwischen den Bedingungen der Umgebung, der verfügbaren Nahrungsmittelmenge, der Mortalität und dem Bevölkerungswachstum. Malthus hatte nicht in allem Unrecht. Zehn Jahre nach seinem Tod, in der Zeit zwischen 1845 und 1849, kam es in Irland zu Missernten. So gut wie jede Ernte war von der Kartoffelfäule, einer Schimmelinfektion, befallen, die von der Monokultur und dem nassen Klima noch begünstigt wurde. Erneut führte das zu einer Lebensmittelknappheit, und dieses Mal löste sie tatsächlich ein Massensterben aus. Während der Großen Hungersnot (1845–1850) starben schätzungsweise eine Million Iren. Fast ebenso viele wanderten aus. Die Bevölkerung schrumpfte auf ein Viertel. Das beweist die Richtigkeit von Malthus' These, dass das «Land» – also die darauf produzierte Menge an Nahrung – den Umfang der Bevölkerung beschränken kann. Allerdings war es nicht allein Hungersnot, von der die Bevölkerung heimgesucht wurde. Das Risiko, an einer Infektionskrankheit zu sterben, war damals vor allem bei den mangelernährten Armen sehr hoch. Typhus, Cholera und viele andere Epidemien lösten Wellen von Todesfällen aus, von denen insbesondere Kinder betroffen waren. Armut, Hunger und Infektionskrankheiten wurden zu einem unentwirrbaren Knäuel von Elend und forderten unzählige Menschenleben.

Die Annahme, im genetischen Code sei ein Alterungsmechanismus zur Verhinderung von Überbevölkerung gespeichert, ist also unbegründet, im Gegenteil. Hätte sich immer wieder gezeigt, dass extreme Lebensbedingungen unter Hunderttausenden von Familiengenerationen ein massenhaftes Sterben auslösen, bräuchte es keinen genetischen Alterungsmechanismus, um den Umfang der Weltbevölkerung zu begrenzen. Und dieses Argument würde wiederum für alle Arten der Tier- und Pflanzenwelt zutreffen. Deshalb müssen wir die Frage anders stellen: Wie kommt es, dass wir Menschen in den vergangenen Millionen Jahren nicht ausgestorben sind? Die simple Antwort lautet: Weil wir in höchstem Maße in unsere Nachkommen investieren. Wären wir nicht in der Lage, eine ausreichende Zahl von Nachkommen am Leben zu erhalten – gerade dann, wenn sich die Umweltbedingungen (plötzlich) ungünstig entwickeln –, würde der Mensch, aber auch jede andere Art in kürzester Zeit vom Erdboden verschwunden sein. In der älteren wie in der jüngeren Geschichte wimmelt es von Beispielen dafür: Vor fünfundsechzig Millionen Jahren starben die Dinosaurier infolge der Klimaveränderungen aus; um das Jahr 900 n. Chr. lösten sich in Mexiko die Zentren der Maya-Kultur in Nichts auf, vermutlich nach einer anhaltenden Dürreperiode; in der heutigen Zeit greifen wir tief in die Lebenswelt von Pflanzen und Tieren ein und machen uns Sorgen über die Abnahme der Biodiversität.

Wie können wir erklären, dass Individuen einer Art immer wieder von Neuem genügend in ihre Nachfahren investieren? Charles Darwin schrieb in seiner Autobiografie von 1876 dazu Folgendes: «Im Okt. 1838, 15 Monate nachdem ich mit meiner Untersuchung begonnen hatte, las ich zufällig zum Vergnügen Malthus' Buch über Population, und weil ich durch meine lange Beobachtung der Verhaltensweisen von Tieren und Pflanzen wohl darauf vorbereitet war, anzuerkennen, dass ein Kampf ums Dasein überall stattfindet, wurde mir sofort deutlich, dass unter solchen Bedingungen vorteilhafte Variationen eher erhalten bleiben und unvorteilhafte eher vernichtet werden. Das Ergebnis dieser Tendenz musste die Bildung neuer Arten sein. Jetzt hatte ich endlich eine Theorie, mit der ich arbeiten konnte.»

Diese oft zitierte Passage spiegelt wider, wie wichtig das malthusianische Gedankengut für Darwins Theorie der natürlichen Auslese war. Darwin stellte fest, dass die Zahl der Nachkommen bei Menschen und Tieren weit das Maß überschreiten kann, für das zu diesem Zeitpunkt ausreichend Mittel in ihrer Umwelt zur Verfügung stehen. Das Reproduktionsprogramm setzt alles daran, Nachwuchs hervorzubringen. Gleichzeitig führt eine Überfülle von Nachkommen zu einer erhöhten Konkurrenz unter ihnen. Weil sich die Geschwister durch genetische Variation minimal voneinander unterscheiden, haben einige von ihnen eine größere Überlebenschance. Diese Überlebenden sind es, die das Reproduktionsprogramm an ihre Nachkommen weitergeben. Auf diese Weise bleibt der Reproduktions- und Überlebensmechanismus erhalten.

Um das Jahr 1800, als die Lebensbedingungen relativ günstig waren, lag die durchschnittliche Lebenserwartung in Irland bei circa vierzig Jahren. Dabei handelt es sich um einen Minimalwert für die Gattung Mensch, denn wenn die Lebenserwartung weiter absinkt, schrumpft die Bevölkerung. Genauer gesagt: Dann ist das Sterberisiko so hoch, dass ein Ehepaar nicht genügend Zeit hat, wenigstens zwei Kinder bis zum Erwachsenenalter großzuziehen. Während der irischen Missernten war die Lebenserwartung auf weit unter vierzig Jahre gesunken. Mehr als die Hälfte der Neugeborenen starb vor Erreichen des fünften Lebensjahrs aufgrund des Zusammenwirkens von Kälte, Infektionskrankheiten und Hungersnöten. Doch auch nach den Jahren ihrer Kindheit konnten die Iren ihres Lebens längst nicht sicher sein. Allein die Aristokratie konnte sich diesem pechschwarzen malthusianischen Szenario entziehen, denn sie hatte zu allen Zeiten Nahrung und ein Dach über dem Kopf, sie konnte vor den epidemischen Infektionskrankheiten flüchten und dadurch länger überleben. Ihre durchschnittliche Lebenserwartung lag bereits damals bei sechzig Jahren.

Heute leben mehr Menschen viel länger auf der Erde als je zuvor, weil die Nahrungsmittelproduktion durch Innovation und Mechanisierung der Landwirtschaft permanent gesteigert wurde – eine Entwicklung, die Malthus nie für möglich gehalten hätte. Auch die von ihm propagierte aktive Bevölkerungspolitik zur Beschränkung der Kinderzahl scheint, sofern sie bereits praktiziert wird, wenig Wirkung zu zeigen. Die Weltbevölkerung wächst weiter. Und zwar nicht nur, weil noch immer sehr viele Kinder geboren werden, sondern auch, weil wir ständig älter werden. Wenn die Weltbevölkerung aber weiterhin wächst und auch ein stetig höheres Alter erreicht, kann die Schlussfolgerung nur lauten, dass der Alterungsprozess an sich nicht die Funktion hat, das Wachstum der Bevölkerung unter Kontrolle zu halten.

## Die Sache mit den Ressourcen

Wenn Altern kein Mechanismus zur Bekämpfung von Überbevölkerung ist und einige Arten, wie zum Beispiel die Hydra, nicht altern, warum müssen wir den Alterungsprozess dann überhaupt «erleiden»? Warum werden unser Körper und unser Geist hinfällig? Und warum sterben wir schließlich an Krankheiten und Gebrechen?

Ein Teil unseres Körpers, die DNA, scheint nicht zu altern. In der DNA ist der genetische Code für unser Leben festgelegt. Kopien unserer DNA bleiben in unseren Nachkommen erhalten, der Code degeneriert also nicht. Daher lässt sich die Frage, warum wir altern, genauer formulieren: Warum verfallen unser Körper und unser Verstand, obwohl der genetische Code über all die Jahre hinweg optimal erhalten bleibt?

Mit seiner Theorie des «Wegwerfkörpers» hat der englische Gerontologe Tom Kirkwood eine Antwort auf diese Frage gegeben. Individuen einer bestimmten Art, Menschen nicht ausgenommen, werden durch natürliche Selektion in Bezug auf ihre Fruchtbarkeit ausgewählt, auf ihre Fähigkeit, Nachkommen zu produzieren. In ihren Nachkommen finden sich DNA-Kopien der Eltern wieder. Es liegt auf der Hand, dass jung Verstorbene nichts zur Nachkommenschaft beitragen. Dasselbe gilt auch für unfruchtbare Individuen, egal wie alt sie werden. So stirbt mit dem Tod eines kinderlosen Ehepaars ein Zweig der Familie aus. In England beispielsweise blieben Adelige häufig kinderlos. Über Jahrhunderte füllte man Bücher mit Geschichten über *extinct peerages* – ausgestorbene Adelslinien. Allem Anschein nach haben die Arten – auch die menschliche Art – ihren Lebenslauf durch die natürliche Auslese so an ihre Umgebung angepasst, dass sie ausreichend lange überleben, um sich fortpflanzen zu können. Sobald Kinder gezeugt und zu Erwachsenen geworden sind, kann der Körper «weggeworfen» werden. Denn von diesem Moment an ist das Weiterleben der DNA garantiert. Anders gesagt: Alterungsprozesse «darf» es nun geben. Im Lichte der Evolution ist unser Körper nach fünfzig Jahren treuer Dienste überflüssig geworden: Die DNA wirft wie eine Schlange ihr alte Haut ab.

Die Theorie des Wegwerfkörpers geht davon aus, dass sich Entwicklung, Wachstum und das Überleben von Individuen nach grundlegenden ökonomischen Prinzipien vollziehen; die knappen verfügbaren Ressourcen müssen optimal auf verschiedene biologische Prozesse verteilt werden. Simpel ausgedrückt gibt es zwei Optionen: *Entweder* wird in die Fruchtbarkeit *oder* in die Pflege des eigenen Körpers investiert. Das eine geht immer auf Kosten des anderen. Ohne Zweifel ist es notwendig und zweckmäßig, in Körper und Geist zu investieren. Wird wegen einer angeborenen Anomalie, eines körperlichen Gebrechens oder eines riskanten Verhaltens das Erwachsenenalter nicht erreicht, gibt es keine Nachkommen und kann nicht für sie gesorgt werden, ist vom evolutionären Standpunkt aus betrachtet alles verloren. Daher haben Menschen neben ihren Erbanlagen einen Körper, der etwa fünfzig Jahre lang zum Sex, zur Fortpflanzung und zur Versorgung der Nachkommen dient.

Es fragt sich, ob ein evolutionärer Vorteil damit verbunden ist, wenn Körper und Geist viel länger als fünfzig Jahre lang funktionsfähig bleiben. Älter als fünfzig Jahre zu werden, ist nicht «schlimm», es sei denn, die Investitionen in einen überdurchschnittlichen Körper gehen auf Kosten der notwendigen Investitionen in die Fruchtbarkeit. Im letzteren Fall wird der Mensch zwar älter als der Durchschnitt, hat aber weniger Nachkommen. Außerdem bleibt die Kombination seiner Eigenschaften durch natürliche Selektion nicht erhalten; das Fitnessprogramm, das uns steuert, ist schließlich nicht auf das Altern hin optimiert, sondern auf die Versorgung der Nachkommen.

Viele Kinder zu haben, ist eine Qualität, die durch die natürliche Auslese maximiert wird. Es ist logisch, aber auch ernüchternd, dass größere Investitionen in unseren eigenen Körper, die gewährleisten sollen, dass wir auch jenseits der fünfzig noch gut aussehen und gesund bleiben, keinem evolutionären Zweck dienen. Der Fortbestand der DNA in den eigenen Kindern ist schließlich bereits garantiert.

Man kann den biologischen Mechanismus des Alterns mit dem eines alten Rennwagens vergleichen, der mitten auf der Strecke ratternd zum Stehen kommt. Rechtzeitige Wartung durch den Automechaniker, wiederholtes Einstellen und Nachjustieren sowie das Austauschen beschädigter Teile hätten die Panne verhindern können. Aber präventive Wartung ist teuer; dafür steht nicht immer Geld und Zeit zur Verfügung, weshalb sie nur unzureichend durchgeführt wird. Auch unser Körper verlangt nach präventiver Wartung, und hierbei handelt es sich um eine komplizierte Angelegenheit. So müssen die Beschädigungen an den DNA-Molekülen in jeder Zelle ständig aufgespürt und repariert werden, um die dort festgelegten Codes unverändert zu erhalten. Denn die DNA ist schließlich die Blaupause, auf der das Funktionieren von Zellen, Geweben und Organen basiert. Dafür hat sich eine sehr kreative biologische Maschinerie entwickelt: Ein großes Knäuel zusammenwirkender Proteine fährt wie ein Zug auf den Schienen der DNA-Moleküle, spürt die Schäden auf und repariert sie direkt vor Ort. Dieser Prozess erfordert große Investitionen, er verhindert aber, dass Zellen durch bleibende Schäden in der DNA fehlerhafte Proteine produzieren, entarten und Krebs auslösen.

Auch die Proteine, aus denen Zellen, Gewebe und Organe aufgebaut sind, können im Lauf der Zeit beschädigt werden. Hierbei handelt es sich um komplex gefaltete Strukturen, deren spezifische Funktionen sich der Form ihrer Faltung verdanken. Zur Proteinfaltung sind Zellen mit Chaperon-Proteinen ausgerüstet; sie initiieren, ordnen und begleiten den Faltungsprozess. Manchmal falten sich Proteine spontan auf oder werden irgendwie anders beschädigt, sie verlieren ihre Funktion und müssen ersetzt werden. Einige Proteine sind einzigartig, etwa die Proteine in unserer Augenlinse oder in unserem Gehirn; sie können nicht ausgewechselt, wohl aber repariert werden. Durch die Aktivität der Chaperon-Proteine kann ein Teil der Proteine die richtige Faltung zurückerhalten. Doch ebenso wie die Reparatur der DNA erfordert auch dieser Prozess große Investitionen, daher wird nicht jedes Protein um jeden Preis repariert oder ersetzt. So etwa die ursprünglich mit durchsichtigem Eiweiß gefüllte Augenlinse. Mit zunehmendem Alter gerinnt sie allmählich wie ein Ei und wird dadurch immer weniger lichtdurchlässig, sodass sich schließlich Star-Erkrankungen entwickeln. Bessere Linsen sind evolutionär überflüssig; Menschen müssen ja nur zwei Generationen lang gut sehen können. Daher werden Star-Operationen erst jenseits der fünfzig notwendig und nicht bereits früher.

Die Theorie des Wegwerfkörpers kann sowohl erklären, warum Altern zu unserem Leben dazugehört, als auch, warum die Lebensdauer der verschiedenen Arten so stark voneinander abweicht. Mäuse durchlaufen eine kurze Entwicklungsphase bis zur Geschlechtsreife, sie haben eine kurze Tragezeit und eine Unmenge Junge pro Wurf. Diese Investitionen in die Nachkommen gehen auf Kosten der Investitionen in die Wartung des eigenen Körpers. Unter natürlichen Bedingungen werden Mäuse im Durchschnitt nur wenige Monate alt. Als Beutetier und aufgrund von Kälte oder Nahrungsmangel ist ihnen in ihrer natürlichen Umgebung kein langes Leben vergönnt. Deshalb zeigen wild lebende Mäuse oft keine Alterserscheinungen; im Grunde sind sie samt und sonders noch Jungtiere. Aber sie werden durchaus alt, wenn sie als Haustier oder unter idealen Bedingungen in einem Labor versorgt werden. Im Alter werden Labormäuse grau, verlieren ihre Muskelkraft, können schlechter laufen, bekommen Krebs und sterben nach einer Lebensspanne von maximal drei Jahren.

Veränderungen in der Umgebung haben großen Einfluss auf die Dauer der sexuellen Entwicklung und auf das Tempo des Alterns – kurz gesagt, auf die Struktur und die Länge des Lebens. Darauf weist vieles hin. Wenn die Bedingungen ungünstig sind und das Sterberisiko hoch, steigt der evolutionäre Fortpflanzungsdruck, es müssen mehr Junge produziert werden. Daher kommt es zu einer Auslese von Individuen, die bereits in jungen Jahren Nachwuchs zur Welt bringen können, notfalls auf Kosten ihres eigenen Überlebens. Dieses Muster können wir bei Mäusen beobachten. Sie haben, wie alle anderen kurzlebigen Säugetiere, Eigenschaften erworben, mit deren Hilfe sie maximal in ihre frühzeitige Fruchtbarkeit investieren können.

Seit dem Aufkommen der Trawler – große Fangschiffe, die trichterförmige Schleppnetze hinter sich herziehen – haben sich die Lebensbedingungen des Kabeljaus einschneidend verändert. Die Trawler wurden immer stärker, die Netze immer größer und die Maschen immer kleiner, alles Neuerungen, um mehr Fisch an Land zu bringen. Durch diese neue Form des Fischens ist die Chance, dass ein großer, älterer Kabeljau im Meer überleben kann, erheblich gesunken. Nur dem jungen, kleinen Kabeljau gelingt es, durch die Maschen des Netzes zu schlüpfen. Diese Entwicklung bringt es mit sich, dass die durchschnittliche Lebensdauer eines Kabeljaus erheblich zurückgegangen ist. Vor Einführung der Trawler laichten vor allem die großen Kabeljaus in hohem Alter. Inzwischen sind es die jungen kleinen Fische, die ihre Art am Leben erhalten. Fischereibiologen haben herausgefunden, dass der Kabeljau heute schon viel früher und bei geringerer Länge geschlechtsreif ist als in der Vergangenheit. Dieser Fisch hat sich durch Selektion zu einer früheren Geschlechtsreife hin weiterentwickelt und sich als Art der veränderten Umgebung angepasst.

Menschen und Elefanten sind in ihrer natürlichen Umgebung weniger existenziellen Gefahren ausgesetzt als der Kabeljau. Daher kann ihr Leben weitaus länger dauern. Sie können es sich erlauben, viel in die Instandhaltung und Reparatur ihres Körpers zu investieren. Diese Investitionen sind gleichzeitig auch notwendig, um, trotz einer langen Entwicklungsphase bis zur Geschlechtsreife und einer langen Tragezeit, dennoch genügend Nachwuchs bekommen zu können. Wenn wir die Lebensspanne von Mäusen, Menschen, Elefanten und anderen Säugetieren miteinander vergleichen, sehen wir, dass die durchschnittliche Lebensspanne in umgekehrtem Verhältnis zur Zahl der Nachkommen steht. Oder anders ausgedrückt: je mehr Nachwuchs, desto kürzer das Leben. Die Lebensläufe der verschiedenen Arten variieren also von kurz und stürmisch bis zu lang und gemächlich. Doch jede Art hat eine durch natürliche Auslese an die Bedingungen, unter denen sie lebt, angepasste Lebensspanne. Nirgendwo in der Tierwelt findet sich die Kombination eines perfekt versorgten Körpers mit einer großen Zahl von Nachkommen. Dies stimmt mit Tom Kirkwoods Theorie des Wegwerfkörpers und der Verteilung knapper Güter überein.

Einige Arten haben einen höchst bemerkenswerten Lebenslauf, der mit der Theorie des Wegwerfkörpers im Hinterkopf leichter nachvollzogen werden kann. Lachse verbringen die längste Zeit ihres Lebens im Meer. Sobald die Tiere genügend Fettgewebe aufgebaut haben, um die Wanderung und das Laichen bewältigen zu können, schwimmen sie gegen die Strömung die Flüsse hinauf. Im Süßwasser angekommen, wechseln die Lachse ihre Gestalt. Sie ändern ihre Farbe und bei den Männchen formt sich der Unterkiefer zu einem Haken um. Die Laichzeit dauert etwa vierzehn Tage und verläuft so ungestüm, dass die meisten Lachse danach sterben. In kurzer Zeit werden alle verfügbaren Ressourcen zum Zweck der Fruchtbarkeit eingesetzt, auf Kosten des eigenen Überlebens. Die Laichgebiete sind danach mit toten Lachsen übersät. Weniger als fünf Prozent der erwachsenen Lachse werden am Ende ins Meer zurückkehren, wo sie wieder ihre Salzwassergestalt annehmen und weiterwachsen. Der Nachwuchs folgt ihnen nach. Eines Tages werden auch diese jungen Fische stromaufwärts schwimmen.

Aber es gibt noch Schlimmeres. Das Weibchen der Fangschrecken, die Gottesanbeterin, verzehrt nach einer erfolgreichen Paarung ihren Partner. So liefert das Männchen ihr die Nährstoffe zur Versorgung ihrer beider Nachkommen.

## Sex gibt es nicht ohne Kosten

Um die Theorie des Wegwerfkörpers experimentell zu beweisen, wurden zahlreiche Versuche mit Fruchtfliegen durchgeführt. Diese Fliegen werden schon sehr lange für alle möglichen biologischen Experimente verwendet und haben inzwischen sehr viele Erkenntnisse ermöglicht. Die Fruchtfliegen werden nur wenige Wochen alt, eine wichtige Voraussetzung, um die Länge des Lebens zu studieren. Ein weiterer und ganz und gar nicht unbedeutender Vorteil besteht in den geringen Kosten für die Zucht großer Mengen im Labor. Bei der Durchführung der Versuche ergibt sich allerdings ein grundlegendes Problem: Sobald der Forscher feststellt, dass eine der Fruchtfliegen eine lange Lebensdauer erreicht hat, ist die Fliege biologisch schon alt, weniger fruchtbar und beinahe tot. Dabei sind es gerade diese Fliegen, mit denen der Wissenschaftler (Kreuzungs-)Experimente durchführen möchte.

Bas Zwaan, ein engagierter niederländischer Genetik-Professor, hat beim Verfassen seiner Dissertation eine elegante Lösung für dieses Problem erdacht. Er nutzte das Phänomen, dass Fruchtfliegen bei niedriger Temperatur länger und bei hoher Temperatur kürzer leben. Bei jeder neuen Fliegengeneration teilte er die Nachkommen willkürlich in zwei Gruppen. Indem nun eine Gruppe hohen Temperaturen ausgesetzt wurde, konnte schnell festgestellt werden, ob es sich um kurz- oder langlebige Fliegen handelte, die ansonsten nicht voneinander zu unterscheiden waren. War auf diese Weise klar, welche Familien länger beziehungsweise kürzer lebten, verwendete er die bei niedrigen Temperaturen überlebenden Fliegengeschwister, um mit ihnen seine Experimente fortzusetzen. Die Ergebnisse dieser Studie sind bemerkenswert. Es konnte nachgewiesen werden, dass eine wiederholte Zuchtwahl der am längsten lebenden Fliegen binnen weniger Generationen zu einer signifikanten Zunahme der durchschnittlichen Lebenserwartung führte. Bas Zwaans Zuchtprogramm für ein langes Leben von Fruchtfliegen ist vergleichbar mit dem «Us-Mem»-Programm bei friesischen Kühen, das sich auf eine Steigerung der Milchproduktion konzentriert und ebenso effektiv ist.

Zur gleichen Zeit erforschte Bas Zwaan auch die Fähigkeit der langlebigen Fliegen, Eier zu produzieren. Man beachte: Hier wurde nicht für und auch nicht gegen etwas gezüchtet. Er beobachtete, dass die langlebigen Fliegen im Lauf ihres Lebens weniger Eier produzierten. Auch die umgekehrte Relation konnte nachgewiesen werden: Fruchtfliegen, die viele Eier produzierten, lebten signifikant kürzer. Die Ergebnisse dieser biologischen Versuche entsprechen der Theorie des Wegwerfkörpers: Investitionen in ein längeres Leben gehen auf Kosten der Nachkommenzahl.

Der Mechanismus, der der Frage zugrunde liegt, ob dem eigenen Körper oder dem Nachwuchs Vorrang gebührt, wird bisweilen auch *the cost of sex* genannt. Linda Partridge, eine britische Biologin, versuchte, diesen Mechanismus im Detail zu enträtseln. In einem ihrer Experimente studierte sie die Umgebung männlicher Fruchtfliegen und teilte sie in zwei Gruppen: eine Gruppe mit und eine andere ohne Sex. Es erwies sich, dass Männchen, die jeden Tag mit einem Weibchen zusammengebracht wurden, ein fünfmal höheres Sterberisiko hatten als Männchen, die keine Weibchen trafen. Sobald den Männchen der Kontakt zu einem Weibchen vorenthalten wurde, war das gesteigerte Sterberisiko sofort verschwunden. Unter dem Mikroskop zeigte sich, dass die Männchen bei der Paarung massive Schäden davongetragen hatten, unter anderem an den Flügeln. Weil Fruchtfliegen nur sehr beschränkte Möglichkeiten der Regeneration haben, führt Sex meist zu bleibenden Schäden, zu Funktionsverlust und einer Zunahme der Mortalität. Die mit der Paarung zusammenhängenden Komplikationen werden daher auch als «direkte» Kosten von Sex bezeichnet.

Es ergeben sich aber auch «indirekte» Kosten von Sex. Sie sind nicht an die Paarung gekoppelt, sondern allein an die Fähigkeit, sexuell aktiv zu sein und Nachkommen zu zeugen. Mit anderen Worten: Das ist der Preis, der gezahlt werden muss, um verschiedene Varianten derselben Art hervorbringen zu können. Meist gibt es zwei Geschlechter, ein weibliches und ein männliches, wobei jedes für sich nur eine Art von Geschlechtszellen besitzt. Daneben existiert auch noch das Zwittertum – Hermaphroditismus. Zwitter können sich selbständig fortpflanzen, ohne sich mit anderen Artgenossen zu paaren.

Einen ersten Hinweis auf die indirekten Kosten der Fortpflanzung sehen wir im Lebenslauf einer geschlechtslosen Art wie der Hydra. Der Polyp pflanzt sich mittels Knospung aus einer einzigen totipotenten Stammzelle fort. Diese Art von Stammzellen ist in seinem ganzen Körper verbreitet. Hier geschieht die Fortpflanzung ohne jegliche Art von Sex, also ungeschlechtlich. Aus denselben Stammzellen können verschiedene Gewebe aufgebaut werden. So hat der Polyp die Möglichkeit, sich durch Klonen fortzupflanzen und zugleich durch ein gutes Regenerationsvermögen Alterungsprozesse zu vermeiden.

Vor nicht allzu langer Zeit wurde entdeckt, dass einige Hydra-Exemplare im Labor eine sexuelle Transformation durchlaufen, und zwar dann, wenn sich die Lebensbedingungen zum Schlechteren verändern. Eine Hydra nimmt dies als Gefährdung ihres Überlebens wahr und reagiert darauf mit der Umwandlung von einer asexuellen zu einer doppeltgeschlechtlichen Hydra. Die evolutionär logische Interpretation lautet, dass eine doppeltgeschlechtliche Hydra in einem sich wandelnden Umfeld durch sexuelle Fortpflanzung größere Chancen hat, erfolgreich Nachkommen zu generieren, als eine asexuelle Hydra. Die sexuelle Transformation hat allerdings einen hohen Preis. Anders als in der ungeschlechtlichen Gestalt vergrößert sich das Sterberisiko einer doppeltgeschlechtlichen Hydra mit zunehmendem Alter sehr wohl. Eine doppeltgeschlechtliche Hydra altert!

Stammzellenforscher haben entdeckt, warum diese Hydren altern. Bei allen Säugetieren entstehen Geschlechtszellen aus der Keimbahn. Die Keimbahn setzt sich aus einer Gruppe von unipotenten Stammzellen in den Eierstöcken und Hoden zusammen, also von Stammzellen, die sich nur zu Geschlechtszellen entwickeln können. Die Stammzellen der Keimbahn unterscheiden sich also grundlegend von den totipotenten Stammzellen, aus denen alle Arten von Körpergewebe aufgebaut werden können und mit deren Hilfe sich eine Hydra beispielsweise selbst klonen kann. Wenn eine Hydra doppeltgeschlechtlich ist, hat sie zwar noch Stammzellen, etwa innerhalb der Keimbahn, diese besitzen aber nicht mehr die totipotente Fähigkeit der Stammzellen einer geschlechtslosen Hydra. Die Schlussfolgerung liegt auf der Hand: Eine sexuelle Transformation geht auf Kosten der Regenerationsfähigkeit. Mit anderen Worten, die Süßwasserpolypen bekommen einen Wegwerfkörper.

## Aristokratische Fruchtfliegen

1998 konnte ich in Manchester ein Jahr lang mit Tom Kirkwood zusammenarbeiten. Seine Theorie des Wegwerfkörpers inspirierte mich, über das Wie und Warum unseres Alterns nachzudenken. Nachdem ich mir Kenntnisse über evolutionäre Prozesse angeeignet hatte, stellte sich unausweichlich die Frage: Trifft die Theorie des Wegwerfkörpers auch auf Menschen zu? Bis dahin hatte man Belege allein bei Fruchtfliegen gesammelt.

In Leiden bin ich von Professor Jan Vandenbroucke in der epidemiologischen Methode für wissenschaftliche Beobachtungsstudien am Menschen ausgebildet worden. Die meisten Biologen arbeiten experimentell: Im Labor verändern sie bei ihren Versuchstieren gezielt das genetische Material oder deren Umgebung und beobachten dann die sich daraus ergebenden Folgen. Aber die meisten dieser Experimente lassen sich aus den verschiedensten Gründen am Menschen nicht durchführen. Von Jan Vandenbroucke lernte ich, dass bei Menschen spontan Ereignisse eintreten können, die den gezielten Manipulationen der Laborversuchsanordnungen ähneln, aber ursprünglich natürlich nicht so geplant waren. Durch ein sorgfältiges Studium dieser Ereignisse bei Menschen – dieser Pseudoexperimente – kann man viel über die Ursachen von Krankheit und Gesundheit in Erfahrung bringen. So sind Patienten mit Altersblindheit oft auch Träger genetischer Varianten im Abwehrsystem gegen Infektionen. Dieses Wissen erwies sich als hilfreich, um die Rolle von Entzündungen bei einer Beschädigung der Netzhaut zu erforschen.

Ich schlug Tom Kirkwood vor, die epidemiologische Methode zu verwenden, um die Theorie des Wegwerfkörpers am Menschen zu überprüfen. Seine erste Reaktion war ablehnend. Welche spontanen Ereignisse bei Menschen konnten denn mit Bas Zwaans Kreuzungsexperimenten verglichen werden? Im Gegensatz zum Laborexperiment, in dem auf langes Überleben hin selektierte Fliegen zu Sex animiert werden, betreiben Menschen Sex meist freiwillig und ziemlich selbstbestimmt. Gleichwohl ist das Prinzip, dass sich das genetische Material von Mann und Frau durch die geschlechtliche Fortpflanzung vermischt, bei Fliegen und Menschen identisch. Daher kann man Kinder aus einer Ehe als ein genetisches Experiment von Vater und Mutter betrachten, obwohl das natürlich nicht die eigentliche Absicht der Eheleute war.

Kirkwood änderte schließlich seine Meinung. Mit Bas Zwaans Experimenten als Richtschnur machten sich Tom Kirkwood und ich auf die Suche nach Elternpaaren, bei denen ein Elternteil oder beide ein hohes Alter erreicht hatten – lediglich um zu überprüfen, ob die Kinder aus dieser Ehe eine überdurchschnittlich lange Lebensdauer erreichten und gleichzeitig unterdurchschnittlich wenig Kinder bekamen. Wie immer in der wissenschaftlichen Forschung war auch hier ein Quäntchen Glück mit von der Partie. 1998 wurden in den englischen Tageszeitungen Anzeigen für eine genealogische CD geschaltet, auf der die Träger aller Adelstitel zu finden waren. Seit eh und je haben die britischen Aristokraten den Archiven mit großer Akribie ihre Familiendaten anvertraut: Wer heiratete wen, wie viele Nachkommen wurden geboren, und wie alt ist man selbst geworden? Mit dem Erscheinen dieser CD standen diese Archive per Knopfdruck auch dem einfachen Bürger zur Verfügung, der nun überprüfen konnte, ob er eventuell ebenfalls Nachfahre eines Adelsgeschlechts war.

Für uns Forscher war diese CD so etwas wie das Ei des Kolumbus. Die Nachkommen Tausender Eheleute konnten erforscht werden, als handelte es sich um ein Experiment in der Natur! Dass es sich dabei nur um Adelige handelte, löste gleichzeitig ein weiteres lästiges Problem. Schichtenspezifische, mithin sozioökonomische Unterschiede können Beobachtungsstudien gravierend verfälschen. Menschen aus einer hohen sozioökonomischen Schicht haben ein niedrigeres Sterberisiko als Menschen aus einer niedrigen sozioökonomischen Schicht, sie werden älter und haben im Durchschnitt weniger Kinder. Bei oberflächlichem Studium kann man darin einen Scheinzusammenhang sehen: Als ob die Zugehörigkeit zu einer bestimmten Klasse als Erklärung dafür dienen könnte, warum einige Menschen älter werden und weniger Kinder bekommen. Da die britischen Adeligen jedoch jahrhundertelang durchgängig zur *upper class* gehörten und Bürger aus den niedrigeren sozialen Schichten nicht in diese Archive aufgenommen worden waren, stellte sich dieses Problem überhaupt nicht.

Nachdem Tom Kirkwood und ich Tausende von aristokratischen Lebensläufen gruppiert hatten, zeigte sich, dass die verheirateten adeligen Frauen, die jung gestorben waren, weniger Nachkommen bekommen hatten als diejenigen, die älter geworden waren. Das ist logisch nachvollziehbar, denn eine längere Lebensdauer birgt die Möglichkeit in sich, mehr Kinder zu gebären. Aber ein langes Leben nach der Menopause weist diesen Vorteil selbstverständlich nicht auf, da die natürliche Fruchtbarkeit der Frau dann bereits verloren gegangen ist. Bemerkenswerterweise erwiesen sich adelige Frauen, die achtzig Jahre und älter geworden waren, häufiger als kinderlos oder sie hatten nur ein einziges lebendes Kind geboren. Die Annahme, diese Frauen hätten sich früh in ihrem Leben bewusst dafür entschieden, keine oder wenige Kinder zu bekommen, damit sie sehr alt werden könnten, entbehrt natürlich jeder Logik. Ganz im Gegenteil, es ist vielmehr davon auszugehen, dass diese Kinderlosigkeit ungewollt war, da für den britischen Adel die Erbfolge von allerhöchstem Interesse ist. Entsprechend der Theorie des Wegwerfkörpers und in Übereinstimmung mit Bas Zwaans Fruchtfliegen konnten wir schlussfolgern, dass sich ein langes Menschenleben meist nicht mit einer großen Kinderschar in Zusammenhang bringen lässt.

Als Tom Kirkwood und ich unsere Beobachtungen in der wissenschaftlichen Literatur publizierten, titelte die britische Presse, die nie um eine deftige Schlagzeile verlegen ist: «*British aristocracy mate like fruitflies*».

Bemerkenswert an der Studie zu den britischen Aristokraten war auch unsere Beobachtung, dass die Relation zwischen geringerer Kinderzahl und spätem Todeszeitpunkt der Eltern für die jüngste Zeit nicht nachgewiesen werden konnte – in Kapitel 5 werde ich darauf zurückkommen –, als ob Sex in unserer modernen Gesellschaft keine Kosten mehr nach sich zöge. Zum Teil trifft das auch zu. Den Tod im Kindbett, eine späte, aber direkte Folge von Sex, gibt es heute so gut wie gar nicht mehr. Auch viele sexuell übertragbare Krankheiten sind inzwischen ausgerottet. Bleibt die Frage, ob sich mehr oder weniger Sex auf die Länge der Lebenszeit auswirkt. Es wird schließlich behauptet, Sex sei gesund. Man leitet das aus der Tatsache ab, dass gesunde Menschen bis ins höchste Alter sexuell aktiv sind, während diejenigen, die von sich sagen, weniger sexuell aktiv zu sein, häufiger krank und gebrechlich sind. Aber ist es umgekehrt nicht wahrscheinlicher, dass kranke und gebrechliche Menschen genau aus diesem Grund keinen Sex mehr haben? Sex im Alter hat einen emotionalen und einen relationalen Wert. Es ist unwahrscheinlich, dass sich das Leben dadurch verlängert oder verkürzt.

Zum Lebenslauf von Menschen – und von vielen anderen (Säuge-)Tieren – gehört die geschlechtliche Fortpflanzung als unabdingbarer Bestandteil. Diese evolutionäre Entwicklung hat dazu geführt, dass wir auf Kosten unserer selbst in den Nachwuchs investieren. Darin liegt die logische Erklärung, weshalb Menschen altern. Und wie Sex den Alterungsprozess mit verursacht, werde ich in den kommenden Kapiteln genauer erläutern.

# 4

## STERBETAFELN – WER GELD HAT, LEBT LÄNGER

• • •

Die steigende Lebenserwartung
bereitet den Vorständen von Lebensversicherungen
und Rentenversicherungsanstalten einiges Kopfzerbrechen.
Aber glücklicherweise können wir unsere
Lebenserwartung in mathematische Formeln fassen.
Es gibt ein rechnerisches Modell, mit dem sich
die Restlebensdauer vorhersagen lässt.
Das Sterblichkeitsrisiko verdoppelt sich alle acht Jahre
und nimmt exponentiell zu. Einige Wissenschaftler
leiten daraus ab, dass die Geschwindigkeit
des menschlichen Alterns unter allen Umständen
konstant und genetisch festgelegt sei.
Aber neben den Genen spielen auch noch
Umgebungsfaktoren und – nicht zu vergessen –
der Zufall eine Rolle.

Geld und Lebenserwartung waren immer schon eng miteinander verknüpft. Bereits im 17. Jahrhundert wurden von den Vereinigten Provinzen der Niederlande Leibrenten verkauft, um damit Sozialleistungen zu finanzieren. Die Bürger zahlten für ihre Leibrente einen Kaufpreis an den Staat und bekamen im Gegenzug zeit ihres Lebens ein regelmäßiges Einkommen. Die «Leibrente» betrug gewöhnlich sechs bis sieben Prozent des einbezahlten Betrags, das Finanzprodukt wurde vor allem für die Lebensabsicherung von Witwen verwendet. Um 1670 begannen die holländischen Regenten sich Sorgen wegen der hohen Last ausstehender Zahlungen zu machen. In Den Haag beauftragten die Vereinigten Provinzen den Ratspensionär Johan de Witt damit, eine besser abgesicherte Regelung auszuarbeiten. In Amsterdam verlangte der Magistrat dasselbe von Bürgermeister Johannes Hudde. De Witt und Hudde waren nicht nur Staatsmänner, sondern auch Mathematiker. Bürgermeister Hudde hatte als Regent Zugang zu den Verträgen, die von der Stadt an die Amsterdamer Bürger verkauft worden waren. In der «Tafel van Afsterving», einer Sterbetafel, legte er, nach Alter gegliedert, seine Berechnung der Anzahl der zu erwartenden Lebensjahre der Versicherten nieder. Unter Zugrundelegung dieser Berechnungen kam er zu dem Schluss, dass die Leibrenten zu hoch seien. Dennoch wurde der Auszahlungsbetrag nicht gekürzt, dafür gab es keine Mehrheit. Hingegen gab es zahllose politische und emotionale Gründe, das Ergebnis dieser Berechnungen zu ignorieren. Und die gibt es auch heute noch.

## Wenn das Sterberisiko zu- oder abnimmt

Eine richtige Einschätzung der Lebenserwartung bildet die maßgebliche Voraussetzung für eine korrekte Bestimmung der damit verbundenen Risiken, Erträge, Prämien und Auszahlungen von Pensionen, Renten und Lebensversicherungen. 1693 erstellte der englische Astronom Edmond Halley – der mit dem Kometen – eine echte «Überlebenstafel». Daraus konnte zum ersten Mal die durchschnittliche Lebensdauer von Menschen abgeleitet werden. Diejenigen, die darauf aufbauend heute dieser Tätigkeit nachgehen, heißen Aktuare und kommen nicht selten aus der Mathematik. Im Grunde hat sich das Fach in den vergangenen Jahrhunderten nicht verändert: Noch immer erstellen Aktuare Überlebenstabellen. Doch anders als ihre Kollegen früher schätzen die heutigen, manchmal als Versicherungsmathematiker bezeichneten Aktuare auch die durchschnittliche künftige Lebenserwartung. Pensions-, Rentenkassen und Lebensversicherer benötigen diese Daten, um sich finanziell abzusichern. Eine steigende Lebenserwartung ist schön, bereitet den Chefs dieser Einrichtungen aber Kopfzerbrechen. Wie sollen sie ihren Kunden den «schlechten» Teil dieser «guten» Nachricht vermitteln? Ist der Punkt erreicht, an dem Kürzungen der Auszahlungen vorgenommen werden müssen? Steigt die Prämie oder werden für den Aufbau des notwendigen Sparvermögens mehr Beitragsjahre benötigt, oder womöglich beides?

Trotz ihrer Umsicht und Präzision haben die Aktuare auch eine Schwäche: Sie können die Zukunft nicht gut vorhersagen. Entweder sie überschätzen die Entwicklung der Lebenserwartung oder sie unterschätzen (wie in den meisten Fällen) deren Dynamik. Immer wieder stellte sich heraus, dass die Lebenserwartung stärker gestiegen war, als man es zuvor für möglich gehalten hatte. Auch aus diesem Grund reichen die bisher eingezahlten Prämien nicht aus und fallen, verglichen damit, die Auszahlungen zu hoch aus.

So gut wie alle heutigen Modelle, Szenarien und Projektionen zur Lebenserwartung stützen sich auf die Arbeiten von Benjamin Gompertz. Der britische Mathematiker entwarf 1825 ein simples Rechenmodell. Es ist im Wesentlichen dadurch gekennzeichnet, dass er die Zunahme des Sterberisikos durch Altern vom durchgängig vorhandenen Sterberisiko abkoppelte, das unabhängig vom Alterungsprozess besteht. Das letztgenannte Risiko kommt etwa zum Tragen, wenn eine Hydra von einem Stichling gefressen wird oder ein Mensch bei einem Zugunglück stirbt.

Gompertz' Modell ist sehr wirkungsmächtig. Noch immer gilt es als Prüfstein für Wissenschaftler, die den Alterungsprozess in Zahlen zu fassen versuchen. Angenommen, das Sterberisiko nähme im Lauf der Jahre nicht zu – wie bei der Hydra –, sodass es auch nach zehn oder sogar fünfundzwanzig Jahren noch unverändert bestünde, wäre eine Hydra dann unsterblich? Nein, denn das Sterberisiko läge selbst dann noch über null. Weil aber das Sterberisiko konstant wäre und mit den Jahren nicht größer würde, hätte sich in biologischem Sinne nicht viel geändert und der Polyp wäre nicht gealtert. Schicksalsschläge, die jeden von uns mitunter furchtbar treffen können, sind etwas prinzipiell anderes als der Alterungsprozess, der am eigenen Körper zehrt und einen anfällig und krank macht, bis der Tod eintritt.

Gompertz wies ebenso nach, dass das Sterberisiko durch Altern mit den Jahren stark zunimmt. Diese Zunahme ist exponentiell – das Sterberisiko verdoppelt sich alle acht Jahre. Und das gilt gleichermaßen für Dreiundzwanzigjährige wie für Siebenundfünfzig- oder Dreiundachtzigjährige. Aber dennoch: Das Risiko, zu sterben, ist mit dreiundachtzig sehr viel höher als mit siebenundfünfzig oder mit dreiundzwanzig. Dieses konstante Verdopplungstempo scheint nicht allein für Menschen in England zu gelten, auf die Gompertz sein Modell als Erstes angewandt hat, sondern auch für Menschen in den Niederlanden, in Deutschland oder in Afrika. Dieses Modell kam nicht allein zu Gompertz' Lebzeiten zum Einsatz, es lässt sich auch heute noch verwenden, selbst in Zeiten von Krieg und Hungersnot. Das bedeutet nicht, dass das Sterberisiko in allen Ländern und unter den verschiedenen Bedingungen gleich wäre. Im Gegenteil, es klafft sehr weit auseinander. Die Differenzen werden von der Zeit, der Umgebung und den Bedingungen bestimmt, in denen Menschen leben. Dennoch erweist sich das Verdopplungstempo des Sterberisikos über die Jahre hinweg als gleichbleibend.

Eine Reihe von Wissenschaftlern leitet daraus ab, dass die Geschwindigkeit des Alterns von Menschen unter jedweden Bedingungen konstant sei. Sie halten dies für das charakteristische Merkmal des Alterungsprozesses und sehen darin das Ergebnis einer lang andauernden natürlichen Auslese und eines genetisch festgelegten, von äußeren Umständen unbeeinflussten Prozesses.

Gompertz' demografisches Modell trifft genauso auf die Sterblichkeit von Mäusen, Elefanten und anderen Tieren zu. Ausnahmslos wächst das Sterberisiko bei allen Säugetieren mit zunehmendem Lebensalter exponentiell. Dabei fällt die Zeitspanne, in der sich das Sterberisiko von Mäusen verdoppelt, am kürzesten aus: Sie altern extrem schnell. Bei den Elefanten dauert die Verdoppelung des Sterberisikos am längsten: Sie altern langsam. Menschen liegen irgendwo dazwischen. Die Geschwindigkeit des Alterungsprozesses lässt sich daher anhand einer einzigen Ziffer darstellen. Sie ist für jede Art anders, aber für die Individuen derselben Art stets gleich. Das erklärt, warum Wissenschaftler von der Existenz dieser einzigartigen Maßzahl der konstanten Verdopplungsgeschwindigkeit so angetan sind. Obwohl das Sterberisiko von Mäusen, Elefanten und Menschen gleichermaßen von der konstanten Verdopplungsgeschwindigkeit gekennzeichnet wird, sagt eine solche Zahl jedoch nichts über die zugrunde liegenden biologischen Ursachen aus. Die Gründe für den Alterungsprozess unterscheiden sich bei verschiedenen Arten durchaus erheblich.

Es ist bemerkenswert, dass bei Autos und Waschmaschinen das Risiko eines Ausfalls oder einer Stilllegung ebenfalls über die Jahre exponentiell zunimmt. Mit anderen Worten: Die Wahrscheinlichkeit des Versagens komplizierter Apparate kennt ebenfalls eine konstante Verdopplungsgeschwindigkeit. Man muss daher einen ganz anderen Denkansatz wählen, um zu verstehen, warum die Verdopplungsgeschwindigkeit konstant bleibt. Nach Sichtung aller Fakten scheint sich eine Gesetzmäßigkeit zur Bestimmung der Alterungsgeschwindigkeit abzuzeichnen: Es handelt sich um das Versagen komplexer Systeme; und dieses Risiko nimmt in allen Fällen exponentiell zu. In Kapitel 8 werde ich anhand des zugrunde liegenden biologischen Alterungsmechanismus von Menschen zeigen, dass sich die konstante Verdopplungsgeschwindigkeit mithilfe der Akzeleration (Beschleunigung) erworbener Schäden erklären lässt. Und diese ist bei Organismen wie bei Apparaten identisch.

## Genetisch oder selbstverschuldet?

Es ist eine Tatsache, dass Eltern mit dem genetischen Material, das sie einem weitergeben, zu einem gewissen Teil das Risiko von Krankheit oder Gesundheit bestimmen. Sie geben dem Kind sowohl Widerstandskraft gegen schädliche Einwirkungen und Infektionen als auch Regenerationsvermögen mit, halsen ihm aber auch Unvollkommenheiten, Fehler und Gebrechen auf. Das klingt merkwürdig. Doch in Kapitel 3 haben wir gesehen, dass sich nicht alle Eigenschaften durch natürliche Auslese zur Perfektion weiterentwickeln – und zwar deshalb nicht, weil es für den Fortbestand der Art nicht erforderlich ist. Weil man von seinen Eltern stets eine Mischung aus guten und weniger guten Eigenschaften mitbekommt, ist kein Mensch vollkommen und fast jeder durchschnittlich.

Um sich lange eines durchschnittlichen Körpers und eines durchschnittlichen Geistes erfreuen zu können, muss man pfleglich mit seinem Körper umgehen. Manch einer schafft es, ihn binnen weniger Jahre durch ein wüstes Leben mit Sex, Drugs und Rock 'n' Roll zu ruinieren. Er ist dann in schnellem Tempo gealtert und hat bereits in jungen Jahren verschiedene Gebrechen sowie ein großes Krankheits- und Sterberisiko. Wie sich solche körperlichen Schäden verhindern lassen, ist weitgehend bekannt: Nicht rauchen, nicht zu viel essen und trinken lauten die häufigsten Ratschläge. Und natürlich ausreichend Bewegung. Damit hält man sein Mortalitätsrisiko niedrig.

Rauchen fügt dem Körper von außen Schaden zu, deshalb erscheint es relativ leicht, diesen zu vermeiden. Genau wie es leicht sein sollte, weniger zu essen und nicht zu dick zu werden. Doch die tagtägliche Praxis belehrt uns eines Besseren. Viele Menschen haben allergrößte Schwierigkeiten, mit dem Rauchen aufzuhören, ihr Gewicht zu halten und ihren Alkoholkonsum zu mäßigen. Völlig überraschend ist das nicht. All diese Angewohnheiten haben nämlich eine starke genetische Basis. Der Augenblick, in dem man zum ersten Glas Alkohol greift, wird weitgehend von der Umgebung bestimmt, davon, ob es in diesem Moment «gemütlich» war. Ob man nach zwei oder drei Gläsern aufhört oder weitertrinkt, hat allerdings einen genetischen Hintergrund. Deshalb kann es dem einen leicht- und dem anderen schwerfallen, seine Nikotinabhängigkeit zu überwinden.

Anders als oft angenommen sind Risikofaktoren wie ein zu hoher Blutdruck und ein zu hoher Cholesterinspiegel ebenfalls zu einem Großteil «angeboren». Die Höhe des Cholesterinspiegels wird sogar überwiegend von genetischen Faktoren bestimmt. Dennoch wäre es falsch zu denken, gegen eine erbliche Prädisposition sei nichts auszurichten. Ja, der genetische Code ist in der DNA festgelegt, aber ein hoher Blutdruck, ein hoher Cholesterinspiegel, eine Nikotinabhängigkeit oder Esssucht können gut behandelt, ihnen kann sogar vorgebeugt werden. Es gibt Diäten, es gibt Tabletten, es gibt Willenskraft und Durchhaltevermögen, und es gibt Coaches. Dass man eine erbliche Prädisposition hat, heißt nicht, dass man sich damit abfinden muss und der Lauf der Dinge unvermeidlich wäre.

Manchmal kann man einfach nicht begreifen, warum es einen trifft. Man hat gute Gene, man hat nie geraucht, und plötzlich erwischt einen eine tödliche Virusinfektion, plötzlich wird man von einem gegen Antibiotika resistenten Bakterium in der Nahrung befallen oder entwickelt eine Herzrhythmusstörung. Die Liste all der Dinge, die schiefgehen können, scheint endlos zu sein, und der Zeitpunkt, zu dem man erkrankt und stirbt, bleibt für jeden, auch für die Menschen, die sehr bewusst leben, unvorhersehbar. Ärzte bilden dabei keine Ausnahme. Sie können zwar eine Krankheit diagnostizieren, die Länge des Lebens können sie jedoch kaum prophezeien.

Oft wird gesagt, ein Drittel der Variationsbreite der menschlichen Lebensdauer sei den Genen zuzuschreiben. Ein weiteres Drittel sei von der Umgebung verursacht, von den Bedingungen, unter denen wir leben: ob wir reich oder arm, Raucher oder Nichtraucher sind, uns viel oder wenig bewegen etc. Und das letzte Drittel sei schließlich dem Zufall geschuldet. Aber eigentlich sollten wir diese drei Ursachen nicht voneinander separieren, als ob die eine Krankheit genetisch bestimmt, die andere selbstverschuldet wäre und der Rest durch ein zufälliges Zusammentreffen verschiedener Umstände zu erklären sei. Dass ein Mensch krank wird oder stirbt, ist eine Folge des Versagens eines komplexen Systems. Es sind immer sowohl die Gene als auch die Umgebungsfaktoren, die über den Todeszeitpunkt entscheiden.

# 5

## ÜBERLEBEN UNTER WIDRIGEN BEDINGUNGEN

• • •

Arten entstehen und vergehen in einer
unaufhörlichen Bewegung, ohne vorgefassten Plan.
Für die Frühmenschen muss es
unter widrigen Bedingungen schwer gewesen
sein zu überleben. In Ghana können wir die Prozesse
der natürlichen Auslese und des Alterns noch in ihrer
ursprünglichen Ausprägung studieren:
Dort leben manche Menschen unter denselben
mühsamen Bedingungen wie unsere Vorfahren.
Ihre Erforschung führt zu wichtigen Erkenntnissen,
etwa über Widerstandskraft gegen Infektionskrankheiten,
über den Zusammenhang zwischen Fruchtbarkeit
und Abwehrsystem, über das Weiterleben von
Frauen nach der Menopause
sowie über das Altern von Männern.

Vor einigen Jahren wurde ich eingeladen, in Neuseeland einen Vortrag über Evolution und Altern zu halten. Nach dem Vortrag stieß ich bei einem Strandspaziergang auf ein Denkmal, das die Stelle markierte, an der nach der Überlieferung Menschen zum ersten Mal einen Fuß an Land gesetzt hatten. Die Historiker glauben den Beweis dafür gefunden zu haben, dass diese Menschen von den polynesischen Inseln aus mit Kanus nach Neuseeland übergesetzt hatten. Diese Abenteurer sollen die Ersten gewesen sein, die diese Tausende Kilometer lange Überfahrt überlebt haben. Sie werden Maoris genannt und gelten als Ureinwohner Neuseelands. Der Text auf der Gedenktafel ist mir im Gedächtnis haften geblieben: «Es gibt keinerlei Hinweise, dass vor dem Jahr 900 n. Chr. Menschen auf Neuseeland gelebt haben.» Damit ist Neuseeland die letzte zusammenhängende Landmasse, die von Menschen besiedelt worden ist. Es handelt sich dabei um einen abgelegenen Winkel der Erde; um dorthin zu gelangen, musste ich von Amsterdam aus vierundzwanzig Stunden fliegen. Dennoch ist ein ganzer Tag nicht mehr als ein Lidschlag, verglichen mit den Jahrmillionen, die es uns als Gattung gekostet hat, die raue Überfahrt von der Mitte Afrikas über die polynesischen Inseln nach Neuseeland zu bewältigen.

Je weiter man zurückblickt, desto größer wird die eigene Familie. Das bedeutet auch, dass zwei (beliebige) Menschen immer gemeinsame Vorfahren haben. Eines Abends wurde ich von einem mir unbekannten Westendorp angerufen. Er wusste, dass ich verheiratet war und nannte sogar die Namen meiner beiden Töchter. Es stellte sich heraus, dass der Anrufer umfangreiche genealogische Nachforschungen zu unserem Familienstammbaum betrieben hatte. Von mir erhoffte er sich Informationen, um darin eine Lücke schließen zu können. Ich konnte ihm jedoch nicht weiterhelfen, ich wusste einfach zu wenig. Den Vater und die Mutter der Großeltern mag man vielleicht noch einordnen können, aber deren Brüder und Schwestern? Ich denke, dass man mit seinen Verwandten vierten Grades nichts mehr gemein hat. Dafür ist der Stammbaum ja da, dass man seine Abstammung und Verwandtschaftsverhältnisse nachverfolgen kann, manchmal einige Generationen, manchmal noch weiter in die Vergangenheit zurück. Bestimmt bin auch ich irgendwie mit britischen Aristokraten verwandt, sogar mit den Maoris in Neuseeland. Im schlimmsten Fall muss ich 250 000 Generationen zurückgehen, doch dann kann ich sicher mit einer einzigen durchgängigen Linie alle früheren Kopien meiner DNA bis nach Zentralafrika zurückverfolgen.

## Ein außergewöhnlicher Fund im Tschad

Wissenschaftler, die das Erforschen des menschlichen Stammbaums zu ihrem Beruf gemacht haben, nennt man Paläoanthropologen. Um einen Millionen Jahre alten Stammbaum zu rekonstruieren, müssen sie sich mit Bruchstücken von Knochen, Kiefern und Schädeln begnügen, die oft schwer zu interpretieren sind. Daraus ergeben sich dann mitunter Zweifel hinsichtlich der Verwandtschaftsverhältnisse: Welche Arten lebten nebeneinander? Wann und wo ging eine Gattung in die andere über? Daher muss es nicht verwundern, dass jeder neue Fund die bestehenden Vorstellungen über Abstammung und Verwandtschaft vollkommen auf den Kopf stellen kann. 2001 wurde im Norden des Tschad ein Schädel gefunden, den heute viele für den Schädel des ältesten menschlichen Vorfahren halten. Ein solcher Anspruch lässt sich nur schwer untermauern, denn was heißt schon menschlich? Begegnete man diesem ältesten menschlichen Urahn auf der Straße, würde man wahrscheinlich an einen Zoologischen Garten denken. Die neu entdeckte Gattung wurde *Sahelanthropus tchadensis*, «Sahelmensch aus Tschad», genannt. Er soll der Vorfahr diverser späterer «Menschenartiger» gewesen sein, von denen als Gattung nur der Mensch überlebt hat. *S. tchadensis* war vermutlich ein Baumbewohner, der vor sieben bis sechs Millionen Jahren in Westafrika in großer Zahl neben den Vorfahren der heutigen Menschenaffen lebte. Einige Paläoanthropologen weisen darauf hin, dass dieser Fund geografisch weit entfernt vom Fundort zahlreicher anderer menschlicher Fossilien liegt; diese sind nämlich im Osten und Süden Afrikas zu finden. Deshalb meldeten sie Zweifel an der Zuordnung des neuen Funds an.

Nach der von Biologen erstellten systematischen Einteilung von Pflanzen und Tieren gelten Menschenaffen – groß und schwanzlos – als unsere nächsten Verwandten. Die Grundlage für dieses Klassifizierungssystem stammt von dem auch als Carl von Linné bekannten schwedischen Arzt und Botaniker Linnaeus, der im niederländischen Harderwijk promoviert wurde und von 1735 bis 1738 in Leiden gewirkt hatte. Linné war noch davon ausgegangen, dass jede Art für sich geschaffen worden sei, und gruppierte sie auf der Grundlage übereinstimmender äußerlicher Merkmale. Seine Arbeitsweise weist Ähnlichkeit mit der unserer heutigen Paläoanthropologen auf, die aus den Merkmalen von Knochen, Kiefern und Schädeln ihre Schlüsse ziehen müssen. Inzwischen gehen die meisten Forscher davon aus, dass die Arten durch Evolution entstanden sind, daher versuchen wir, sie nach Abstammung oder auch nach genetischer Verwandtschaft zu ordnen. Linnés klassische Einteilung stimmt zwar oft, aber nicht immer mit der auf genetischer Verwandtschaft basierenden Klassifikation überein. Nicht alles, was gleich aussieht, hat auch die gleiche Herkunft. So wurde inzwischen eindeutig nachgewiesen, dass Mauersegler und Rauchschwalben trotz ihrer verblüffenden Ähnlichkeit keine nahen Verwandten sind. Mauersegler sind mit den Kolibris verwandt, und diese sind gattungsmäßig weit von den Singvögeln entfernt, zu denen die

Rauchschwalben gehören. Ein anderes Beispiel sind die Alke auf der nördlichen Halbkugel, die den Pinguinen auf der südlichen Halbkugel wie eineiige Zwillinge gleichen. Das ist vielleicht nicht überraschend, denn die physischen Bedingungen an beiden Polen sind ähnlich und erzwingen für das Überleben ähnliche evolutionäre Anpassungen. So etwas nennen wir konvergente Evolution. Gleichwohl sind die Alke nicht im Entferntesten mit den Pinguinen verwandt, sie haben mehr mit den Möwen, Seeschwalben und Raubmöwen gemeinsam.

Die rasch zunehmenden Möglichkeiten, Variationen in der DNA bis auf die unterste Ebene zu bestimmen, sind ebenso eine große Hilfe beim Dechiffrieren von Abstammungslinien wie die immer größere Kapazität unserer Computer, mit denen diese Analysen durchgeführt werden. Auf diese Weise gelang der Nachweis, dass die DNA von Menschen und Schimpansen zu 98 Prozent übereinstimmt. Und wir können jetzt auch mit Gewissheit sagen, dass der Mensch nicht von Schimpansen abstammt. Aus den genetischen Übereinstimmungen, aber ebenso aus den genetischen Unterschieden lässt sich schließen, dass Menschen und Schimpansen denselben Urahn haben. Daher können die Unterschiede zwischen den frühesten Menschenartigen und den Menschenaffenartigen nur sehr klein gewesen sein, sich im Lauf der Zeit dann jedoch stetig weiter vergrößert haben. Wir Menschen haben in den Jahrmillionen evolutionärer Entwicklung gelernt, konzeptuell zu denken und zu sprechen, und wir haben gelernt, Maschinen zu bauen. Wohlgemerkt: Wir sind nicht die einzige Art, die sich in diesem Zeitraum aus den ursprünglichen Baumbewohnern entwickelt hat. Knochen- und Schädelfunde belegen, dass sich im Lauf der menschlichen Evolution sicher mehr als zwanzig verschiedene Menschenartige entwickelt haben, darunter der Java-Mensch und der Neandertaler. Doch sind alle anderen Arten wieder ausgestorben, weil sie offenbar nicht in der Lage waren, die Herausforderungen ihrer Umgebung zu meistern. Der *Homo sapiens*, unsere Art, bildet – bisher – die einzige Ausnahme. Das Entstehen und Verschwinden von Arten gleicht einem Perpetuum mobile, einer unaufhörlichen Bewegung, und es ist zu erwarten, dass auch unsere Gattung eines Tages aussterben wird.

In Afrika unter widrigen Bedingungen zu überleben, muss für die frühen Menschenartigen ein ständiger *struggle for life*, ein unentwegter Existenzkampf, gewesen sein. Auch unsere fernen Vorfahren wussten nicht, wie sie sich für die Zukunft wappnen sollten. Es gibt keinen vorgefassten Plan; die Evolution denkt nicht nach. Leben werden einfach gelebt. Nur die Neugeborenen, denen es gelingt durchzukommen, die erwachsen werden und Nachwuchs zur Welt bringen, können ihre im Erbgut festgelegten Eigenschaften über die Gene an die nächste Generation weitergeben. Weil die Überlebenschancen im Allgemeinen gering sind, kann man gar nicht genug in den Nachwuchs investieren, denn Tod und Aussterben lauern, auch in unserer heutigen Zeit, ob es nun um uns selbst, die eigene Familie oder die menschliche Gattung geht, an jeder Ecke.

Weil es keinen vorgefassten Plan gibt, kann der launenhafte Verlauf der menschlichen Entwicklung erst im Nachhinein durchschaut werden. Stammbäume sind unverständlich, wenn man sie von ihrem Anfang her betrachtet. Man verirrt sich immer wieder in ausgestorbenen Zweigen, muss zurückgehen und erneut von vorn anfangen. Aber dann kann man seine Abstammung während der gesamten Evolution des Menschen bis zum heutigen Tag nachverfolgen. Als ob man mit einem Mal wie von selbst die Route nehmen würde, die einen zur Mitte des Irrgartens führt, wo eine Belohnung wartet. Sich vorher die richtige Route zurechtzulegen, hilft hier nicht weiter. Erst im Nachhinein liegt der Weg klar vor uns.

Die evolutionäre Entwicklung des Menschen ist ein einziges Durcheinander. Jede Generation hat Nachkommen hervorgebracht, doch nur wenige von ihnen haben Nachfahren bis in die heutige Zeit. Viele Versuche sind fehlgeschlagen, weil die Neugeborenen nicht gut an ihre Umgebung angepasst waren, vorzeitig starben oder selbst keinen Nachwuchs hervorbrachten. Da hilft es auch nichts, immer mehr identische Nachkommen zu produzieren. Sex hilft allerdings, die Chance auf eine (durchgehende) Abstammungslinie zu erhöhen. Sex ist ein phantastischer Mechanismus, um neue Varianten derselben Gattung zu produzieren. Hierfür sind zwei Schritte erforderlich: Zuerst spaltet sich mittels sogenannter meiotischer Teilung das Erbmaterial, der Chromosomensatz, der beim Vater und bei der Mutter vorkommt, in zwei Teile auf. Dieser Vorgang vollzieht sich in den Geschlechtszellen. Danach wird das genetische Material – Eizelle und Samenzelle enthalten jeweils die Hälfte der gesamten Chromosomen – bei der Befruchtung miteinander verschmolzen. Damit hat sich ein komplett neues Chromosomenset gebildet, und das Leben kann weitergehen.

Durch Sex bilden sich unzählige neue Varianten mit dem Ergebnis, dass schließlich auch neue Arten entstehen können. Ein aus geschlechtlicher Fortpflanzung hervorgegangener Nachkomme ist besser dafür gerüstet und hat eine größere Chance, in einer neuen Umgebung zu überleben als die aus ungeschlechtlicher Fortpflanzung hervorgegangenen identischen Nachkommen. Der Java-Mensch und der Neandertaler sind Beispiele solcher Varianten. Anfangs waren sie als Gattung sehr erfolgreich, doch am Ende verschwanden sie wieder vom Erdboden. In unserer eigenen Gattung kennen wir die ausgestorbenen englischen Adelsfamilien, wobei das britische Königshaus, die Windsor-Dynastie, die positive Ausnahme darstellt; diese Familie war bisher durchaus erfolgreich. Darwin bemerkte zu Recht, dass sich nur die Überlebenden an dem als Fitness bezeichneten Kampf beteiligen.

Vermutlich gibt es nur wenige Menschen, die gezielt Sex haben, um die menschliche Gattung zu erhalten. Wir haben einen angeborenen Drang zum Sex und vollziehen ihn in der Regel zu unserem Vergnügen. Dieser Drang und dieses Vergnügen sind erblich bedingt und im Code unserer DNA gespeichert. Sex ist eine evolutionäre Anpassung, durch die wir bis auf den heutigen Tag als geschlechtliche Gattung weiterexistieren können, obwohl er auf Kosten unseres eigenen Körpers geht. Es ist nicht verwunderlich, dass der britische Biologe Richard Dawkins 1976 ein

Buch mit dem Titel *The Selfish Gene (Das egoistische Gen)* publiziert hat. Das ganze genetische Programm ist für die DNA da, nicht für die Menschen. Wir sind nur vorübergehend Träger eines Moleküls, das Leben heißt, das Einzige, was weggeworfen wird, ist die Verpackung – und das sind wir.

Der evolutionäre Wettlauf, der sogenannte *Rat Race* – welche Gattung bleibt erhalten und welche nicht? –, ist ein faszinierendes Phänomen, das es gut zu verstehen gilt, um durchschauen zu können, warum wir altern. Die Investitionen in Entwicklung, Sex und Fortpflanzung sind durch die natürliche Auslese strikt vorprogrammiert und in unserer DNA festgelegt. Die Kosten dieses Programms summieren sich nach einiger Zeit und erklären den Verfall unseres Körpers. Innerhalb dieses evolutionären Rahmens bilden das Aufwachsen der Kinder und das Altern der Erwachsenen zwei Seiten derselben Medaille. Für Ärzte ist das eine wesentliche Erkenntnis.

Wenn man angehende Ärzte in meiner Heimat nach ihrer Berufsperspektive fragt, äußert ein Viertel von ihnen den Wunsch, sich später als Kinderarzt zu spezialisieren. Ein Viertel ist viel, denn so viele kranke Kinder gibt es in den Niederlanden gar nicht. In dem Berufswunsch Kinderarzt äußert sich aber eine genetisch festgelegte Charaktereigenschaft, welche die Fitness der menschlichen Rasse erhöht: Die Liebe zu Kindern ist uns einfach angeboren. Dass man zu gern mit alten Patienten arbeiten wolle, sagen nur wenige Assistenzärzte, und das, obwohl alte Patienten in hellen Scharen auf Ärzte warten. Aber die Liebe zu alten Menschen ist nicht in unseren genetischen Code einprogrammiert.

Wer wie ich für die Ausbildung in klinischer Geriatrie zuständig ist, dem erscheinen die Zukunftsvorstellungen von Studenten ziemlich frustrierend, bis man sich klarmacht, wie unser Gehirn programmiert ist. Wenn Menschen in hohem Alter allmählich den eigenen Körper zu vernachlässigen beginnen, wie es die Theorie des Wegwerfkörpers prophezeit, weshalb sollte man sich dann für eine Medizinerlaufbahn in der Gerontologie entscheiden? Sollte der Wunsch, mit alten Leuten zu arbeiten, bloß deshalb selbstverständlich sein, weil heutzutage jeder sehr alt wird? Natürlich nicht.

Mit dem evolutionären Wissen im Hinterkopf lassen sich die Entscheidungen heutiger Studenten leichter nachvollziehen – und ich konnte deshalb ein realistischeres Ausbildungsprogramm entwickeln. Im Jahr 2000 beschloss ich, das Ruder völlig herumzureißen: Ich begann über Sex, Fortpflanzung und Evolution zu lehren und zeigte meinen Studenten, dass Altern die logische Konsequenz all dieser Prozesse ist. Damit brach ich das Eis. Viele meiner Studenten landeten später als qualifizierte Fachärzte in der Geriatrie.

## Der noch «ursprüngliche» Bimoba-Stamm

2002 fasste eine Reihe von Forschern, die der Abteilung Geriatrie in Leiden angehörten, den Beschluss, die natürliche Auslese und den Alterungsprozess von Menschen in Afrika zu untersuchen. Es geschah dies in erster Linie aus wissenschaftlicher Neugier, vor allem aber, um als Ärzte besser verstehen zu können, wie sich unser Körper und unser Gehirn aufbauen und auf welche Weise sie letztlich wieder abbauen. Dazu muss man den Körper und das Gehirn in der erbarmungslosen Umgebung untersuchen, in der sie sich ursprünglich entwickelt haben – in einer Umgebung mit unerträglichen Temperaturen, Nahrungsmittelknappheit und ansteckenden Krankheiten, in einer Umgebung, in der ärztliche Interventionen nicht an der Tagesordnung sind. Weil diese Bedingungen in Westeuropa schon längst der Vergangenheit angehören, können die natürliche Auslese und der Alterungsprozess hier nicht mehr in ihrer ursprünglichen Form erforscht werden. In Nordost-Ghana gibt es dagegen noch zahlreiche Orte, an denen die Lebensbedingungen für Menschen sehr bedrohlich sind. Daher haben wir dort über zehn Jahre hinweg junge und alte Menschen untersucht.

Die Kolonialisierung Ghanas, der ehemaligen Goldküste, begann im 15. Jahrhundert mit der Gewaltherrschaft der Portugiesen. Im 17. Jahrhundert wurden sie von den Niederländern abgelöst, auf die wiederum die Engländer folgten. Derzeit ist Ghana eine erfolgreiche Demokratie im Westen von Afrika. Unsere Forschungsregion im Nordosten des Landes ist jedoch weiterhin «ursprünglich». Bis zum heutigen Tag ist das Gebiet nahezu unberührt geblieben, einfach deshalb, weil dort nichts zu holen ist. Nahrung ist knapp, der Tagesverdienst beträgt schätzungsweise ein Dollar pro Person. Geld zum Kauf von Kunstdünger ist nicht vorhanden, und das raue Klima bringt viele Missernten mit sich. Die Böden werden mit traditionellen Hacken bearbeitet. Ganz selten sieht man einen Ochsen. Landwirtschaftliche Geräte wie Traktoren sind hier nicht vorzufinden.

Die Gesellschaft ist patriarchalisch organisiert, und die Mitglieder des Bimoba-Stamms leben seit Jahrhunderten in einer sehr ursprünglichen Weise mit der Natur. Das Oberhaupt der Familie wohnt mit einer oder mehreren Frauen, darunter seiner Mutter, falls sie noch am Leben ist, in ein paar mit Schilf gedeckten Hütten, die durch eine kreisförmige Mauer zu einem Kraal verbunden sind. Körper und Geist dieser Menschen sind an eine Umwelt voller Not und Gefahren evolutionär angepasst. Genau aus diesem Grund haben wir als Forscher aus der westlichen Welt hier Quartier bezogen.

Als Erstes kartierten wir das Gebiet nach medizinisch-anthropologischen Kriterien: Wer sind die Bewohner? Wie viele Kinder bekommen die Mütter? Wie viele Kinder haben die Väter? Und: Wie alt werden sie alle? In der Literatur sind die Bimoba bisher noch nicht erwähnt worden. Wie erwartet, dominierten vor Ort als Todesursachen Hunger und Infektionen, wobei sich gute und schlechte Jahre abwechselten. In dieser Region ist so gut wie alles rotbraun und staubig, lediglich während der beiden kurzen wasserreichen Jahreszeiten gibt es Regen und Wachstum. Kommt man als Wissenschaftler aus der westlichen Welt in diesem Gebiet an, glaubt man zuerst nichts als Armut zu sehen. Später erkennt man subtile Anzeichen von Rang und Stand: ein Schwein, gelegentlich eine rechteckige Hütte mit Wellblechdach und einem Stromanschluss. All diese Errungenschaften verraten einen höheren sozialen Status. Und wie immer und überall übersetzen sich diese Wohlstandsunterschiede direkt in ein größeres oder kleineres Sterberisiko. So konnten wir feststellen, dass Menschen mit dem niedrigsten sozialen Status stets ein doppelt so hohes Sterberisiko hatten wie Menschen mit dem höchsten Status. Ein höheres Einkommen bietet die Möglichkeit, mehr zu essen, die eigenen Kinder impfen zu lassen, einen Brunnen für sauberes Trinkwasser zu graben. Geld erhöht die Lebenserwartung, weil es dem Besitzer zusätzliche Möglichkeiten bietet, in einer feindlichen Umgebung zu überleben.

Es ist klar, dass das ökonomische Prinzip der Verteilung knapper Güter auch in Nordost-Ghana uneingeschränkt zur Anwendung kommt. Das gilt nicht allein für die Realwirtschaft, sondern ebenso für die Organisation menschlichen Lebens. Und genauso bestätigt sich hier die Theorie des Wegwerfkörpers: Man muss sich zwischen Investitionen in die Fortpflanzung und in die Pflege des eigenen Körpers entscheiden. Kinderkriegen und Kindererziehen verlangt den Eltern große (finanzielle) Anstrengungen ab. Aber Kinder sind gleichzeitig eine Alterssicherung. Dennoch verliert unter ungünstigen Lebensbedingungen jedes fünfte Elternpaar in Ghana seine Kinder in jungen Jahren. Vielleicht verleiht eine große Familie deshalb Ansehen und Status. Männer wollen möglichst viele Frauen. Für jede Frau muss ein Brautschatz gezahlt werden, und das können sich nur wenige erlauben. Normalerweise haben die Frauen viele Kinder: Kinderlosigkeit ist ein soziales Tabu. Ein Mann kann es in ein und derselben Familie auf dreißig, vierzig Kinder bringen. Jedoch gibt es in dieser polygamen Gesellschaft auch Männer, die sich keine Ehefrau leisten können. Sie nehmen nicht direkt teil am Spiel der Evolution, da ihnen nur außerehelicher Sex und die dabei gezeugten Nachkommen verbleiben. Und so ist ein jeder Teil des subtilen Spiels namens Fitness, in dem menschliches Verhalten, Besitz und Fortpflanzung eine jeweils spezifische Rolle spielen.

Im Lauf vieler Generationen haben die Bimoba eine Kultur entwickelt, die ihnen ein Überleben unter widrigen Bedingungen ermöglicht. Ihre gesamte Gesellschaftsordnung ist darauf ausgerichtet, der Fortpflanzung Priorität einzuräumen, um so die Aussicht auf eine Weiterexistenz des Stammes zu optimieren. Die knappen Ressourcen, die der lokalen Bevölkerung zur Verfügung stehen, lassen sich deutlich in der Sozialstruktur und im genetischen Material nachverfolgen. In der polygam organisierten Gesellschaft zeugt das männliche Oberhaupt der Familie, der dominante und reiche *Landlord*, die meisten Kinder. Hier drängt sich der Vergleich mit den Alphamännchen auf dem Affenfelsen geradezu auf. Das dominante und untertänige Verhalten der Affen, die strikte Hierarchie innerhalb der Gruppe, das gegenseitige Lausen – alles, was Evolutionsbiologen erforschen, ist stark erblich bedingt. Wie bei den Affen ist auch der menschliche Geist voller evolutionär verwurzelter Emotionen. Unser Verhalten wird von der Umgebung geprägt, in der wir leben, aber die der «Hardware» zugrunde liegenden Charakterzüge werden zum großen Teil von spezifischen genetischen Eigenschaften bestimmt. Und genau diesem menschlichen Verhaltensprogramm entsprechend wird in der polygamen Gesellschaft der Bimoba selektiert.

Weltweit wird an verschiedenen Orten nach der genetischen Basis menschlichen Verhaltens geforscht. Dafür nutzen Wissenschaftler die Abweichungen zwischen eineiigen und zweieiigen Zwillingen. Eineiige Zwillinge sind genetisch identisch, zweieiige nur zur Hälfte, wie Brüder und Schwestern. Durch das Erforschen der Unterschiede zwischen diesen beiden Arten von Zwillingen lässt sich herausfinden, welche menschlichen Eigenschaften eine genetische Basis haben und welche nicht. Dominantes Verhalten, Durchsetzungsvermögen, Intelligenz, aber auch Sozialverhalten, Anhänglichkeit und Optimismus sind zum großen Teil in der DNA festgelegt. All diese Fähigkeiten sind erforderlich, um sich einen Platz in der Gesellschaft erobern und sich in ihr behaupten zu können. Das bedeutet nicht, dass jeder diese Eigenschaften im selben Umfang besäße. Obwohl wir durchschnittlich 1,80 Meter groß sind, gibt es auch Menschen mit 1,60 oder 2,00 Metern Körpergröße. Solche Variationen – auch kleiner oder größer – liegen alle innerhalb der üblichen Bandbreite.

Durch natürliche Auslese wird unser Sozialverhalten an die Umgebung angepasst, und umgekehrt versuchen wir, auch unsere Umgebung durch unser Verhalten zu beeinflussen. Es ist nicht so, dass wir unseren Genen nur ausgeliefert wären. Die Menschen in Afrika können beschließen, nicht zu heiraten und keine Kinder zu bekommen. Solche Entscheidungen werden von den Menschen beeinflusst, die sie großgezogen haben, mit denen sie umgehen und von denen sie Rat annehmen. Und natürlich ist ihr Verhalten von ihren Lebensumständen abhängig, von den vorhandenen (im)materiellen Mitteln, etwa von der Frage, ob ein Mann genügend Geld für den Brautschatz hat, um eine Frau zu heiraten.

Auch in der modernen westlichen Welt kann unser jeweiliger Lebenslauf zum einen durch unsere Eltern und die Frage, welche Erbanlagen wir von ihnen mitbekommen haben, und zum anderen Teil durch unsere Lebensbedingungen erklärt werden. Es macht keinen Sinn, biologische Ereignisse wie Krankheiten, Verhaltensweisen und Gefühle entweder allein auf der Grundlage unserer Gene oder allein durch Umgebungseinflüsse zu erklären. Es ist immer beides beteiligt. Selbst wenn man sein Leben lang optimistisch war, kann einen der Tod des Ehepartners so aus dem Gleichgewicht bringen, dass man in eine Depression verfällt. Aber das Gegenteil ist ebenso möglich: Menschen mit einem schroffen Wesen, die sich nie an einen Partner haben binden können, verlieben sich in einem hohen Alter hoffnungslos und heiraten doch noch.

## Schwangerschaft versus Infektionskrankheiten

Die Frauen in unserem ghanaischen Untersuchungsgebiet gebären durchschnittlich sechs bis sieben Kinder. Unter den strapaziösen Umgebungsbedingungen ist diese Kinderzahl erforderlich, um die Bevölkerung über einen längeren Zeitraum konstant zu halten. Bekommen Frauen noch mehr Kinder, überleben weniger ihrer Nachkommen. Als erste und nächstliegende Erklärung bietet sich an, dass in diesen Fällen pro Kind weniger Nahrung und weniger (finanzielle) Mittel zur Verfügung stehen. Aber Hunger ist nicht die einzige Gefahr, die das Leben in Ghana bedroht. Man muss ständig mit Infektionen rechnen. Wenn wir auf die evolutionäre Entwicklung des Menschen zurückblicken, zeigt sich, dass das Infektionsrisiko größer wurde, als wir vor etwa 10 000 Jahren das Jagen und Sammeln einstellten und in Gruppen ansässig wurden, um den Boden zu bearbeiten und Vieh zu hüten. Damit verbesserte sich zwar das Nahrungsangebot und wurde regelmäßiger, doch die Gefahr der Übertragung von Infektionen vom Tier auf den Menschen und vom Menschen auf den Menschen nahm enorm zu. Als Reaktion darauf entwickelte der menschliche Körper ein umfangreiches Abwehrsystem, mit dem Eindringlinge von außen zurückgeschlagen werden konnten.

Nur Nachkommen mit ausreichender Widerstandskraft gegen Infektionskrankheiten überlebten den Übergang vom Jagen und Sammeln zu Ackerbau und Viehzucht. Die Entwicklung agrarischer Gemeinschaften verlief mit zahlreichen Rückschlägen. Es gibt zahllose Beispiele von Gesellschaften, die von Epidemien hinweggefegt wurden. Manchmal gelang es einigen wenigen, die Katastrophe zu überleben. Aus ihren Nachfahren entwickelten sich dann erneut blühende Gemeinschaften. So baute der moderne Mensch Schritt für Schritt Abwehrkräfte gegen Infektionen und somit ein starkes Immunsystem auf.

Die Widerstandsfähigkeit gegen Infektionskrankheiten hat zwei Aspekte. Der erste Aspekt ist verbunden mit einer Ausspähfunktion, die notwendig ist, um einen Krankheitserreger als feindlich zu identifizieren. Krankheitserreger tun alles, um unauffällig im menschlichen Körper zu überleben. Sie tarnen sich; und weil sie deshalb nur schwer oder erst spät als körperfremd erkannt werden, können sie vom Abwehrsystem nicht abgefangen werden. Tropische Würmer beispielsweise können, nachdem sie in den menschlichen Körper eingedrungen sind, bis zu dreißig Jahre im Blutkreislauf überdauern. Andere Krankheitserreger können ihre Tarnung permanent veränderten Bedingungen anpassen. Damit wird unser Abwehrsystem immer wieder überlistet – und wir erkranken immer wieder aufs Neue. So etwa ist der Grippevirus in jeder Saison ein klein wenig anders und kann dadurch bei jeder Attacke abermals eine Vielzahl von Menschen infizieren.

Das Beseitigen des Krankheitserregers ist der zweite Aspekt der Infektionsabwehr. Ist der Eindringling erst einmal als fremd und feindlich erkannt, muss er unschädlich gemacht und entsorgt werden. Dieser Prozess verläuft über eine Entzündungsreaktion. Bei Grippe tritt eine Entzündung mit all den uns hinlänglich bekannten Begleiterscheinungen auf: Muskelschmerzen, Fieber, Schlappheit. Ein anderes Beispiel für eine Entzündung ist ein roter, schmerzender und pochender Finger – ein Problem, das erst nach dem Herauseitern des Splitters behoben ist.

Es erscheint logisch, dass die Immunabwehr so stark wie irgend möglich sein sollte, denn dann ist unsere Überlebenschance am größten. Merkwürdigerweise sind wir trotzdem noch immer höchst anfällig für Infektionskrankheiten, obwohl wir doch endlos lange auf Widerstand gegen ansteckende Krankheiten hin selektiert wurden. Andere biologische Eigenschaften konnten wir uns durch natürliche Auslese problemlos zu eigen machen. Ein Beispiel: Als die Menschen begannen, Vieh zu züchten, fingen sie an, Milch zu verwenden. Durch natürliche Auslese haben wir binnen weniger Generationen die Fähigkeit entwickelt, das Enzym Laktase zu produzieren, das die Laktose, den Milchzucker, der in Hülle und Fülle in Milchprodukten vorhanden ist, in normalen Zucker umwandelt.

Erst wenn wir den gesamten menschlichen Lebenslauf überblicken, wird die Problematik deutlich, die in einer weitergehenden Selektion auf Abwehr von Infektionen liegt. Wenn die Identifikation von Krankheitserregern niemals misslingen darf und wenn eine Entzündungsreaktion gar nicht heftig genug sein kann, ergeben sich unerwünschte Nebenwirkungen, wie etwa das Abstoßen des Fötus aus der Gebärmutter.

Der Embryo, der in der Gebärmutter zum ausgereiften Kind heranwachsen muss, ist jeweils hälftig eine Mischung aus Vater und Mutter. Die Mutter denkt natürlich, dass es ihr Kind sei, aber das ist nicht so. 50 Prozent des genetischen Materials stammt vom Vater, und diese Gene nehmen von Anfang an Einfluss auf die Entwicklung des Kindes. Mit der unmittelbaren Konsequenz, dass das Abwehrsystem der Mutter dazu tendiert, den Embryo – halb Mutter, halb Vater – in der Gebärmutter als fremdartig zu erkennen und in einem «spontanen» Abortus abzustoßen. Um dies zu verhindern, sind dort, wo die Plazenta in der Gebärmutter angewachsen ist, Eiweiße vorhanden, die dafür sorgen, dass sich die Abwehrzellen von Mutter und Kind nicht gegenseitig angreifen. Dennoch kommt es gelegentlich zu einer solchen Abwehrreaktion, die dann eine Frühgeburt auslöst. In diesen Fällen sind die Unterschiede zwischen Mutter und Kind so groß, dass die vorhandene «Toleranz» nicht ausreicht. Das Risiko einer solchen Intoleranz ist größer, wenn die Immunabwehr der Mutter «stärker» ist.

In unserem Forschungsgebiet in Nordost-Ghana ist es uns gelungen, die genetische Variation der DNA zu identifizieren, mit der die erblich bedingten Unterschiede der Abwehrmechanismen beim Menschen erklärt werden können. Träger bestimmter Varianten sind genetisch besser dafür gerüstet, eine Infektion zu bekämpfen und zu überleben, gleichzeitig aber erhöht eine solche erbliche Veranlagung bei Frauen in der Schwangerschaft das Risiko einer Embryoabstoßung. Aus diesem Grund kann nicht endlos auf noch stärkere Widerstandskräfte gegen Infektionskrankheiten hin selektiert werden: Wegen ihrer schwindenden Fitness sterben diese evolutionären Varianten aus. Andererseits kann die Auslese auch nicht allzu weitreichend auf ein «schwaches» Abwehrsystem hin orientiert sein, nur weil dadurch das Risiko einer Frühgeburt radikal verringert würde. Denn würde die Frau bereits vor der Schwangerschaft Opfer einer tödlichen Infektion, könnte von Fitness absolut nicht mehr die Rede sein. Deshalb bleibt es beim ständigen Lavieren zwischen diesen beiden Polen, der sogenannten ausgleichenden Selektion.

Durch diesen Mechanismus werden auch unsere früheren Beobachtungen zur Kindersterblichkeit in dieser Region in Ghana besser verständlich. Sterben die Nachkommen von Müttern, die viele Kinder geboren haben, überdurchschnittlich oft an Infektionskrankheiten, reicht Nahrungs- und Geldmangel nur teilweise als Erklärung aus. Bei einer überdurchschnittlich hohen Anfälligkeit für Infektionskrankheiten wehrt ihr Immunsystem die Krankheitserreger offenbar weniger effektiv ab. Das weniger «starke» Abwehrsystem haben sie von ihren Eltern mitbekommen. Andererseits machte gerade diese genetische Ausstattung es möglich, dass die eigene Mutter wiederum so viele Kinder gebären konnte.

Unsere Erkenntnis kam nicht völlig unerwartet. Sie ist vor allem unter Biologen als *Quality-Quantity-Trade-Off* bekannt, als Eigenschaft, dass Individuen einer Gattung entweder wenige Nachkommen hoher Qualität oder viele Nachkommen geringerer Qualität hervorbringen. Dieses Phänomen findet sich generell in der Tier- und Pflanzenwelt und passt zur Wegwerfkörper-Theorie. In diesem Erklärungsmodell wird Fruchtbarkeit – *quantity* – gegen Nachhaltigkeit – *quality* – eingetauscht, indem evolutionäre Entscheidungen getroffen werden, in welche Eigenschaften mehr und in welche weniger zu investieren ist.

Diese Entdeckung beantwortet auch eine andere Frage. Als ich mit Tom Kirkwood den britischen Adel erforschte, wunderten wir uns, dass es in der Neuzeit keinen Zusammenhang zwischen der Kinderzahl und der Lebenszeit adeliger Mütter gab. Die Erklärung dafür könnte der immunologisch bestimmte *Quality-Quantity-Trade-Off* sein. Wenn Fruchtbarkeit für ein schwaches Immunsystem eingetauscht wird, entstehen dafür aktuell geringere Kosten. Schließlich ist das Risiko, an einer Infektionskrankheit zu sterben, heute auf ein Minimum verringert. Mit anderen Worten: Die Investitionen in Fortpflanzung und Fruchtbarkeit werden weniger teuer erkauft.

## Wozu Großmütter gut sind

Frauen haben einen bemerkenswerten Lebenslauf. Mädchen entwickeln sich zu jungen Damen und entfalten von diesem Moment an eine große Anziehungskraft auf Männer. Ihre optimale Fruchtbarkeit liegt zwischen zwanzig und dreißig, danach nimmt sie schnell ab. Um das fünfzigste Lebensjahr herum ist es damit endgültig vorbei – und die Menopause tritt ein. Dennoch haben Frauen danach noch erhebliche Überlebenschancen, etliche von ihnen werden Großmutter. Bemerkenswert daran ist, dass ihre Eierstöcke bereits «tot» sind, während der Rest durchaus noch sehr gut funktionieren kann. Dass Frauen weiter überleben, obwohl sie keine Nachkommen mehr bekommen können, scheint aus evolutionärer Sicht unlogisch: Nach der Theorie des Wegwerfkörpers muss das Überleben von Frauen nach der Menopause als eine Investition in ein langes Leben betrachtet werden, das auf Kosten der Fruchtbarkeit geht. Die Sterberate von sehr alten Frauen ist sogar niedriger als die der (noch fruchtbaren) Männer, weshalb die meisten Frauen ihren Ehemann überleben. Auch das ist erstaunlich. Langlebigkeit ist doch gerade kein Selektionskriterium. Welche Erklärung kommt aber dann in Frage?

Eine Großmutter erfüllt in einer jungen Familie mit heranwachsenden Kindern oft eine bestimmte Funktion. Sie versorgt die Kinder ihrer Kinder und vergrößert damit die (Überlebens-)Chancen der Sprösslinge. Wirken sich in der modernen Familie vor allem immaterielle Werte wie Zuwendung und Erziehung positiv aus, so bedeutete die Anwesenheit oder Abwesenheit einer Großmutter unter ungünstigen Lebensbedingungen möglicherweise den Unterschied zwischen Leben und Tod. Bekommt die Tochter mehr Kinder, weil diese von der Großmutter versorgt werden können, vergrößert sich auch der genetische «Fußabdruck» der Großmutter in den darauffolgenden Generationen.

Nach der sogenannten Großmutterhypothese könnte das erklären, warum Frauen um das fünfzigste Lebensjahr in die Menopause kommen. Da sie selbst keine Kinder mehr gebären können, haben sie als Frau nach der Menopause die Chance, sich als

Hüterin ihrer Enkelkinder nützlich zu machen. In evolutionärer Terminologie: Es wird auf postmenopausales Überleben selektiert, weil das zur reproduktiven Fitness der Art beiträgt.

Einen Hinweis auf die evolutionäre Bedeutung von Großmüttern in unserer heutigen Gesellschaft findet man bei den niederländischen Soziologen Fleur Thomese und Aart Liefbroer. In einer Studie haben sie die großelterliche Beteiligung an der Betreuung kleiner Kinder und deren Auswirkung auf spätere Geburten in Doppelverdiener-Familien untersucht. Dazu werteten sie die Daten von drei Generationen Männern und Frauen aus heute lebenden niederländischen Familien aus. Die Ergebnisse zeigten, dass die Großeltern mütterlicherseits häufiger die Kinderbetreuung übernommen hatten als die Großeltern väterlicherseits und Großmütter häufiger als Großväter. Die Beteiligung der Großeltern am Aufziehen der Enkelkinder vergrößerte die Möglichkeit häufigerer Geburten in der Familie. Aus diesen Informationen zogen die Wissenschaftler den Schluss, dass die Kinderbetreuung durch Großeltern aus evolutionärer Perspektive als eine erfolgreiche reproduktive Strategie angesehen werden kann. Familien, in denen sich die Großeltern an der Betreuung der Kinder beteiligen, weisen in unserer modernen Zeit eine größere reproduktive Fitness auf. Das Ergebnis dieser Studie belegt überzeugend, dass natürliche Auslese und Evolution nicht nur auf vergangene Zeiten oder das ferne Afrika beschränkt, sondern auch im Hier und Heute wirksam sind.

Der Einfluss der Großmütter auf das Überleben der Enkel kann aber nicht mehr untersucht werden, da unter den heutigen, günstigen Lebensbedingungen so gut wie alle Kleinkinder überleben; Kindersterblichkeit trägt also nicht mehr zur natürlichen Auslese bei. Aus diesem Grund wurde zur Erforschung des Einflusses von Großmüttern auf die Kindersterblichkeit oft auf die Kirchenbücher vergangener Zeiten zurückgegriffen. Mithilfe dieser Bücher, in denen Geburt, Taufe, Eheschließung und Tod registriert sind, wurden weltweit Familien rekonstruiert. Eine Heidenarbeit, denn Personen können in verschiedenen Registern aufgeführt sein, die nicht miteinander verknüpft sind. Manche Personen wohnen ihr Leben lang in ein und derselben Pfarrei, wo sich alle *rites de passage*, alle Übergangsriten, abspielten. Andere dagegen ziehen um. Was ist aus ihnen geworden? Kurz und gut, dieser Art von Forschung geht eine lange Phase des Datensammelns voran, bei dem Genealogen und Archivare von großer Relevanz sind.

Viele der für die biodemografische Forschung genutzten historischen Bestände stammen aus Skandinavien. Dort entstanden im 18. und 19. Jahrhundert stabile Gemeinschaften, deren bindendes Element ihre religiöse Überzeugung war. Es fällt nicht besonders schwer, sich die Struktur dieser Glaubensgemeinschaften vorzustellen: kleine, in Grüppchen um eine Kirche angeordnete Bauernhöfe, die ein Fluss, ein Bergrücken oder eine Schlucht vom Rest der Welt abschneidet. Vermutlich war das Leben dort hart, mit langen Wintern, Missernten und Armut; die Kindersterblichkeit war hoch, und manche Frau starb im Kindbett, eine späte, aber dennoch «direkte» Folge der Reproduktion.

Durch Analyse vieler Lebensgeschichten dieser Menschen konnten Wissenschaftler nachweisen, dass die Anwesenheit einer Großmutter für die Überlebenschancen der Enkelkinder wichtig war. Es ist auch leicht nachzuvollziehen, dass es in diesem Leben wesentlich war, ob die Familie Unterstützung hatte oder nicht, wenn die Mutter im Kindbett starb. Diese Lebensverhältnisse sind eine Bestätigung der Großmutterhypothese.

Aus evolutionärer Sicht kommt den skandinavischen Kirchengemeinden allerdings nicht mehr Bedeutung zu als Kieselsteinen am Strand. Es ist unwahrscheinlich, dass ein Zeitraum von wenigen Jahrhunderten natürlicher Auslese in der westlichen Welt das genetische Konzept der Menopause – diesen ungewöhnlichen Lebenslauf – voll und ganz erklären könnte. Diese weibliche Eigentümlichkeit muss aus einer viel früheren Vergangenheit stammen, aus einer Zeit, in der die Familien noch komplett anders aufgebaut waren. Anthropologische Beschreibungen früherer Völker haben gezeigt, dass eine überwältigende Mehrheit dieser Gemeinschaften eine polygame Struktur aufwies. Neue DNA-Analysetechniken bestätigen, dass die meisten Männer mit mehr als einer Frau verheiratet waren. In einer polygamen Ehe hat die (Groß-)Mutter eine völlig andere Stellung als in einer monogamen Ehe, was das Ergebnis der natürlichen Auslese stark beeinflussen kann.

Um den Lebenslauf von Frauen wirklich ergründen, vor allem die Funktion der Menopause verstehen und den Vorteil von Großmüttern aufzeigen zu können, müssten wir die Geburts- und Todesraten von Blutsverwandten aus polygamen Familien zahlenmäßig erfassen. Doch dazu stehen uns keine Daten aus der Vergangenheit zur Verfügung. Ersatzweise erforschten wir die Mitglieder des Bimoba-Stamms. Dessen polygame Struktur, die hohe Sterblichkeit und die große Zahl von Nachkommen scheinen die Bedingungen gut widerzuspiegeln, unter denen sich die Menschheit entwickelt hat. Wir haben zahllose Familienstammbäume rekonstruiert, die Fruchtbarkeit von Frauen bestimmt und die Überlebenschancen von Neugeborenen kartiert.

In Nordost-Ghana besteht für Mütter ein erhebliches Risiko, im Kindbett zu sterben. Es stellte sich heraus, dass die An- oder Abwesenheit der Mutter des *Landlords*, der Großmutter seiner Kinder, weder für die Überlebenschance der Kinder noch für die Zahl der geborenen Kinder einen Stellenwert hatte. In einer polygamen Familie gibt es große Altersunterschiede zwischen den einzelnen Frauen. In der Regel heiratet der Mann über einen längeren Zeitraum mehrere junge Frauen – und das bedeutet, dass andere Frauen beispringen, wenn eine von ihnen stirbt. In der Sozialstruktur der Familien hatten die Mütter der Frauen keine Bewandtnis; sie wohnten oft weit entfernt, in den Dörfern, aus denen die Frauen stammten. Das Fazit der Untersuchung: Die Anwesenheit einer Großmutter hat keinerlei Bedeutung, weder für die Zahl der Kinder, die in einer Familie geboren werden, noch für das Überleben der Kinder.

Es ist eine richtige Puzzlearbeit, die bei den Bimoba gewonnenen Erkenntnisse mit denen aus den skandinavischen Kirchenbüchern in Beziehung zu setzen. Die Lebensbedingungen der Großmütter werden mehr oder weniger identisch gewesen sein, aber ihre gesellschaftliche Stellung lässt sich nicht vergleichen. In Skandinavien spielten Großmütter im Leben einer Familie eine völlig andere Rolle als die Mütter des ghanaischen *Landlords*. In einer monogamen Ehe ist die Bedeutung der Großmutter beim Tod einer Ehefrau um ein Vielfaches größer als in einer polygamen Ehe, in der die Mutterrolle einfach von einer der anderen Ehefrauen übernommen wird.

Was in der einen Gemeinschaft vorteilhaft ist, muss es in einer anderen Umgebung nicht unbedingt sein. Unsere Lebensläufe sind vor allem das Ergebnis natürlicher Auslese in polygamen Zivilisationen, die in einem Umfeld von Mangel, von physischen Gefahren und ansteckenden Krankheiten überleben mussten. Und insbesondere hier scheint die Großmutterhypothese eine unzureichende Erklärung für die bemerkenswerte Lebensdauer von Frauen nach der Menopause zu bieten.

Seit kurzem kursiert eine alternative Erklärung – schließlich gibt es ja auch noch Männer! Im Gegensatz zu der mehr oder weniger abrupten weiblichen Menopause nimmt die Fruchtbarkeit bei Männern sehr viel langsamer ab. Männer zeugen bis ins hohe Alter Kinder, ganz bestimmt ein reicher Bimoba-*Landlord*, der über genügend finanzielle Mittel verfügt, um mehrere Frauen zu heiraten. Wir haben errechnet, dass etwa 20 Prozent der Kinder von Männern gezeugt werden, die älter als fünfzig sind. Andere Forscher fanden unter ähnlichen Bedingungen einen vergleichbaren Prozentsatz. Fünfzigjährige Frauen können nicht mehr spontan schwanger werden; Männer, die in hohem Alter Kinder zeugen, beteiligen sich dagegen noch voll an der evolutionären *Rat Race*. Weil Letztere im Durchschnitt mehr Kinder zeugen, hinterlassen sie einen besonders großen Abdruck ihres genetischen Materials – sie haben eine überdurchschnittliche Menge an Nachkommen, ihre reproduktive Fitness ist höher. Doch dafür müssen sie ein sehr hohes Alter erreichen. Die Eigenschaft, alt zu werden, geben die alten Väter an ihre Söhne, aber auch an ihre Töchter weiter. Dies ist eine alternative und nachvollziehbare Erklärung für die Tatsache, dass Frauen lange leben, selbst nachdem die Investitionen in ihre Fruchtbarkeit eingestellt worden sind und die Menopause bereits eingetreten ist.

# 6

## JEDE WOCHE VERLÄNGERT SICH UNSER LEBEN UM EIN WOCHENENDE

• • •

Dank Hygiene, sauberem Trinkwasser und besserer Ernährung, dank der Bekämpfung von Infektionen, dank technischer und medizinischer Innovationen, dank der Abnahme von Gewalt und einer umfassenden öffentlichen Verwaltung ist die Lebenserwartung in der westlichen Welt innerhalb eines Jahrhunderts von vierzig auf achtzig Jahre gestiegen. Heute sterben Menschen an Krankheiten, die neu zu sein scheinen, die es aber bereits früher gab. Damals fielen sie nicht weiter auf, weil nur ganz wenige Menschen ein biblisches Alter erreichten. In der menschlichen DNA ist keine maximale Lebensdauer festgelegt. Mit anderen Worten: Jede Woche verlängert sich unser Leben um ein Wochenende, und das Ende dieser Entwicklung ist noch nicht in Sicht. Altern ist vermeidbar, doch wegen des permanent bestehenden Sterberisikos werden wir nie unsterblich.

Die anstrengenden Lebensbedingungen, die heute noch in Nordost-Ghana herrschen, sind uns bei Weitem nicht so fern, wie wir denken. 1830 verbreitete sich die Cholera von Indien aus über Russland in ganz Europa. Eine Stadt wie Leiden wurde zwischen 1832 und 1866 von mindestens sieben Choleraepidemien heimgesucht, denen insgesamt etwa fünftausend Menschen zum Opfer fielen. In Europa traten vergleichbare Ereignisse bis weit ins 19. Jahrhundert auf.

In den Niederlanden wurde damals hauptsächlich in die Landwirtschaft investiert. Mit Dampfkraft wurde dem Meer neues Land abgerungen, und die zunehmende Mechanisierung brachte auch eine erhöhte Produktion von Nahrungsmitteln mit sich. Da auch Menschen immer häufiger durch Maschinen ersetzt wurden, setzte man ein großes Reservoir an Arbeitskräften frei, das im Zuge der beginnenden Industrialisierung in den Städten zu Hungerlöhnen eingesetzt werden konnte. Unternehmer konnten dadurch große Gewinne abschöpfen. Auf diese Weise kam in der zweiten Hälfte des 19. Jahrhunderts, fast hundert Jahre nach England, auch in den Niederlanden eine industrielle Entwicklung in Gang, die in den Städten zu einem unglaublichen Mangel an Wohnraum für die unzähligen Arbeiter führte. Weil es noch untersagt war, außerhalb der Stadtmauern Gebäude zu errichten, musste auf einer kleinen Fläche für ständig mehr Menschen Wohnraum gefunden werden. Ungefähr zwei Millionen Arbeiter, 40 Prozent der Bevölkerung, lebten mit ihren oft vielköpfigen Familien in Elendsquartieren und Kellern. Außerdem gab es in den Städten des 19. Jahrhunderts keine sanitären Einrichtungen, kein fließendes Wasser, keine Kanalisation und keine geregelte Müllabfuhr. Es sollte noch ziemlich lange dauern, bis die Industrielle Revolution jedermann zugutekam, sich die Lebensbedingungen der Bevölkerung verbesserten und die Lebenserwartung stieg.

Dabei vollzog sich diese Entwicklung in den einzelnen Ländern äußerst unterschiedlich. In einigen setzte der schnelle Anstieg der Lebenserwartung bereits vor über hundert Jahren ein, andere machten gerade ihre ersten Schritte in diese Richtung. Je mehr materielle und immaterielle Güter ein Land generieren kann, desto länger währt dort ein durchschnittliches Menschenleben. Es existiert also eine positive Beziehung zwischen dem Bruttonationaleinkommen und der Lebenserwartung.

## Cholera und Pest – woran wir einst starben

Was heute als selbstverständlich gilt, sauberes Wasser und saubere Hände, war im 19. Jahrhundert Gegenstand heftiger Diskussionen. Die Mediziner waren sich völlig uneins. Viele waren der Ansicht, Krankheiten wie Cholera und Kindbettfieber würden durch «Miasmen» verursacht, in der Luft vorhandene Stoffe, die von faulendem, organischem Material stammen sollten. Eine derartige Erklärung für die Entstehung von Krankheiten fand bereits im Mittelalter unter der Ärzteschaft viele Anhänger. Widerspruch kam von den «Hygienikern», ärztlichen Pionieren, die seit der zweiten Hälfte des 19. Jahrhunderts lokale Initiativen zur Bekämpfung von Volkskrankheiten entwickelten. Sie waren davon überzeugt, dass die Ursachen anderswo zu suchen seien. Bakterien waren noch nicht entdeckt, die Lehre von den ansteckenden Krankheiten war keineswegs formuliert und der Begriff «verunreinigtes Wasser» noch längst nicht definiert. Doch die neue Generation engagierter Ärzte sah ihre Aufgabe darin, das öffentliche Gesundheitswesen und damit die Volksgesundheit zu verbessern. Errungenschaften wie Kanalisation, sauberes Trinkwasser, richtige Ernährung und gute Arbeitsbedingungen in Werkstätten und Fabriken, bis dato ungekannt, wurden bald als Innovationen gefeiert.

Ebenfalls neu war der Einsatz statistischer Methoden. Man kartierte systematisch die Zahl der Todes- und Krankheitsfälle einer jeden Gemeinde und Provinz, ermittelte aus ihr den prozentualen Anteil an der Einwohnerzahl und gewann so eine Übersicht über den Gesundheitszustand der Bevölkerung. Die dafür erforderlichen mathematischen Methoden wurden aus England übernommen, wo ein Arzt wie John Snow seiner Zeit weit voraus war. Das Zählen von Kranken und Gesunden – die epidemiologische Methode – erbrachte viele wichtige Ergebnisse. Während der Londoner Choleraepidemie von 1854 stellte Snow mit großer Sorgfalt eine Beziehung zwischen den neuen Krankheitsfällen, dem Aufbau der Städte und typischen Gewohnheiten der urbanen Bewohner her, etwa der Angewohnheit, Wasser immer aus bestimmten Brunnen zu schöpfen. So erreichte er, dass sich ein allgemeines Verständnis für den Zusammenhang zwischen infiziertem Wasser und Cholera entwickelte. Auf Grundlage dieser Zahlen wurden Maßnahmen ergriffen, mit denen die Krankheit eingedämmt werden konnte, etwa indem eine Wasserpumpe stillgelegt oder ein Wassergraben zugeschüttet wurde. 1883 beschrieb der Mediziner Robert Koch als Erster den Cholerabazillus. Von nun an wusste man endgültig, wodurch die Krankheit ausgelöst wurde und wie sie bekämpft werden konnte. Dennoch kam es 1892 in Hamburg ein letztes Mal zu einer gewaltigen Epidemie, der rund 8600 Menschen zum Opfer fielen. Erst danach begann man systematisch, in der Stadt eine Kanalisation anzulegen und sauberes Trinkwasser zur Verfügung zu stellen.

Nicht allein die Cholera trat in Schüben auf, sondern auch andere Epidemien ansteckender Krankheiten wie Typhus, Polio, Diphtherie oder Keuchhusten. Zudem griff die «Auszehrung» um sich, die Tuberkulose, die einen Erwachsenen völlig entkräften konnte. Die Zahl der Krankheitserreger ist unendlich und variiert stark, je nach Epoche und Wohngegend. Bis auf den heutigen Tag beherrscht Malaria das Leben der Menschen in tropischen Ländern, und jede Saison rast die Grippe um die ganze Welt. Das Influenzavirus sucht die Schwächeren einer Gesellschaft heim, Kinder und Alte. Jedes Jahr verrät die jähe Zunahme von Todesfällen älterer Menschen, wie ernst eine Grippeepidemie ist. Die Anzahl älterer Menschen, die im Winter an den Folgen einer Grippe sterben, ist in manchen Jahren höher als in anderen. Während 1918/19 die Spanische Grippe weltweit der große Killer war, werden wir heute von der Vogelgrippe überrascht. Immer andere Varianten werden von Geflügel auf Menschen übertragen. Aus diesem Grunde bleiben die Menschen anfällige Geschöpfe in einer feindlichen Umgebung voller Krankheitskeime.

Daher kann es nicht verwundern, dass in einem Land, in dem die Industrielle Revolution noch nicht stattgefunden hatte und in dem zahlreiche Menschen an Infektionskrankheiten gestorben waren, die mittlere Lebenserwartung vierzig Jahre nicht überschritten hatte. Diese Zahl lässt sich leicht erklären. Die Hälfte der Neugeborenen trug wegen ihres frühen Todes so gut wie nichts zur Zahl der Lebensjahre bei, die andere Hälfte verstarb in verschiedenen Lebensphasen, vereinzelt sogar im für damalige Zeiten sehr hohen Alter von mehr als achtzig Jahren. Im Durchschnitt ergab sich dann für jedes Neugeborene eine Lebenserwartung von vierzig Lebensjahren. Dennoch blieben genügend Menschen übrig, die erwachsen wurden, ihre Kinder bis zum fruchtbaren Alter großzogen und so zur Reproduktion der Bevölkerung beitrugen.

Doch nicht nur durch Infektionen kamen Menschen vorzeitig zu Tode. In vielen Regionen war es zu kalt oder zu warm, zu trocken oder zu nass, oder es gab dort eine Kombination dieser Umweltbedingungen. Ganze Zivilisationen wurden von extremen klimatischen Verhältnissen hinweggerafft. Um ihr Überleben zu sichern, suchten unsere fernen Vorfahren nach Sonne und Wasser; wobei ihnen beides zum Verhängnis werden konnte. 3000 Jahre vor Christus hatte der Nil eine reiche Zivilisation mitten in der Wüste ermöglicht. Die dort lebenden Menschen hatten jedoch periodisch unter Überschwemmungen und Dürrezeiten zu leiden. Viele Jahre vergingen, bis es gelang, besser mit diesen klimatischen Bedingungen umzugehen, etwa indem man das Land in Zeiten großer Trockenheit bewässerte und bei zu großen Wassermengen für Entwässerung sorgte. Die zunehmende Beherrschung der natürlichen Bedingungen versetzte die Menschen schließlich in die Lage, ihre Ernährung kontinuierlich zu sichern – und ermöglichte damit die Entstehung einer Dynastie von Pharaonen. In der Wüste, in den Polargebieten oder auch im Rheindelta können wir uns aber erst mittels fortgeschrittener technischer Innovationen behaupten. Dennoch löst in unseren Breiten die sommerliche Hitze trotz aller Entwicklungen in jüngster Zeit noch immer Sterbewellen unter der geschwächten älteren Bevölkerung aus. Viele erliegen einem Hitzschlag, einem Schock, den die Hitze ihrem Herzen und ihren Blutgefäßen zufügt.

Nachdem sich der Mensch vom Jäger und Sammler zum Ackerbauern entwickelt hatte, gab es dennoch weiterhin Notzeiten. Es konnte zu Missernten kommen, Monokulturen und einseitige Ernährung brachten überdies große Gesundheitsrisiken mit sich, da es nicht genügt, ausreichend Kalorien zu sich zu nehmen. Vitamine, beispielsweise, kann der menschliche Körper nicht selbst produzieren, deshalb müssen sie über die Nahrung zugeführt werden. Es dauerte sehr lange, bis sich das Wissen durchsetzte, dass Seeleute auf ihren Fahrten Zitronen essen mussten, um nicht an Skorbut zu sterben. Heute können wir uns kaum mehr vorstellen, dass die Menschen früher nicht wussten, dass man frisches Gemüse und Obst essen muss, um seinen Vitamin-C-Haushalt zu decken.

Beriberi ist eine Herzkrankheit, die von einem Vitamin-B1-Mangel ausgelöst wird. Diese Krankheit war jahrhundertelang ein großes Problem, insbesondere in Asien. Ende des 19. Jahrhunderts wurde die Ursache für diese Krankheit entdeckt. Die Niederländer Christiaan Eijkman und Adolphe Vorderman fanden heraus, dass ungeschälter Reis einen Stoff enthält, mit dem sich diese Krankheit vermeiden lässt. Für diese Erkenntnis wurde Eijkman 1929 der Nobelpreis für Medizin verliehen. Er teilte ihn mit dem Briten Frederick Hopkins, der die Entdeckung der Vitamine A und D für sich beanspruchen konnte.

Nicht nur das Wissen über Vitamine war begrenzt, ebenso unzureichend war das über Spurenelemente. Erst 1942 wurde in den Niederlanden die Jodierung von Bäcker- und Küchensalz vorgeschrieben, damit die Bevölkerung genügend Jod zu sich nahm. Das Element Jod kommt in Gesteinen vor und ist nur in unzureichenden Mengen in der Nahrung vorhanden. Jodmangel kann zu Schilddrüsenstörungen und geistigen Behinderungen führen. Diese Leiden treten heute noch weltweit in zahllosen Regionen auf, weil die Nahrung zu wenig Jod enthält und bisher keine Ausgleichsmaßnahmen ergriffen wurden.

Neben Infektionen, extremen Lebensbedingungen und Mangelernährung waren in früheren Zeiten auch viele Formen von Gewalt oft Todesursachen in der Bevölkerung. In niederländischen Geschichtsbüchern wird ausführlich von den Batavern berichtet, unseren miteinander zerstrittenen Urahnen. Ethnische Gewalt gibt es zu allen Zeiten, und die jüngsten Aufstände in Nahost zeigen, wie immens unsere Lebenserwartung davon beeinflusst wird. *Warum* Menschen so gewalttätig sind, lässt sich zum Teil durch evolutionär selektierte Verhaltensmuster erklären. Bei den sozialen Tierarten besitzt das Alphatier den höchsten Status. Das Familienoberhaupt hat das erste Anrecht auf Sex und damit die höchste reproduktive Fitness. Um einen so hohen Sozialstatus zu erlangen, sind bestimmte Persönlichkeitsmerkmale erforderlich. Eines davon ist die mit oder ohne Gewalt erzwungene Dominanz. Diese Eigenschaft ist ebenfalls in der DNA festgelegt.

Die Auswirkungen von Gewalt auf die Allgemeinheit werden oft unterschätzt, obwohl Gewalt die gesamte soziale Infrastruktur zerstören kann. Was wiederum dazu führen kann, dass sich nicht einmal mehr Zahlen erheben lassen. Solche Katastrophen bezeichnet man in der statistischen Erfassung der Entwicklung der Lebenserwartung euphemistisch als *missing values*, als fehlende Werte, statt als extreme Abweichungen nach unten. Es ist evident, dass die Lebenserwartung der Bürger auch in Kriegszeiten drastisch sinkt, etwa durch ethnische Säuberungen oder aus anderen Gründen. In den Niederlanden stieg zum Beispiel die Sterblichkeit am Ende des Zweiten Weltkriegs nicht etwa durch direkte Gewalteinwirkung, sondern aufgrund gesellschaftlicher Auflösungserscheinungen stark an. Im Winter 1944/45 starben durch das komplette Versagen der öffentlichen Infrastruktur zahllose Menschen an Hunger, Kälte und Infektionskrankheiten.

Um die Grundbedürfnisse der Menschen befriedigen und ihr Bedürfnis nach Sicherheit und Stabilität garantieren zu können, müssen Staaten ausreichend Güter und Dienstleistungen produzieren. Die dazu erforderliche industrielle Entwicklung schafft zugleich verstärkt Immaterielles, also Wissen und Kultur. Generiert eine Gesellschaft ein ausreichend hohes Bruttonationalprodukt, um großen äußeren Gefahren trotzen zu können, führt eine weitere Steigerung ihrer Einnahmen jedoch nicht unbedingt zu einer Verbesserung ihrer Lage. Deshalb ist die Lebenserwartung in den reichsten Ländern der Welt mitunter nicht viel höher als in Ländern mit einem niedrigen oder durchschnittlichen Bruttonationaleinkommen. So ist bemerkenswert, dass Länder wie Kuba und die USA zwar geografisch Nachbarn sind, sich ihr durchschnittliches Bruttonationaleinkommen aber enorm voneinander unterscheidet, obwohl Kubaner und Amerikaner zum Zeitpunkt ihrer Geburt die gleiche Lebenserwartung haben.

Eine effiziente öffentliche Verwaltung ist eine weitere Voraussetzung für eine hohe Lebenserwartung. Verliert eine Regierung die Kontrolle über ihr Land, sinkt die Lebenserwartung. Das war etwa Anfang der Neunzigerjahre zu beobachten, als eine Begleiterscheinung beim Zerfall der Sowjetunion. Bei den russischen Männern sank sie durch übermäßigen Alkoholgenuss, Gewalt und Selbstmord in kurzer Zeit von fünfundsechzig auf achtundfünfzig Jahre. Man braucht wenig Fantasie, um sich auszumalen, wie sich die Auflösung von Staaten im Nahen Osten auf die Lebenserwartung der dortigen Bürger auswirkt. Aber auch das Gegenteil ist möglich: Nach der deutschen Wiedervereinigung stieg die Lebenserwartung in der ehemaligen DDR, weil sich der Zugang zu öffentlichen Einrichtungen wie der Rentenversicherung und dem Gesundheitssystem verbesserte.

In seinem Buch *Gewalt* untermauert Steven Pinker, ein amerikanischer Psychologe, seine These, dass diese im Lauf der Jahrhunderte stark abgenommen habe. Beispielsweise konnten Anthropologen durch vergleichende Forschungen nachweisen, dass Urzeitmenschen ein neunmal höheres Risiko als wir heute trugen, eines gewaltsamen Todes zu sterben. Bei der Untersuchung alter Skelette fand man viel häufiger Anzeichen von tätlichen Angriffen, als aufgrund der Gewaltziffern unserer heutigen Gesellschaft zu erwarten gewesen wäre, und das trotz zweier Weltkriege und der Genozide des 20. Jahrhunderts. Pinker zufolge hat sich das Risiko lebensbedrohlicher Gewalt aufgrund von gesellschaftlichen und institutionellen Veränderungen reduziert. Durch Staatenbildung seien Stammeskonflikte erheblich zurückgedrängt worden. Internationaler Handelsverkehr und vor allem beidseitig vorteilhafter Austausch hielten Regierungen bis zu einem gewissen Grad von Exzessen ab. Außerdem hätten sich in den vergangenen Jahrhunderten «höfische» Umgangsformen verbreitet, habe die allgemeine Bildung zugenommen und sei in vielen Ländern die Demokratie zur Staatsform erhoben worden. Das alles verlange den Menschen ein viel höheres Maß an Selbstdisziplin und Empathie ab. Pinker sprach auf einer Gedenkfeier zum Frieden von Utrecht, einer Reihe von Verträgen, die 1713 den lange währenden europäischen Glaubenskriegen ein Ende bereiteten. In einem Interview dazu sagte er: «Ich entwickle meine Argumentation anhand von Grafiken, weil die meisten Menschen nicht glauben, dass es heute weniger Gewalt gibt. Sie nehmen zwar die Ereignisse wahr, über die heute in den Nachrichten berichtet wird, oder weisen auf berühmte Kriege aus der jüngsten Geschichte hin, aber Zahlen haben sie nicht im Kopf. Sobald sie dann in der Grafik eine Linie von links oben nach rechts unten sehen, sind sie eher geneigt, mir zu glauben.»

## Die neuen Todesursachen

Die jüngste Geschichte entwickelter Länder führt vor Augen, dass sich der menschliche Lebenslauf stark verändert hat. War das Alter bisher ein Privileg einiger weniger, denen es gelang, die Klippen des Lebens zu umschiffen, ist heute ein hohes Alter die Regel. Der Alterungsprozess ist fast für jeden von uns spürbar und sichtbar geworden, und wir scheinen allesamt dieselben Anzeichen aufzuweisen. Wir werden viel älter als die fünfzig Jahre, in denen unser Körper durch ausreichende Pflege und Regeneration vor einem ernstlichen Abbau bewahrt blieb. Nach unserem fünfzigsten Geburtstag machen sich chronische Krankheiten und Beeinträchtigungen in unserem Leben bemerkbar. Die Ausrottung tödlich verlaufender Infektionskrankheiten und das Aufkommen chronischer Krankheiten und Gebrechen wird als epidemiologische Transition – als Wandel von Krankheiten und Todesursachen – bezeichnet.

Viele Menschen meinen, wir würden heute an «neuen Krankheiten» sterben, aber die meisten neuen Krankheiten sind nicht wirklich neu. In der Vergangenheit wurden sie lediglich nicht erkannt oder nicht als solche benannt, weil nur einige wenige das hohe Alter erreichten, in dem diese Krankheiten zum Ausbruch kommen konnten. Die Zahl der Patienten mit Herz- und Gefäßerkrankungen aufgrund von Atherosklerose – einer Versteifung und Obstruktion von Blutgefäßen, die im Volksmund bisweilen auch Arterienverkalkung genannt wird – explodiert derzeit. Diese Epidemie wird dem wachsenden Wohlstand zugeschrieben. Bei genauem Hinsehen erkennt man jedoch, dass die Beziehung zwischen Wohlstand und Atherosklerose nicht eindeutig ist und durchaus unterschiedlich interpretiert werden kann. Weitverbreitet ist die Meinung, wir würden aufgrund unserer Wohlstandsgesellschaft erkranken, weil wir zu viel essen und rauchen und uns zu wenig bewegen. Aber inzwischen haben sich die Angehörigen der höchsten sozialen Schicht – die den größten Wohlstand genießen – einen gesunden Lebensstil zugelegt. Atherosklerose tritt epidemisch auf, weil wir heute alt genug werden, um diese Krankheit zu entwickeln. Alter ist der wichtigste Risikofaktor, und viele ältere Menschen ohne Übergewicht, die nie geraucht haben und sich viel bewegen, bekommen am Ende dennoch Herz- und Gefäßerkrankungen.

Es gibt deutliche Hinweise darauf, dass Atherosklerose nicht vom heutigen Wohlstand ausgelöst wird und auch keine neue Erkrankung ist. Belegt wurde das durch die Untersuchung mumifizierter Körper von Menschen, die vor sehr langer Zeit starben, aber heute mit modernen Röntgentechniken erforscht werden können. Daraus geht hervor, dass Männer und Frauen, die zu früheren Zeiten ein mittleres Alter erreichten, bereits Anzeichen von Atherosklerose aufwiesen. Lange Zeit waren die Ärzte davon überzeugt gewesen, dass diese Erkrankung bloß eine Folge falscher Ernährung sei, die eine Ablagerung von Cholesterin an den Gefäßwänden verursache. Aktuell vertritt man die Auffassung, dass die Beschädigung der Gefäßwände vor allem Folge eines lang andauernden Entzündungsprozesses ist. Von der Blutbahn aus dringen die Zellen unseres Abwehrsystems durch die inneren Gefäßwände ein. Dort angekommen, werden sie von den mit der Nahrung aufgenommenen Blutfetten gereizt, worauf sich eine Entzündungsreaktion aufbaut. Das Abwehrsystem reagiert, als ob es sich um einen ansteckenden Eindringling von außen handle, der unbedingt vernichtet werden müsse – und verursacht so Schäden an den Gefäßwänden. Dadurch werden elastische, gut durchlässige Blutgefäße zu starren, verengten Blutgefäßen.

Die lang anhaltende Entzündung der Gefäßwand kann als späte, unerwünschte Nebenwirkung unseres Abwehrsystems betrachtet werden. Daher ist das Lebensalter auch ein derart großer Risikofaktor für die Entstehung von Atherosklerose. Es ist grundsätzlich nichts gegen eine starke körpereigene Abwehr einzuwenden, die dazu in der Lage ist, Krankheitserreger von außen sofort zu bekämpfen. Doch bei Überreaktionen, wenn die Entzündungsreaktion längere Zeit anhält oder der eigene Körper ohne Einwirkung von Krankheitserregern angegriffen wird, wiegen die Nachteile des Abwehrsystems immer schwerer. Durch die evolutionäre Brille betrachtet stellt sich das jedoch völlig anders dar. Wenn die Fähigkeit, Krankheitserreger zu bekämpfen, lebensnotwendig ist und wenn es Frauen gleichzeitig möglich sein soll, eine Schwangerschaft auszutragen, muss die Regulierung des Abwehrsystems auf dieses Gleichgewicht hin ausgerichtet sein. Dass man deshalb später, in hohem Alter, Atherosklerose bekommt, ist dann nebensächlich. Ältere Menschen, die daran leiden, zeigen also unbeabsichtigte Nebenwirkungen eines effektiven Abwehrsystems, das Grippe, Tuberkulose und andere ansteckende Krankheiten bekämpfen soll. Bezeichnet wird das als antagonistische Pleiotropie. Es ist ein wichtiges Erklärungsmodell für das Altern von Organismen. Man versteht darunter, dass eine durch natürliche Auslese entwickelte Eigenschaft sehr unterschiedliche Folgen – die Pleiotropie – für das Individuum hat und sich die selektierte Eigenschaft in hohem Alter nachteilig – antagonistisch – auf das Überleben auswirkt. Atherosklerose ist also vor allem ein Ausdruck des Alterungsprozesses. Geht aufgrund wachsenden Wohlstands das Sterberisiko durch Infektionskrankheiten in jungen Jahren zurück, erhöht sich damit – indirekt – das Risiko, in hohem Alter an Herz- oder Gefäßerkrankungen zu sterben.

Antagonistische Pleiotropie bietet eine gute Interpretation für Krankheiten. So haben Morbus-Crohn-Patienten oder Patienten mit Colitis ulcerosa (einer chronischen Darmentzündung) zugleich ein erhöhtes Atherosklerose-Risiko. Ganz ähnlich wird eine chronische Zahnfleischentzündung – Parodontose – von einem erhöhten Atherosklerose-Risiko begleitet. Eine plausible evolutionäre Deutung wäre, dass Patienten mit Morbus Crohn, Colitis ulcerosa oder Parodontose ein stärkeres Abwehrsystem als andere Menschen haben, wodurch sie eine allgemeine Entzündungsreaktion gegen Bakterien entwickeln, die offenbar auch die Gefäßwände in Mitleidenschaft zieht. Alternativ könnte man auch annehmen, dass betroffene Personen einen bestimmten Bakterientypus in sich tragen, der diese Entzündungsreaktion hervorruft. Aber das Abwehrsystem kann noch stärker aus dem Tritt geraten. Patienten mit rheumatoider Arthritis entwickeln eine Entzündungsreaktion, ohne dass ein Krankheitserreger vorhanden wäre. Nach einigen Jahren führt sie zur Zerstörung der Gelenke sowie zu Atherosklerose.

Alle biologischen Systeme von Körper und Gehirn sind primär auf die Fortpflanzung und das Überleben in jungen Jahren ausgerichtet. Nicht allein unser Abwehrsystem, auch der Energiehaushalt unseres Körpers hat sich mit dieser Zielsetzung weiterentwickelt. James Neel, ein amerikanischer Genetiker, beschrieb Menschen als Ergebnis natürlicher Auslese mit dem Ziel eines sparsamen Energieverbrauchs. Wer bei Nahrungsknappheit weniger Kalorien benötigt – wer also «sparsam» eingestellt ist –, hat dann einen Überlebensvorteil. Aus diesen Gründen haben wir uns über einen langen Zeitraum zu Menschen weiterentwickelt, die ständig auf der Suche nach Nahrung sind und effizient damit umgehen können. Wenn meist Knappheit herrschte, musste man zugreifen, sobald man etwas finden konnte. Deshalb essen wir auch so gern und deshalb neigen so viele von uns in Zeiten des Überflusses zum Schlemmen.

Neben unserer Gier nach Essen bildet die auf Effizienz angelegte Auslese eine weitere Erklärung, weshalb wir so schnell dick werden und warum uns das Abnehmen so fürchterlich schwerfällt. In entwickelten Ländern ist Übergewicht – und als Begleiterscheinung das Risiko, an Diabetes zu erkranken – der wahre Preis, den Menschen für preiswerte Nahrung zahlen müssen, die man heute an jeder Straßenecke kaufen kann.

Doch Übergewicht ist nicht allein ein Problem entwickelter Länder. Selbst ein Entwicklungsland wie Ghana hat mit dem Überfluss zu kämpfen. In der Hauptstadt Accra leben inzwischen wohlhabende Menschen. Sie kennen keinen Mangel, sind aber biologisch auf Sparsamkeit eingestellt. Eine fatale Kombination, wie sich herausgestellt hat, denn sie verursacht ein rasantes Anwachsen von Übergewichtigen in der Hauptstadt. In Entwicklungsländern gilt Übergewicht als Statussymbol – man muss sich das viele Essen schließlich leisten können. Diese Länder sind mit einem doppelten Problem konfrontiert: In den noch nicht entwickelten Gebieten, in denen Hunger und Mangel herrschen, gilt es, die Kindersterblichkeit einzudämmen, gleichzeitig kommt es in den Städten, in denen die industrielle Entwicklung bereits eingesetzt hat, bei einer rasch wachsenden Zahl älterer Menschen zu einer wahren Explosion von Übergewicht, Diabetes und Herz- und Gefäßerkrankungen. Auch in Entwicklungsländern sind Mangel- und Infektionskrankheiten nicht mehr die dominanten Todesursachen, an ihre Stelle sind die von Überfluss und den Folgen des Alterungsprozesses ausgelösten Krankheiten getreten. Dem sollte das Gesundheitswesen in den Entwicklungsländern baldmöglichst Rechnung tragen.

## Die Medizintechnik und der weniger bedrohliche Herzinfarkt

Seit den Fünfzigerjahren wissen wir, dass der Prozess der Atherosklerose einen langen Vorlauf hat. Bei Obduktionen amerikanischer Soldaten, die im Koreakrieg gefallen waren, stellte sich heraus, dass etwa drei Viertel von ihnen erste Anzeichen einer Atherosklerose aufwiesen. Das war damals eine große Überraschung, weil deren auffälligstes Symptom – ein Herzinfarkt bei Männern – meist erst nach dem fünfzigsten Lebensjahr auftritt. Bei einer vergleichbaren Studie mit Soldaten, die in den Siebzigerjahren im Vietnamkrieg fielen, zeigten sich bei der Hälfte der untersuchten Fälle frühe Hinweise von Atherosklerose, bei den Gefallenen im Irakkrieg nach dem Jahr 2000 waren die ersten Charakteristika nur noch bei einem Viertel der Soldaten zu belegen. Trotz der schrecklichen Hintergründe ist das Bild, das sich aus diesen Fakten ablesen lässt, sehr positiv. Offenbar tritt Atherosklerose heutzutage seltener auf, und unser Herz und unsere Blutgefäße sind in besserem Zustand. Vielleicht, weil inzwischen weniger geraucht wird? Sollten wir das Rauchen noch weiter reduzieren? Oder liegt es an der besseren Ernährung? Was wäre dann die beste Ernährung? Und gibt es womöglich noch andere Faktoren, die wir beeinflussen können, um Atherosklerose zu verhindern oder hinauszuzögern? Diese Fragen kann niemand genau beantworten, doch es ist unbestreitbar, dass Vorbeugung – das Vermeiden von Risikofaktoren – viel zur Verbesserung der Konstitution unseres Herzens und der Gefäße beigetragen hat. Vor allem ist es ein Verdienst der Prävention, dass Atherosklerose heute seltener vorkommt und die tödlichen Folgen von Herz- und Gefäßerkrankungen aufgrund vermehrten medizinischen Eingreifens stark rückläufig sind. Ein atherosklerotisch verengtes Blutgefäß kann plötzlich verstopft sein: In der Verengung entsteht ein Blutpfropf, der zu einem Herzinfarkt oder Schlaganfall führt. Dann ist Eile geboten. Das Blutgefäß muss mit Blutgerinnsel auflösenden Medikamenten geöffnet werden, um bleibende Schäden durch Sauerstoffmangel zu verhindern. Vor nicht einmal fünfzig Jahren konnte man bei einem Herzinfarkt nicht viel mehr tun, als den heftigen Schmerz in der Brust mit Morphium zu lindern. Danach blieb nichts anderes übrig, als abzuwarten. Viele Patienten starben, weil ihr Herz aus dem Takt geraten war. Durch eine solche Rhythmusstörung bleibt das Herz, eine Pumpe, stehen. In den Sechziger- und Siebzigerjahren wurden in den Krankenhäusern die ersten Abteilungen zur «Herzüberwachung» eingeführt, Intensivstationen, um Patienten – unmittelbar nachdem erste Anzeichen eines Herzinfarkts aufgetreten sind und das Risiko einer Herzrhythmusstörung am größten ist – beobachten zu können. Eine solche Herzrhythmusstörung – das Herz beginnt dabei zu «fibrillieren» – kann durch die Behandlung der Patienten mit Elektroschocks gestoppt werden. Zu Beginn war das eine heroische Tat, doch heute ist es die normalste Sache der Welt. In jedem großen Einkaufszentrum und auf jedem Bahnhof hängen inzwischen Defibrillatoren an der Wand. Sind diese Apparate an den Körper angeschlossen, «fühlen» sie, was dort gerade vor sich geht, und «wissen» so, wann sie einen Elektroschock verabreichen müssen. Von diesen Defibrillatoren wurden inzwischen auch Miniaturausgaben entwickelt, die Patienten mit häufigen und unvorhersehbaren Herzrhythmusstörungen unter die Haut implantiert werden.

In den vergangenen fünfundzwanzig Jahren hat sich die Technik noch weiter entwickelt. Denn weshalb sollten wir mit dem Eingreifen warten, bis der Verschluss des Blutgefäßes Herzgewebe hat absterben lassen? Heute bringt der Krankenwagen den Patienten nicht mehr auf die Intensivstation für Herzkranke, sondern direkt zur Herzkatheteruntersuchung. Dort werden mit langen Schläuchen von der Leiste aus über die Arterien die benötigten Mini-Instrumente bis in die Koronararterie geschoben. In einem Großteil der Fälle kann damit das Gerinnsel entfernt, die Verengung geweitet und die Durchblutung wiederhergestellt werden. Für die meisten Patienten, die mit einem Herzinfarkt ins Krankenhaus eingeliefert werden, ist das Risiko eines frühen Todes inzwischen auf wenige Prozent gesunken.

So hat sich innerhalb von wenigen Jahrzehnten durch die medizintechnischen Erneuerungen die Prognose nach einem Herzinfarkt spektakulär verbessert. In den Niederlanden ist das Risiko, in den mittleren Lebensjahren einen Herzinfarkt zu erleiden, um 80 bis 90 Prozent gesunken; in anderen entwickelten Ländern ist das nicht wesentlich anders. Damit gehört diese Volkskrankheit, die von 1960 bis 1980 bei Männern der westlichen Hemisphäre so häufig auftrat, der Vergangenheit an. Ein bemerkenswertes, aber nicht unerwartetes Phänomen besteht darin, dass Männer und Frauen bis ins höchste Alter von diesen Entwicklungen profitieren. Im gleichen Zeitraum hat sich das Risiko, mit fünfundachtzig an einem Herzinfarkt zu sterben, halbiert. Entscheidungsträger wollen gern genau wissen, worauf dieser unglaubliche Erfolg zurückzuführen ist, aber es ist unmöglich festzustellen, welche Verbesserung jede einzelne medizintechnische Innovation gebracht hat, denn sie sind zu zahlreich und zu vielgestaltig. Sie reichen von der Gesundheitsberatung über die Gefahren des Rauchens, des Salzkonsums, einer sitzenden Lebensweise und fetten Essens bis zur medikamentösen Behandlung von Risikofaktoren und akutmedizinischer Behandlung und Rehabilitation. Jedenfalls hat sich das Gesamtpaket ineinandergreifender Maßnahmen, in die wir so viel Zeit und Mittel investiert haben, als sehr effektiv erwiesen.

Im Vergleich zum akuten Verschluss von Blutgefäßen – dem Herzinfarkt bei Männern in mittleren Jahren – findet die allmähliche Versteifung und Verengung der Blutgefäße bis heute sowohl bei Medizinern als auch in der Öffentlichkeit viel weniger Interesse. Möglicherweise, weil die Symptome nicht in Form einer Katastrophe sichtbar werden und diese Probleme nicht mit dem Wählen der «112» gelöst werden können. Vielleicht auch, weil diese Anzeichen einer Atherosklerose vor allem erst im hohen Alter zu beobachten sind. Dann werden sie schnell der Lebensphase Alter zugeschlagen, und wir halten diese Symptome für «normal». Das ist jedoch kein Grund, untätig zu bleiben, denn dadurch wird einiges versäumt, was an Positivem zu erreichen wäre. So wie der akute Verschluss von Blutgefäßen zu einer Verringerung der Durchblutung führt, so bringt ein langsamer Verschluss einen chronischen Sauerstoffmangel mit sich, eine Anhäufung von verschiedenen kleinen Schäden und einen allmählichen Rückgang von Herz-, Nieren- und Gehirnfunktionen.

Wir brauchen eine neue medizintechnische Revolution, diesmal nicht zur Bewältigung akuter Probleme, sondern um der langsamen Versteifung und Verengung unserer Blutgefäße ein Ende zu bereiten. Bei Menschen, die zeit ihres Lebens ein geringes Maß an Atherosklerose entwickelt haben, ist selbst in hohem Alter eine weniger rasante Abnahme der Herz-, Gehirn- und Nierenfunktion zu verzeichnen. Ihre Organe altern also weniger schnell. Die Risikofaktoren für die schlagartig auftretenden Probleme sind zum guten Teil dieselben wie für die langsam auftretenden Probleme, in hohem Alter trägt jedoch vor allem hoher Blutdruck zur Versteifung und Verengung der Gefäße bei. Da bisher nur ein Viertel der Patienten mit hohem Blutdruck identifiziert oder behandelt werden, sind auf diesem Gebiet noch große Erfolge zu erwarten.

In der zweiten Hälfte des 20. Jahrhunderts starb die Hälfte der Bevölkerung an Herz- und Gefäßerkrankungen. Heute, zu Beginn des 21. Jahrhunderts, ist diese Todesursache um ein Drittel zurückgegangen – und man rechnet mit einem noch weiteren Absinken. Andere Todesursachen, insbesondere Krebs, sind auf dem Vormarsch und haben inzwischen den ersten Platz erobert. Die Bekämpfung von Todesursachen ist wie das Schälen einer Zwiebel: Jedes Mal, wenn eine Schale abgezogen ist, wird eine neue sichtbar. Derzeit stirbt jeder dritte Mensch an Krebs. Dennoch werden bei speziellen Krebsarten beeindruckende Behandlungsergebnisse erzielt. Knochenmarktransplantationen machen es möglich, dass heute viel weniger Patienten an Leukämie sterben. Andere Arten von Blutkrebs lassen sich inzwischen durch eine Kombination aus Bestrahlung und Chemotherapie gut behandeln. Doch ein allgemeiner Rückgang von Krebs als Todesursache, vergleichbar mit dem Rückgang von Herz- und Gefäßerkrankungen, ist noch nicht in Sicht. Auf der anderen Seite steht Frauen in nächster Zeit eine Lungenkrebsepidemie bevor, weil sie in den Sechzigerjahren mit dem Rauchen angefangen und – im Gegensatz zu den Männern – ihren Zigarettenkonsum noch nicht eingeschränkt haben.

## Man kann sich das Leben auch vermasseln

2002 wurde in dem großen Wissenschaftsmagazin *Science* eine Studie zur Entwicklung der Lebenserwartung seit 1600 publiziert. Man präsentierte in einer Grafik die Länder, die in den jeweiligen Jahren am besten abschnitten. Zwischen 1600 und 1800 passierte eigentlich herzlich wenig. Bei der Geburt lag die Lebenserwartung bei etwa vierzig Jahren. Mitunter sank sie auch darunter, wenn Hunger, klimatische Bedingungen oder Kriegseinwirkungen ihren Tribut forderten. Um 1800 begann sich die Situation zu wandeln, in England stieg die Lebenserwartung beständig. Jedes Mal, wenn in einem weiteren Land die Industrielle Revolution einsetzte, wurden Mittel für Investitionen frei und verbesserte sich die Organisationsstruktur der Gesellschaft. Und die Lebenserwartung stieg.

So eroberte ein Land nach dem anderen die Spitzenreiterposition. Nach dem Startschuss in England führten die skandinavischen Länder lange Zeit die Liste an, später gefolgt von Neuseeland. In den Jahren von 1940 bis 1970 nahmen die Niederlande regelmäßig den obersten Listenplatz ein – manchmal bei den Männern, häufiger jedoch bei den Frauen. Danach fielen wir auf ein Mittelmaß zurück. In den letzten fünfundzwanzig Jahren belegt Japan den ersten Platz. Dort liegt die Lebenserwartung inzwischen bei gut achtzig Jahren für Männer und siebenundachtzig Jahren für Frauen.

Das auffallendste Merkmal, betrachtet man die Datensätze, besteht darin, dass sie eine gerade Linie bilden. An ihr lässt sich ablesen, dass die mittlere Lebenserwartung in entwickelten Ländern alle zehn Kalenderjahre um zwei bis drei Jahre steigt. Das klingt nicht besonders beeindruckend, aber das Tempo der Zunahme lässt sich auch anders ausdrücken: Jede Woche bekommen wir ein Wochenende Lebenszeit dazu beziehungsweise jeden Tag kommen sechs Stunden hinzu. Im Lauf eines Jahrhunderts hat sich die menschliche Lebenserwartung verdoppelt, und einige Länder, etwa China oder Chile, erreichten ein Durchschnittsalter von achtzig Jahren sogar in noch kürzerer Zeit. Sind sie die neuen Champions?

In den vergangenen Jahren haben verschiedene private und öffentliche Institutionen wie Banken, Versicherungsgesellschaften oder die Weltgesundheitsorganisation (WHO) Voraussagen über die Zunahme der mittleren Lebenserwartung zum Zeitpunkt der Geburt gemacht. So schätzte man 1920, dass die mittlere Lebenserwartung fünfundsechzig Jahre nicht überschreiten werde. In Wirklichkeit betrug in Neuseeland die Lebenserwartung zu diesem Zeitpunkt bereits fünfundsechzig Jahre! Immer wieder nahmen die Aktuare neue Schätzungen des maximal erreichbaren Lebensalters vor. Doch jede Rekordschätzung wurde schon nach kurzer Zeit in irgendeinem Land der Welt wieder übertrumpft. Die Aktuare kamen zu ihren pessimistischen Schätzungen, weil sie davon ausgingen, dass für Menschen eine biologisch vorgegebene maximale Lebenszeit gilt, die nicht überschritten werden könne. Nach den heutigen evolutionär-biologischen Erkenntnissen hat aber die (menschliche) Lebenszeit kein Limit. Wenn wir mehr in Vorsorge, Pflege und Reparatur unseres Körpers und unseres Gehirns investieren, begrenzen wir die Anhäufung irreparabler Schäden, bleiben länger gesund und werden zudem älter. Überdies zeigen die Zahlen, dass die Vorstellung, es gäbe eine maximale Lebenserwartung, unzutreffend ist, denn immer wieder wird die als maximal geltende Lebenszeit überschritten. Heute liegt sie für Frauen bereits bei 122 und für Männer bei 116 Jahren. Es ist nur eine Frage der Zeit, wann diese Rekorde gebrochen werden. Wir müssen uns also von den Hypothesen einer maximalen Lebenszeit verabschieden.

Anfangs ging man davon aus, dass die Lebenserwartung nur steigen konnte, weil die Kindersterblichkeit abnahm. Das stimmte auch, so hat es angefangen. Wenn alle Kinder am Leben blieben und Infektionen wie Tuberkulose der Vergangenheit angehörten, gegen den Alterungsprozess jedoch nichts unternommen würde, stiege die durchschnittliche Lebenserwartung auf etwa fünfundsechzig bis siebzig Jahre. Doch nach 1950 sank in den Spitzenreiterländern die Mortalitätswahrscheinlichkeit in hohem und sehr hohem Lebensalter beträchtlich. Das erklärt, weshalb die Lebenserwartung weiter steigt, und zwar, erstaunlicherweise, im selben Tempo von zwei bis drei Jahren pro Dekade. Die Abnahme der Sterbewahrscheinlichkeit in hohem Alter hängt stark mit den neuen Erkenntnissen über Herz- und Gefäßerkrankungen und deren Behandlung zusammen. Zunächst sank die Herzinfarktsterberate im mittleren Lebensalter, gefolgt von einem Rückgang der Bauch- und Beingefäßerkrankungen im Alter zwischen sechzig und siebzig Jahren. Inzwischen beginnt die Häufigkeit von Schlaganfällen im höchsten Alter abzunehmen. Der Anstieg der Lebenserwartung fällt also nicht aus heiterem Himmel. Er ist dem Geld, der Forschung, der Gesellschaftsstruktur, der Gesundheitsversorgung und der Innovation zu verdanken.

Trotzdem sind es oft noch «klassische» Gründe, aus denen die Entwicklung der Lebenserwartung in einem bestimmten Land oder einer bestimmten Region stagniert oder rückläufig ist. So hat der Tsunami in Fukushima 2011 Japan vorübergehend vom ersten Platz verdrängt, weil dieses extreme, klimaabhängige Ereignis so viele Opfer forderte. Immer wieder auftretende Hungersnöte setzen der Lebenserwartung in Nordkorea Grenzen. Der Ausbruch des Bürgerkriegs 2011 in Syrien lässt dort die Lebenserwartung sinken. Durch die immense Ausbreitung von HIV steigt die Lebenserwartung in zahllosen afrikanischen Ländern kaum über vierzig Jahre. Noch heute beeinflussen Klima, Nahrungsmittelversorgung, gesellschaftliche Desintegration und ansteckende Krankheiten als wichtige Faktoren unsere Lebenserwartung, aber im Gegensatz zu früher spielen sie keine dominante Rolle mehr.

Regelmäßig stellt man mir die Frage, wie sich die Lebenserwartung weiterhin entwickeln wird. Manchmal hört man aus dieser Frage Ungläubigkeit oder einen zynischen Unterton heraus, etwa, als ich zum ersten Mal öffentlich äußerte, dass der Mensch, der 135 Jahre alt werden wird, heute bereits geboren sei.

«Die beste Schätzung für die Zukunft geht von dem in der Vergangenheit erzielten Zugewinn aus», sagte ich damals. «Schlagen Sie in den kommenden zehn Jahren einfach zwei bis drei Jahre auf die heute normale Lebensdauer drauf.»

Daraufhin fragte jemand: «Und danach?»

«Dann kommen wieder zwei bis drei Jahre dazu», antwortete ich. Diese letzte Bemerkung sorgt oft für Überraschung und ruft manchmal auch Irritation hervor.

«Menschen können doch nicht endlos immerzu älter werden?», konterte einer wütend. Diese Reaktion verrät, dass viele Menschen den Tatsachen nicht ins Auge sehen wollen, was an ihrer Angst vor dem eigenen Altwerden liegen mag.

Anschließend äußerte ich kühn, dass Altern vermeidbar und Sterben nicht in unserer DNA festgelegt sei und wir daher immer älter werden können. Meist gelingt es mir nicht, meine Gesprächspartner in der Kneipe davon zu überzeugen, dass natürliche Auslese nur den Anfang, nicht jedoch das Ende des Lebens betrifft. Nicht selten ist dann damit das Gespräch beendet.

Daher argumentiere ich meistens nicht evolutionär, sondern setze das Gespräch folgendermaßen fort: «Übrigens, in der Vergangenheit hat man oft geschätzt, wann in Bezug auf das Maximalalter wohl die Obergrenze erreicht wäre, aber jedes Mal lagen die Schätzungen daneben. Die Berechnungen waren viel zu konservativ. Bleiben wir bei den Zahlen. Pro Dekade zwei bis drei Jahre dazu, das ist eine realistische Zahl.»

Kommt das gut an, lege ich noch ein wenig nach: «Neben konservativen, realistischen Schätzungen gibt es auch optimistische Projektionen. Forscherkollegen wie Aubrey de Grey meinen, dass die Lebenserwartung durch technische Innovationen noch weiter steigen könne. Wenn wir durch zunehmendes medizintechnisches Können, durch vorbeugende Reparaturen und das Ersetzen von Zellen, Gewebe und Organen die bleibenden Schäden an unserem Körper vermeiden könnten, wäre der erste Mensch, der tausend Jahre alt wird, bereits heute geboren.»

«Warum leben Menschen nicht unendlich lange?», wird dann gefragt.

Woraufhin ich erkläre: «Altern kann man verhindern, aber das bedeutet nicht, dass man unsterblich wird. Es bleibt immer ein Reststerberisiko, etwa, wenn man beim Überqueren der Straße von einem Auto überfahren wird.»

Der Gedanke, dass wir dauerhaften Schäden immer zuvorkommen könnten, ist nicht unsinnig. Wir ersetzen schon seit Jahr und Tag verschlissene Herzklappen, Hüften, trübe Linsen, Nieren und gelegentlich ganze Herzen. Dennoch ist das ein sehr optimistischer Gedanke. Dafür müssen die medizinischen Eingriffe künftig noch viel ausgefeilter werden. Oft wird das Gespräch aber doch wieder aufgenommen.

«Und was ist mit meiner Tochter? Die ist 2000 geboren. Wie wird es ihr ergehen?»

«Heute schätzt man, dass sie älter als achtzig wird, aber in Zukunft gibt es alle zehn Jahre, die sie älter wird, einen Bonus dazu. Dann sind wir bei achtzig plus siebenmal zwei bis drei Jahre. Wir wollen mal auf hundert abrunden. Sag deiner Tochter, dass sie hundert Jahre alt wird.»

«Meine Tochter hundert?!» Diese Reaktion ist typisch für das Unverständnis und den Widerstand, den die wachsende Lebenserwartung bei manchen hervorruft.

«Sie darf natürlich keine verrückten Sachen machen», ergänze ich dann noch. «Halte sie von Sex, Drugs und Rock 'n' Roll fern. Denn das alles bezieht sich natürlich auf Mittelwerte, und auf dem Weg durchs Leben kann man leicht alles vermasseln.»

# 7

## BABYBOOMER UND VIELE ALTE

• • •

Obwohl heute die meisten Menschen alt werden, hat das Alter den magischen Glanz früherer Zeiten verloren. Es hat eine graue Farbe angenommen. Früher hatten Tod und Lebensalter nur wenig miteinander zu tun, heute jedoch bilden das Grau, Krankheit und Tod eine Trias. Dass es so viele alte Menschen gibt, hat Folgen für den Bevölkerungsaufbau: Früher glich er einer Pyramide, heute hat er die Form eines Wolkenkratzers – mit einer begrenzten Ausstülpung aufgrund der Babyboomer.
Das zahlenmäßige Verhältnis zwischen Erwerbstätigen, unter Zwanzigjährigen (was einem grünen Druck entspräche) und älteren Menschen über fünfundsechzig (grauer Druck) verändert sich in jeder Epoche, aber der Gesamtdruck bleibt, grob gesprochen, derselbe. Die graue Dynamik lässt sich durch das Anheben des Renteneintrittsalters abmildern.

Es ist Silvester 1889, als in Lochem der Totengräber Jan Hendrik Lenderink eine Übersicht über die Zahl der Verstorbenen erstellt. Am nächsten Tag muss Lenderink «dem Hochwohlgeborenen Bürgermeister und den Beigeordneten, Ratsmitgliedern und weiteren Einwohnern von Lochem» den Leichenzettel, also die Liste der Verstorbenen, übergeben. In diesem Jahr waren fünfundachtzig Einwohner gestorben. Für diese Aufstellung ordnet er sie in Altersgruppen. Es gab sechs Totgeburten und siebenundzwanzig verstorbene Babys unter einem Jahr. Weitere sechs starben vor ihrem dritten Geburtstag. Fast die Hälfte der Toten, die er in diesem Jahr begraben musste, waren somit Säuglinge, Kleinkinder und Vorschulkinder gewesen. Doch für Lenderink ist das *business as usual* – Routine. Ähnlich hatte es sein Vater, von dem er die Aufgabe übernommen hatte, erlebt. Der berichtete immer von der endlosen Reihe junger Menschen, deren Leben im Keim erstickt war. Kaum zwei Tage, zwei Wochen oder ein halbes Jahr alt, waren sie plötzlich gestorben. Die Eltern schien das nicht zu berühren. Der Tod gehörte zum Leben. Hätte man Vater und Sohn Lenderink erzählt, dass afrikanische Eltern mit der Namensgebung bis zum ersten Geburtstag ihrer Kinder warten, hätten sie das gut verstanden.

## Unruhe unter den Totengräbern

Ein städtischer Totengräber war dafür verantwortlich, dass die Bestattung der Verstorbenen geordnet vor sich ging. In einer Scheune standen immer ein paar kleine, schlichte Särge bereit, um die Leichname der Kinder aufzunehmen. Mit einer einfachen Zeremonie wurden sie an einer bestimmten Stelle des Friedhofs begraben. Wie anders verlief dagegen das mit großer Sorgfalt ausgeschmückte Zeremoniell, mit dem Jugendliche, Erwachsene und alte Menschen zu Grabe getragen wurden. Lenderink nahm zunächst im Sterbehaus an dem Verstorbenen Maß, um dann in der Werkstatt einen passenden Sarg schreinern zu können. Junge Leute starben an Polio, erwachsene Männer an Auszehrung – oder sie wurden bei einem Streit, der außer Kontrolle geriet, erstochen. Stolze Frauen, die gerade Mutter geworden waren, erlagen dem Kindbettfieber. Der Tod war nicht voraussehbar. Und natürlich gab es auch Männer und Frauen, die an Krebs oder Wassersucht starben; Wassersucht würden wir heute als Herzinsuffizienz diagnostizieren, damals war das noch nicht als solches erkannt. Und schließlich gab es Einzelne, die sich gekrümmt und senil, als Schatten ihres früheren Ichs, im Schlaf davongestohlen hatten. So sah Lenderink Sterbefälle aus den verschiedensten Altersgruppen an sich vorüberziehen. Das Leben der meisten Verstorbenen hatte ein vorzeitiges Ende gefunden.

In den 1930er Jahren kam Unruhe unter den Totengräbern auf. Ja, es waren damals Krisenzeiten, aber damit hatte das nichts zu tun. Der Beruf schien seinen Charakter zu verändern. Einige Kollegen sprachen von einem auffälligen Trend. Nach ihrer Einschätzung starben immer weniger Kinder, während die Zahl alter Menschen, die sie zu Grabe trugen, weiter und weiter anwuchs. Eine industrielle Sargfabrikation kam in Gang. Ein Totengräber gab bekannt, dass er die großen Särge jetzt standardmäßig auf Lager habe. Ein anderer berichtete, ein Kollege habe ein Geschäft eröffnet, in dem verschiedene Sargmodelle ausgestellt seien! Manchen verwunderte es nicht, wenn Kinder im Geschäft vorbeikamen, um einen Sarg für das Begräbnis ihrer Eltern auszusuchen. Andere hörten es mit Entsetzen. Sie erkannten keinen Trend, sondern hielten es für Zufall, dass mehr Menschen in einem hohen Alter starben – das werde sich schon bald wieder ändern. Sie waren stolz darauf, schon seit Generationen einfache, aber solide Stückarbeit für die Kleinen und individuell passende Maßarbeit für die Erwachsenen zu liefern. Sie sahen keinen Grund, das Geschäftsmodell zu ändern, nur weil «grau mal zufällig in Mode gekommen war».

Niemand im Dorf kann genau sagen, wann der Totengräber seine Arbeit eingestellt hat. War es kurz vor oder kurz nach dem Krieg gewesen? Aber wie dem auch sei, es war unvermeidlich gewesen, das jedenfalls sagen die Kollegen, die heute in Lochem diesen Beruf ausüben. Lenderink schreinerte weiterhin auf Abruf eigenhändig Särge, bis es irgendwann nicht mehr rentabel war. Heute benötigt man dafür keine Schreinerwerkstatt mehr, es genügt ein Ausstellungsraum. Särge werden in allen Größen und Ausführungen von der Fabrik geliefert. Begräbnisse kleiner Kinder, einst das Tagwerk des Totengräbers, sind selten geworden. Heute rechnet niemand mehr wirklich damit, dass kleine Kinder sterben könnten. Auch die Angehörigen, Verwandten und Freunde können einen frühen Tod kaum mehr verarbeiten. Wer ist schon darauf gefasst, dass ein kleines Kind stirbt? Es verlangt viel Fingerspitzengefühl, den Abschied für die Hinterbliebenen zu gestalten. Umgekehrt ist es normal geworden, dass alte Menschen heute ihr Begräbnis selbst organisieren. Inzwischen ist das Risiko, vor dem fünfzigsten Lebensjahr zu sterben, gering geworden. Fast alle Menschen sterben erst danach, bis schließlich mit hundert Jahren so gut wie alle tot sind. Das Alter, in dem heute die meisten Menschen sterben, liegt in etwa um das fünfundachtzigste Lebensjahr herum. Der Tod ist von einem alterslosen Ungeheuer zu einem fast absehbaren Schicksal alter Menschen geworden. 1889 konnte sich niemand sicher sein, das nächste Jahr noch zu erleben. Unter den damaligen Lebensbedingungen war das Alter ein begehrenswertes Gut, und alte Menschen verkörperten die Kunst, bis ins hohe Alter zu überleben. Aber heute werden sehr viele Menschen alt, und der einst magische Glanz des Alters ist verloren gegangen. Die Zeiten, in denen ein Greis als Synonym für Weisheit und Lebenserfahrung stand, sind vorbei. Heute sind Grau, Krankheit und Tod zu einer Trias verschmolzen. Die im Lauf eines langen Lebens erworbenen Erfahrungen, das Reflexionsvermögen und die empathischen Fähigkeiten alter Menschen, finden nur noch wenig Beachtung.

## Von der Pyramide zum Wolkenkratzer

Um die Konsequenzen des neuen Lebenslaufs zu verstehen, ist es sinnvoll, sich das Leben aus der Zeit um 1900 – vor der großen Wende – vorzustellen. Das ist nicht leicht. Es gibt natürlich noch Gemälde und Fotos aus dieser Zeit, aber sie zeichnen ein falsches Bild. Auf den meisten sind Feste und Feiern zu sehen; sie dienten dem Zweck, für sehr reiche Menschen die Höhepunkte des Familienlebens festzuhalten. Aber das gewöhnliche Leben, das normale Straßenbild wird darin viel seltener abgebildet. Ich stelle mir vor, dass es damals wie auf einem Markt zuging, wie man ihn noch heute in Nordost-Ghana finden kann. Ein Markt voller Trubel, alle kommen ins Dorf, um ihre Waren zu verkaufen und selbst Einkäufe zu tätigen. Es wimmelt von Kindern; die meisten der etwas älteren Jungen und Mädchen tragen noch ein Kleinkind auf dem Rücken mit sich herum. Um einen Karren drängeln sich Jugendliche, Mütter mit ihren Kindern auf dem Arm, Männer, die Stoffe verkaufen. Und hier und da kauern ein paar zahnlose Greise in einer Ecke.

In unseren modernen Städten sieht man ein völlig anderes Straßenbild: Alte Leute kommen in hellen Scharen, um hier ihre Einkäufe zu tätigen. Sie sind zwar grauhaarig, haben aber strahlend weiße Zähne. Pärchen im mittleren Alter schieben ihre Enkelkinder im Buggy an Läden vorbei. Ein paar junge Väter und Mütter erledigen eilig ihre Einkäufe. Nur selten sieht man ein Grüppchen Jugendlicher miteinander abhängen.

Das allgemeine Straßenbild spiegelt nicht nur unseren Wohlstand und unsere Kultur, sondern auch unseren Bevölkerungsaufbau wider. Der Markt in Nordost-Ghana ist ein typisches Beispiel für einen pyramidenförmigen Bevölkerungsaufbau. Er entsteht, wenn der Tod von Geburt an erbarmungslos zuschlägt; dann ist nach wenigen Jahrzehnten so gut wie niemand mehr am Leben. Im Westen wurde man aktiv, um diesem Umstand rasch entgegenzuwirken. Kurz nach dem Zweiten Weltkrieg wurde die WHO, die Weltgesundheitsorganisation, gegründet, eine Institution zur Lösung wichtiger sozialmedizinischer Probleme. Sie startete in der zweiten Hälfte des 20. Jahrhunderts zahllose Aktivitäten im Rahmen der Mutter-Kind-Gesundheit mit dem Ziel, dem Sterben im und um das Wochenbett ein Ende zu bereiten und Neugeborenen durch Hygienemaßnahmen, Geburtshilfe, Ernährungsberatung für die Eltern und Impfprogramme reale Zukunftschancen in Regionen zu eröffnen, in denen diese bisher noch nicht existiert hatten. Wurden diese Programme erfolgreich durchgeführt, sank die Kindersterblichkeit auf ein Minimum und der Tod forderte erst in hohem Alter seinen Tribut.

Statt des pyramidenförmigen Bevölkerungsaufbaus hat sich einer entwickelt, der die Form eines Wolkenkratzers angenommen hat. Generation um Generation, Stockwerk um Stockwerk ist er gefüllt mit Menschen, die (fast) alle ihre Kinder- und Jugendjahre überlebt haben und immer älter werden. Diesen Übergang von der Pyramide zum Wolkenkratzer nennt man «demografischer Übergang», um damit die Veränderung des Altersaufbaus in der Bevölkerung zu verdeutlichen.

Mit dem demografischen Übergang ist mehr verbunden als ein bloßer Wandel in der Bevölkerungszusammensetzung. Bevor dieser sich durchsetzte, bekamen Frauen in der Regel sechs bis sieben Kinder, von denen im Durchschnitt zwei bis drei das Erwachsenenalter erreichten. Verringert sich nun die Sterberate und Neugeborene, Kleinkinder, Schulkinder und junge Erwachsene bleiben am Leben, bedingt das auch ein starkes Bevölkerungswachstum. Die Zahl der Neugeborenen übertrifft dann die Zahl der Verstorbenen, es wird von einem Geburtenüberschuss gesprochen. Dieses Phänomen war im 20. Jahrhundert in nahezu allen Ländern der Welt zu beobachten. Es erklärt, weshalb zwischen 1900 und 2010 die Zahl der Menschen weltweit von 1,5 auf sieben Milliarden gestiegen ist. Die Bevölkerung in den Niederlanden beispielsweise ist in diesem Zeitraum von fünf auf rund sechzehn Millionen Menschen angewachsen.

Schon lange ist man in Sorge über diese Entwicklung. Der Club of Rome, der 1968 gegründet wurde, um globale Probleme anzupacken, bezeichnete 1972 die Situation der Weltbevölkerung als «unhaltbar». Wir seien nicht mehr in der Lage, alle zu ernähren. Zu diesem Zeitpunkt lebten ca. vier Milliarden Menschen auf der Erde. Für die Zukunft prophezeite uns die Organisation ein wahrhaft malthusianisches Szenario und plädierte daher für eine aktive Bevölkerungspolitik mit massiven Geburtenbeschränkungen. Die auf diesen Ideen basierenden Programme erbrachten sehr unterschiedliche Ergebnisse. China gelang es als einem von wenigen Ländern, durch seine Ein-Kind-Politik den Geburtenüberschuss in einem frühen Stadium einzudämmen. Dennoch ist trotz des explosiven Wachstums der Weltbevölkerung bisher eine massenhafte Hungersnot ausgeblieben. Offenbar hat auch der Club of Rome wie seinerzeit schon Malthus die Innovationskraft des Menschen stark unterschätzt. Zu Beginn des 21. Jahrhunderts produzieren wir genügend Lebensmittel, um damit an die zwölf Milliarden Menschen zu ernähren! Ungefähr ein Drittel der Nahrung wandert in den Abfall, das heißt, Hungersnot ist heutzutage vor allem ein Verteilungsproblem. Politische Konflikte, wirtschaftliche Maßnahmen oder Kriege führen dazu, dass Menschen unter einem Kalorien- und/oder Nährstoffmangel leiden.

Auffallend ist, dass in allen Ländern, in denen ein demografischer Übergang stattfindet, die Familiengröße von selbst zurückgeht. Eltern bekommen einfach weniger Kinder. In unserem Forschungsgebiet in Nordost-Ghana sahen wir die Sterbeziffern stark sinken und parallel dazu die Anzahl der Geburten. Zu Beginn der Studie im Jahr 2003 bekamen die Frauen durchschnittlich sechs Kinder. Zehn Jahre später waren es nur noch zwei bis drei, ohne dass dieser Entwicklung eine aktive Bevölkerungspolitik zugrunde gelegen hätte. Es schien, als hätten die Eltern gefühlsmäßig erfasst, wie stark sich die Bedingungen, unter denen sie lebten und Familien gründeten, verbessert hatten. Sie mussten nicht mehr in sechs Kinder investieren, sondern sahen, dass zwei bis drei ausreichten, um die Nachkommenschaft zu sichern.

Niederländische oder auch deutsche Eltern haben sich nicht anders verhalten. Um 1900 brachte eine Frau durchschnittlich noch mehr als vier Kinder zur Welt. Diese Zahl sank stetig, bis auf 2,5 Kinder vor dem Zweiten Weltkrieg. In der Nachkriegszeit stieg die Zahl kurz auf vier an – die Generation der Babyboomer –, um danach wieder auf durchschnittlich drei Kinder zu fallen. Nach 1968 setzte ein drastischer Rückgang ein, die Kinderzahl sank pro Frau bis auf 1,5 ab. Grund war nicht nur die Einführung der Antibabypille, sondern auch der wachsende Wohlstand, die Frauenemanzipation sowie die Säkularisierung und Individualisierung der Gesellschaft insgesamt. In dieser Zeit wurde auch der standardisierte Lebenslauf – jung heiraten und Kinder bekommen – von einem weniger festgelegten Muster abgelöst. Diese Veränderung der Bevölkerungszusammensetzung wird als «erster demografischer Übergang» bezeichnet, die Veränderung unserer Lebensgestaltung als «zweiter demografischer Übergang». Inzwischen stieg die durchschnittliche Kinderzahl in den Niederlanden zwar wieder auf 1,8 an, aber sie liegt noch immer unter 2,1, dem erforderlichen Minimum, um die Bevölkerungszahl über längere Zeit stabil halten zu können. Die notwendige Kindermindestzahl muss über 2,0 liegen, da ein Teil der Nachkommen vorzeitig stirbt oder unfruchtbar ist.

Die Bevölkerungsexplosion des 20. Jahrhunderts ist vor allem dem Ungleichgewicht von Geburtenzahl und Sterberate zu verdanken. Da die Geburtenzahlen heute aber fast weltweit sinken, flacht das Wachstum der Weltbevölkerung insgesamt ab. Dennoch hat so gut wie jedes Land noch eine Geburtenwelle aus der Zeit zu verkraften, als sich die Geburten- und Sterbezahlen im Ungleichgewicht befanden. Deshalb zeigt der Bevölkerungsaufbau in vielen Ländern nicht die rechteckige Form eines Wolkenkratzers, sondern häufiger mittendrin eine Ausbuchtung. In den

Niederlanden und anderswo gab es in der Nachkriegszeit eine Geburtenwelle: Zwischen 1945 und 1954 wurden hier 2,4 Millionen Kinder geboren. Diese sogenannte Babyboom-Generation geht heute langsam in den Ruhestand. Wie sie in einer einzigen Welle geboren wurden, werden sie auch in einer Welle alt und in einer Welle sterben. Die maximale Einwohnerzahl für die Niederlande – etwa achtzehn Millionen – wird für 2040 erwartet. Dann ist der Gipfel der Überalterung erreicht. Danach wird sich die Bevölkerung zahlenmäßig wieder verringern und in ihrer Zusammensetzung verjüngen.

## Grüner und grauer Druck

Am Bevölkerungsaufbau lässt sich sofort eine Reihe sozialpolitischer Konsequenzen ablesen. Hat der Aufbau die Form einer Pyramide, wird man einen relativ großen Teil der öffentlichen Mittel in Kinder investieren müssen, da diese aufgezogen und unterrichtet werden müssen. Bei einer Geburtenwelle sind die gesellschaftlichen Konsequenzen leicht vorhersehbar, deshalb ist es kein Zufall, dass in den Sechziger- und Siebzigerjahren zahlreiche bedeutende Bildungsreformen durchgeführt wurden. Rund um die vorhandenen Gebäude wurden zahllose Notbauten errichtet, um die Massen von Schülern unterbringen zu können. Nicht jeder hat gute Erinnerungen an diese großen Schulen, in denen manchmal zwei- bis dreitausend Schüler unterrichtet wurden.

Kurzum, es gab einen enormen «grünen Druck». Dieser lässt sich anhand einer Zahl abbilden: die Anzahl der unter Zwanzigjährigen geteilt durch die Anzahl der Erwerbstätigen. Diese letzte Gruppe wird vom niederländischen Zentralen Amt für Statistik (CBS) als Anzahl der Zwanzig- bis Fünfundsechzigjährigen definiert, die einer Arbeit nachgehen. In den Jahren 1960 und 1970 betrug der grüne Druck in den Niederlanden etwa 70 Prozent, was bedeutet, dass zehn Arbeitskräfte die gesellschaftliche Verantwortung dafür zu tragen hatten, sieben Neugeborene bis zum Erwachsenenalter zu versorgen. Wahrlich keine leichte Aufgabe.

Die sinkenden Geburtenzahlen ließen auch den grünen Druck bis heute stark sinken: Im Jahr 2010 betrug er in den Niederlanden 40 Prozent. Mit anderen Worten, 2010 standen zehn Erwerbstätige bereit, die Ausbildung und Erziehung für vier Neugeborene zu organisieren und zu finanzieren. Wochenbettbetreuung, Impfprogramme, Schulen sowie öffentliche und persönliche Investitionen für Kinder konnten also wieder zurückgefahren werden.

Während die Last unserer Verantwortung für den Beginn des Lebens inzwischen abnimmt – und das gilt grundlegend für alle vergleichbaren westlichen Länder –, stellt uns die wachsende Zahl alter Menschen vor neue Herausforderungen. Es gibt einen zunehmenden Pflegebedarf für Menschen, die infolge des Alterungsprozesses in ihren letzten Lebensjahren chronisch erkranken, gebrechlich und hilfsbedürftig werden. Mit anderen Worten, der «graue Druck» steigt an.

Einige Politiker und Entscheidungsträger, aber auch Bürger machen sich ernsthaft Sorgen wegen der zunehmenden Zahl alter Menschen, die von der erwerbstätigen Bevölkerung versorgt werden müssen. Immerhin wird sich der graue Druck in den Niederlanden von 20 Prozent im Jahr 2010 auf 40 Prozent im Jahr 2025 verdoppeln, und auf dem Gipfelpunkt der Überalterung im Jahr 2040 wird er auf 50 Prozent steigen. Anders gesagt: Trugen früher jeweils zehn Arbeitnehmer die gesellschaftliche Verantwortung für zwei alte Menschen, wird die Zahl der zu versorgenden Alten zukünftig auf vier bis fünf steigen. Ob das viel ist, darüber werden derzeit intensive Debatten geführt; es geht hier auch um die Frage, ob ein so hohes Maß an grauem Druck überhaupt zu bewältigen ist.

Ein Blick über die niederländischen Landesgrenzen hinaus relativiert dieses Bild allerdings. In Japan hat der graue Druck bereits heute 40 bis 50 Prozent erreicht, und innerhalb Europas sind uns Länder wie Italien und Deutschland schon weit vorausgegangen. Außerdem liegt in diesen Ländern die Geburtenrate noch niedriger als in den Niederlanden, sodass die dortige Bevölkerung schrumpft. Dagegen ist in den Niederlanden aufgrund von Einwanderung weiterhin ein leichtes Bevölkerungswachstum zu verzeichnen, das den grauen Druck abfedert. China zeigt ein Profil, das mit dem der Niederlande nahezu identisch ist, was angesichts der Ein-Kind-Politik und des deutlichen Absinkens der Sterberate infolge der schnellen Wirtschaftsentwicklung erstaunt. Die Erklärung dafür liegt darin, dass China noch lange auf eine große Zahl Erwerbstätiger zurückgreifen kann, da die strikte Familienplanung erst 1979 eingeführt wurde. Der Blick auf die USA lässt erkennen, dass sich auch dort vorläufig kein großer grauer Druck aufbauen wird. Obwohl in den USA Frauen ebenfalls im Durchschnitt weniger als zwei Kinder gebären, sorgt die Vielzahl von Immigranten dafür, dass sich das Reservoir von Erwerbstätigen immer wieder auffüllt.

Aus Angst vor dem wachsenden grauen Druck wird derzeit der Ruf nach einer aktiven Bevölkerungspolitik wieder lauter. Momentan plädiert man dafür, junge Eltern zu mehr Nachwuchs zu motivieren. Abgesehen von der moralischen Problematik, ob sich der Staat überhaupt in die Familienplanung einmischen darf, ist es doch sehr fraglich, ob wir damit mittelfristig etwas bewirken können. Zunächst wird der grüne Druck dadurch wieder ansteigen. Bis ein Neugeborenes zu der Gruppe der Erwerbstätigen zählt, sind von den Eltern und der Gesellschaft durchschnittlich 200 000 Euro an Investitionen erforderlich. Diese «Schulden» müssen der Gesellschaft in den folgenden Jahren wieder zurückerstattet werden. Erst nach dem vierzigsten Lebensjahr bringt ein Mensch der Gesellschaft einen Zugewinn. Dass es vierzig Jahre dauert, bis wir «quitt» sind, stimmt damit überein, dass eine minimale durchschnittliche Lebenserwartung von vierzig Jahren erforderlich ist, um die Bevölkerung stabil zu halten. Das bedeutet auch, dass jedes weitere Jahr jenseits der vierzig, in dem wir materiell oder immateriell einen Beitrag für die Gesellschaft leisten, der Gesellschaft als Teil des Bruttonationaleinkommens zur freien Verfügung steht. Umgekehrt lässt sich damit erklären, warum ein Land nicht «vorankommt», wenn die Lebenserwartung deutlich geringer ist, wie es zum Beispiel in von HIV heimgesuchten Regionen der Fall ist.

Als zweites Argument gegen die vorgeschlagene Bevölkerungspolitik lässt sich das unvermeidliche Anwachsen der Bevölkerung anführen. In einem dünn besiedelten Land mag das kein Problem sein, aber es ist doch sehr fraglich, ob uns in den Niederlanden und vergleichbaren Ländern damit gedient wäre. Im Allgemeinen ist man sich darüber einig, dass die Zahl der Weltbevölkerung besser abnehmen sollte. Die in der Diskussion stehenden Fragen der Umweltpolitik, insbesondere der nachhaltigen Energien und der Biodiversität, stehen ganz oben auf der Liste der «großen gesellschaftlichen Aufgaben».

Das dritte Argument gegen den Appell zur Steigerung der Geburtenzahl ist prinzipieller Natur. Weil die Kinder mit der Zeit altern, wird jede Geburtenwelle irgendwann zu einer grauen Welle. Mit anderen Worten: Sich vom grauen Druck heute durch eine Intervention zu befreien, die in der Zukunft eine Erhöhung des grauen Drucks bewirkt, verstrickt uns in einen Teufelskreis und bürdet kommenden Generationen eine Last auf.

Es gibt jedoch eine effektive Art, den grauen Druck einzudämmen, und zwar, indem man die Grenze zwischen berufstätig und nicht berufstätig, zwischen produktiv und abhängig, nicht bei fünfundsechzig Jahren zieht, sondern in ein höheres Alter verschiebt. Damit nimmt nicht nur die Zahl der Berufstätigen zu, sondern auch die Zahl der von anderen abhängigen Einwohner ab – und der graue Druck kann dadurch massiv gesenkt werden. Diese Argumentation ist mehr als ein bloßer Rechentrick, um eine der größten gesellschaftlichen Herausforderungen unserer Zeit zu meistern. Stoisch am Renteneintrittsalter von fünfundsechzig Jahren festzuhalten, als ob es dafür eine biologische Grundlage gäbe, hat etwas Törichtes. Diese Zahl hat gefühlsmäßig mittlerweile die Bedeutung einer Wasserscheide zwischen Gebenden und Nehmenden angenommen. Aber in Wirklichkeit geht diese Grenzziehung nur auf einen politischen Kompromiss aus der Endphase des 19. Jahrhunderts zurück. Darauf werde ich in Kapitel 13 zurückkommen.

Es ist die Frage, ob das Problem der Überalterung in den Niederlanden und anderswo tatsächlich so groß ist, wie heute allenthalben angenommen wird. Wenn wir weiterhin wie gebannt auf den steigenden grauen Druck starren, sehen wir dunkle Unwetterwolken auf uns zukommen. Dabei wird oft ausgeblendet, dass der grüne Druck stark rückläufig ist, und das bedeutet, dass der Gesamtdruck, das Verhältnis von Nichterwerbstätigen zu Erwerbstätigen, nicht wesentlich steigen wird. Zum Vergleich: In den Sechziger- und Siebzigerjahren betrug der Gesamtdruck 90 Prozent = 70 Prozent grüner + 20 Prozent grauer Druck. Gegen Ende des 20. Jahrhunderts war der Gesamtdruck niedriger, weil in dieser Zeit die Nachkriegsgeneration der Babyboomer erwachsen geworden war, sich aktiv am Arbeitsmarkt beteiligte und noch nicht zu den Alten zählte. Um das Jahr 2000 herum war die Generation der Babyboomer weder grün noch grau, aber für 2040 ist zu erwarten, dass der Gesamtdruck wiederum 90 Prozent erreichen wird: 40 Prozent grüner + 50 Prozent grauer Druck. Anders ausgedrückt:

Jeder Einwohner wird im Lauf seiner Erwerbstätigkeit für einen anderen die Verantwortung mittragen müssen, und das wird in der Zukunft nicht anders sein als in der Vergangenheit. Bestand unsere Verantwortung zunächst darin, Jugendliche bis zum Erwachsenenalter zu betreuen, werden es in Zukunft vor allem die Älteren sein, die auf unsere Aufmerksamkeit und Unterstützung angewiesen sind. Die meisten Menschen finden es angenehmer, Kinderpopos zu waschen als die älterer Menschen, das steht auf einem ganz anderen Blatt. Aus ökonomischer Sicht ist es aber kein Schreckensszenario.

Obwohl der graue Druck auf nationaler Ebene unter Kontrolle zu halten ist, kann er lokal infolge von Migration ziemlich zunehmen. Beispielsweise schrumpft die Bevölkerung im Norden und im Süden der Niederlande, weil dort vor allem die jungen Leute die Städte und Dörfer verlassen. Das hat eine «Vergreisung» dieser Regionen zur Folge, die sich nicht aus einer Abnahme der Geburtenzahlen oder einem plötzlichen Ansteigen der Lebenserwartung ergibt. Es kann also zu einer lokal stark ausgeprägten Überalterung kommen, ohne dass sich das in den nationalen Statistiken niederschlägt. Für den Staatshaushalt ergibt sich daraus kein Problem, der graue Druck ist finanziell zu bewältigen. Und dennoch gilt: Lokal wird das Ungleichgewicht der Bevölkerung nicht geringer. Das Problem liegt hier nicht in einem finanziellen Mangel, sondern in einem Mangel an Menschen, die eine funktionsfähige Gesellschaft braucht. Wer leitet den Supermarkt? Wer arbeitet in der Bibliothek? Wer hilft im Haushalt und beim Waschen?

Das Phänomen der lokalen Überalterung hat es zu allen Zeiten und in allen Ländern gegeben. Die Hungersnot in Irland im 19. Jahrhundert war zum Großteil von der Landflucht ausgelöst worden. Die Industrielle Revolution hatte die Arbeitskräfte in die Stadt gezogen. Die Jüngsten, die Alten und die Hilfsbedürftigen blieben zurück. Im heutigen China wandern die jungen Erwachsenen in die Städte ab, weil sie dort Arbeit finden, und die Alten bleiben, oft mit der Verantwortung für ihre Enkelkinder, auf dem Land zurück.

Überall verwandeln sich lebendige Dörfer in totenstille Siedlungen. Zuweilen wird ein pittoresker kleiner Ort ganz aufgekauft und in einen Hotelkomplex umgewandelt. In Norwegen versucht man, das Blatt zu wenden, indem man ausländischen Fachkräften nur unter der Voraussetzung eine Aufenthaltsgenehmigung anbietet, dass sie sich in ländlichen Gemeinden ansiedeln und dort ihren Beruf ausüben. Das Entstehen und Verschwinden von Gemeinden lässt sich mit dem Entstehen und Vergehen der Arten vergleichen. Es ist ein endloser Kreislauf.

# 8

# ALTERN
# IST EINE KRANKHEIT

• • •

Alter und Krankheit sind unverbrüchlich
miteinander verbunden. Beim Älterwerden summieren
sich viele kleine und größere Ursachen so lange,
bis eine Krankheit zuschlägt.
Altern ist nicht «normal», denn es entstehen
dabei Schäden, die es vorher nicht gab.
Wenn Altern normal wäre, bräuchte man nicht
zu forschen, um Altersgebrechen vorzubeugen.
Ein Hirndefekt, der bei älteren Menschen
oft vorkommt, ist die Demenz.
Sie umfasst mehr als nur die Alzheimer-Krankheit.
Alles deutet darauf hin, dass in Zukunft
weniger Menschen als heute an Demenz
erkranken werden. Aber ältere Menschen
bleiben in jedem Fall anfällig, das ist eine
zentrale Erkenntnis der Geriatrie.

Am 25. Juli 2000 verunglückte eine Concorde der Air France. Kurz nach ihrem Start zum Flug nach New York war die Maschine in große Schwierigkeiten geraten. Nach einigen Minuten war sie auf ein Hotel in der Nähe des Pariser Flughafens Charles de Gaulle gestürzt. Alle 109 Passagiere des Flugzeugs und vier Gäste des Hotels kamen ums Leben.

Der katastrophale Absturz des Überschallflugzeugs zog eine minutiöse Untersuchung nach sich, die 2012 in einem erstinstanzlichen Urteil mündete. Dass nach zwölf Jahren noch immer über die tatsächlichen Ursachen der Katastrophe diskutiert wird, sagt viel darüber aus, wie derartige Unfälle, die durch das Versagen komplexer Systeme verursacht werden, entstehen.

Bei der ersten Inspektion fand man Gummiteile neben der Startbahn. Sollte etwa ein geplatzter Reifen die Katastrophe verursacht haben? Ein Rückblick in die Fluggeschichte der Concorde machte deutlich, dass es bei dieser Maschine schon häufiger zu Reifenpannen gekommen war, ohne dass diese bisher jemals gravierende Probleme verursacht hätten. Daher erschien diese Erklärung den Sachverständigen zunächst unwahrscheinlich. Letztendlich rekonstruierte man nachstehende Abfolge der Ereignisse: Es hatte damit begonnen, dass eine Maschine der Fluggesellschaft Continental unmittelbar vor der Concorde abgehoben und beim Starten eine Titan-Lamelle von fünfzig mal drei Zentimetern Größe verloren hatte. Die Lamelle hatte dann einen Reifen der Concorde zum Platzen gebracht, als diese einige Minuten später über die Startbahn gerast war. Was zuvor noch nie geschehen war, sollte nun doch passieren: Ein Stück des Reifens durchschlug im Nu den darüberliegenden Benzintank. Ein elektrischer Funke brachte den auslaufenden Kraftstoff zur Explosion. Als daraufhin das Alarmsystem im zweiten Triebwerk ein Feuer meldete, schaltete die Besatzung diesen Motor ab. Die Explosion hatte an den elektrischen und den hydraulischen Systemen sehr schwerwiegende Schäden verursacht, was dazu führte, dass die Räder nicht mehr eingezogen werden konnten und das Flugzeug beim Aufstieg eine zu geringe Geschwindigkeit erreichte. Da die Concorde mit drei arbeitenden Triebwerken schräg nach links abdriftete, drosselten die Piloten die Kerosinzufuhr von Triebwerk 3 und 4, sodass die Geschwindigkeit sich noch mehr verringerte und das Flugzeug abstürzte.

Worin lag nun die Ursache der Katastrophe, wer war der Schuldige? Die Titan-Lamelle, der geplatzte Reifen, ein Konstruktionsfehler? Am 4. Juli 2008 strengten die Angehörigen der Opfer ein strafrechtliches Verfahren gegen zwei Techniker der Gesellschaft Continental an, deren Flugzeug die Metall-Lamelle verloren hatte. Die Anklage lautete auf Totschlag. Auch der Chef der französischen Luftfahrtbehörde wurde angeklagt, weil er über siebzig vorhergehende Vorfälle im Zusammenhang mit den Reifen der Concorde informiert gewesen war. Nach Auffassung der Kläger hatte die Luftfahrtbehörde keine adäquaten Maßnahmen ergriffen. Zuletzt saß auch ein an der Entwicklung des Überschallflugzeugs beteiligter Ingenieur auf der Anklagebank, mit der Begründung, der technische Entwurf sei nicht ausgereift gewesen. 2012 urteilte das Gericht in letzter Instanz, dass den angeklagten Parteien kein Totschlag anzulasten sei.

Unmittelbar nach der Pariser Katastrophe hatte man – wie nicht anders zu erwarten – alle Concordes am Boden belassen. Nachdem die erste Untersuchung Klarheit über den wahrscheinlichsten Ablauf geliefert hatte, beschloss man, unzerstörbare Reifen zu entwickeln und die Innenseiten des Radkastens mit einem stoßdämpfenden Material zu verkleiden, das ein Durchstoßen des Benzintanks unmöglich machte. Das betreffende Flugzeugteil wurde nachgebaut und das Szenario experimentell getestet – mit ermutigendem Resultat. Die ursächliche Ereigniskette, die für die Katastrophe verantwortlich war, konnte sich nun nicht mehr wiederholen.

Nach Realisierung dieser Veränderungen erhielten die Concorde-Flugzeuge wieder eine Flugtauglichkeitsbescheinigung.

## Krebs und die Concorde-Katastrophe

Die Entstehungsgeschichte einer Krankheit, vor allem einer Krankheit, die im Alter auftritt, hat große Ähnlichkeit mit der Concorde-Katastrophe. Sie lässt sich nie auf eine einzige Ursache zurückführen, sondern geht immer auf eine Reihe unterschiedlicher Teilursachen zurück, die gemeinsam die Entstehung der Krankheit erklären können.

Ein Beispiel. Rauchen wird als *die* Ursache von Lungenkrebs angesehen. Warum aber erkrankt dann nur jeder fünfte Raucher an Lungenkrebs? Vielleicht sind vier der fünf Raucher bereits an einer anderen Krankheit gestorben, bevor sich der Lungenkrebs bemerkbar machen konnte. Zuweilen wird die Ansicht vertreten, wenn diese vier Raucher lange genug gelebt hätten, wären auch sie an Lungenkrebs erkrankt. Andere unterstellen, dass einige einfach Pech und andere Glück haben. Aber in der Medizin gibt es keinen Zufall, denn hinter der Entstehung einer Krankheit verbirgt sich immer ein biologischer Mechanismus. Nur wissen wir nicht in jedem Fall, um welchen es sich dabei handelt. Für eine Krankheit ist nicht nur *eine* Ursache maßgeblich, sondern das Zusammenspiel mehrerer unterschiedlicher Teilursachen.

Lungenkrebs entsteht, wenn sich Zellen auf Kosten des umgebenden Gewebes ungezügelt vermehren und schließlich irgendwo im Körper Metastasen bilden. Diese bösartigen Zellen schotten sich gegen Umgebungseinflüsse ab, die das Zellwachstum normalerweise im Zaum halten. Ihre bösartigen Eigenschaften werden erst erkennbar, wenn an mehreren für die normale Zellteilung unverzichtbaren Stellen in der DNA Defekte auftreten.

Eine einzelne DNA-Veränderung genügt meistens nicht, um Krebs auszulösen. Erst die Kombination mehrerer Genschäden ermöglicht ungebremstes Zellwachstum. Nicht alle Schäden sind dafür maßgeblich. Dieser Entstehungsmechanismus wird auch als *Multiple-Hit*-Hypothese bezeichnet. Diese *multiple hits* verursachen gemeinsam Krebs. Bezogen auf die Entstehungsgeschichte einer Krankheit ist Rauchen keine ausreichende Ursache für die Schädigung der Gene beziehungsweise der DNA von Zellen. Ein Raucher ist wie ein Schütze, der mit einem Schuss aus der Schrotflinte ins Schwarze – die DNA – zu treffen versucht. Damit jedoch lässt sich die Entstehung von Lungenkrebs nicht vollständig erklären.

Die Schädigung der DNA – oder, genauer formuliert, die Schädigung der Gene, in denen der Erbcode gespeichert ist – ist *ein* Aspekt der Sache, die Reparatur des DNA-Defekts eine andere. In jeder Zelle werden die DNA-Moleküle ständig auf Fehler kontrolliert und die entdeckten Fehler ausgebessert. Die Reparatur der DNA-Moleküle ist für die Instandhaltung der Gene und damit für die korrekte Steuerung der Zellen, des Gewebes und der Organe essenziell. Daraufhin sind wir evolutionär selektiert worden. Doch wir sind nicht alle gleich gut darin. Bei der geschlechtlichen Fortpflanzung ergeben sich immer wieder Variationen unter den Nachkommen. Zu geringe DNA-Reparaturen können Probleme hervorrufen, wie zum Beispiel den Funktionsverlust der Zellen. Allerdings bieten auch sehr große Investitionen in die Instandhaltung der DNA, um jeglichen Schaden zu verhindern, keinen evolutionären Vorteil. Denn wir sind nicht für die Ewigkeit gemacht, und in unseren Kindern liegt bereits eine gute Kopie der DNA vor. Außerdem ist die DNA-Reparatur ein aufwendiger Prozess, der zulasten von Investitionen in andere Prozesse geht, etwa der Fortpflanzung. So veranschaulicht die DNA-Reparatur die Theorie des Wegwerfkörpers, eine Theorie, die sich bis in die molekulare Ebene hinein nachverfolgen lässt. Durch die genetisch bedingte Verschiedenheit der DNA-Reparatur lässt sich gut erklären, warum Krebs in einigen Familien häufig oder schon in jungen Jahren vorkommt – während andere wie die Schlote rauchen können, ohne je an Lungenkrebs zu erkranken.

Das Gros der Lungenkrebs-Patienten hat geraucht. Das ändert nichts an der Tatsache, dass es auch Patienten gibt, die an Lungenkrebs erkranken, obwohl sie nie Raucher waren. Es gibt unzählige andere Prozesse, die die DNA schädigen und die Zellsteuerung stören können. So entstehen beispielsweise bei der Glukoseverbrennung, durch die die Zellen mit Energie versorgt werden, Sauerstoffradikale, die erheblichen Schaden anrichten. Die DNA ist gleichsam ein großes und komplexes Molekül, an dem in jedem Individuum an unterschiedlichen Stellen und auf unterschiedliche Weise Schäden entstehen können. Das heißt, ein jeder hat seinen «eigenen» Tumor. Es können sich sogar mehrere Tumoren in der Lunge eines Patienten entwickeln, und es ist keineswegs gesagt, dass diese identisch sind. Lungenkrebs ist also nicht nur *eine* Krankheit. Jeder Tumor wird von einer einzigartigen Konstellation von Teilursachen ausgelöst, die gemeinsam «hinreichend sind», um Lungenkrebs hervorzurufen. Das ist nicht anders als bei jedem Flugzeugunglück, bei dem auch ein ganz spezielles Zusammenspiel von verschiedenen Ursachen vorliegt.

Beschädigte Zellen müssen aus dem Körper entfernt werden. Damit lassen sich Krebs und anderes Unheil vermeiden. Diesen Mechanismus nennt man Apoptose – den programmierten Zelltod. Es handelt sich um einen evolutionär selektierten Mechanismus, der die Zellen von innen her ummantelt und dann implodieren lässt. So verhindert er, dass eine Zelle aufbricht, ihren Inhalt in das umliegende Gewebe versickern lässt und dort eine Entzündungsreaktion auslöst. Die Apoptose sorgt beispielsweise dafür, dass im Lauf unserer Embryonalentwicklung überschüssige Zellen entfernt werden. Ein klassisches Beispiel ist die Entstehungsweise unserer Finger: Weil Zellen zwischen den Knöchelchen entfernt werden, als ob ein Bildhauer vorsichtig Steinstückchen wegmeißeln würde, gehen wir nicht mehr mit Schwimmhäuten durchs Leben.

Wenn die DNA einer Zelle stark beschädigt worden ist, setzt sich von innen her das Apoptose-Programm in Gang. Obendrein verfolgt ein «Zähler», wie oft sich eine Zelle schon geteilt hat und ob sie bereits verschlissen sein könnte. Zellen, die sich häufig vervielfältigt haben, enthalten womöglich Kopierfehler in ihrer DNA und werden vorsorglich entfernt. Bei jeder Teilung verkürzen sich die Telomere einer Zelle um ein Stück. Die Telomere sind die Endstücke der DNA-Moleküle, sie bilden gewissermaßen die Schienen, auf denen die Kopiermaschine der DNA wie ein Zug entlangfährt. Sind die Schienen zu kurz, können die Kopien nicht fertig gestellt werden und die Zellteilung wird eingestellt.

Weil diese Zellteilungsfähigkeit für die Geweberegeneration entscheidend ist, vermutete man, mit der Entdeckung der Telomere auch einer Ursache für das Altern auf die Spur gekommen zu sein. Das erwies sich als Irrtum. Mäuse haben längere Telomere als Menschen, altern jedoch schneller. Zudem sagt die durchschnittliche Telomerlänge nichts oder kaum etwas über die Länge unseres Lebens aus. Es ist eher anzunehmen, dass sich Telomere als Schutzmechanismus gegen Krebs entwickelt haben. Einige Zellen mit speziellen Funktionen werden «arretiert», wenn ihre Telomere zu kurz geworden sind. Sie können dann ohne Krebsrisiko weiterhin existieren. Andere Zellen trifft ein härteres Los, sie werden aus dem Gewebe entfernt.

## Immer mit Nebenwirkungen – ein normales Altern gibt es nicht

Menschliche Alterserscheinungen lassen sich ebenso nicht durch eine einzige Ursache erklären. Alterungsprozesse entstehen infolge eines einzigartigen Zusammenspiels von Teilursachen, das uns zunehmend gebrechlicher macht und schließlich zum Tod führt. Bei jedem Menschen liegt eine andere Konstellation von Teilursachen vor und jeder Alterungsprozess nimmt einen anderen Verlauf; manchmal geht es schnell, manchmal langsam. Arbeiten die Nieren im Alter noch fantastisch, trifft einen vielleicht plötzlich ein Schlaganfall. Das Versagen von Organen ist mit dem

Zerbrechen eines alten Bierglases vergleichbar, das im Lauf der Zeit winzige Sprünge bekommen hat. Auch bei Menschen sammeln sich, zum Beispiel durch Rauchen, Sauerstoffradikale, Unfälle oder Infektionen, während ihres Lebens immer mehr Formen kleiner Schäden an. Ein geringer Schaden allein löst noch keine Krankheit oder kein Gebrechen aus. Daher glaubt man, man sei gesund. Wenn ein Arzt den Körper allerdings sehr genau untersuchen würde, könnte er all diese minimalen Schäden erkennen. Mithilfe eines Ganzkörperscans lässt sich eine ganze Reihe solcher Anomalien nachweisen, und im Alter werden es zunehmend mehr. Wirklich sonderbar wäre es hingegen, wenn bei einem Ganzkörperscan keine Unregelmäßigkeiten festgestellt würden. Daher ist es auch bedenklich, dass solche Scans vermehrt ohne ersichtlichen Grund durchgeführt werden. Meistens erfordert die erkannte Anomalie kein ärztliches Eingreifen. Man wird durch zusätzliche diagnostische Untersuchungen nach geringfügigen Defekten nicht unbedingt gesünder. Ganz im Gegenteil: Aufgrund der «Nebenwirkungen» des Scans kann es einem nicht nur emotional, sondern auch körperlich schlechter gehen. Man sollte sich erst scannen lassen, wenn es einen konkreten Anlass dazu gibt.

Die Anhäufung minimaler Schäden macht Menschen in fortgeschrittenem Alter anfälliger. Niemand entwickelt mir nichts, dir nichts ein Leiden oder wird «plötzlich» krank. Erst das fehlende Glied, die letzte Teilursache, mit der ein biologischer Mechanismus in Gang gesetzt wird, löst ein Leiden oder eine Krankheit aus. Es ist genau wie beim Bingo: Je länger man spielt, desto mehr Zahlenfelder sind auf den Teilnahmecoupons markiert, und bei einer der nächsten gezogenen Zahl kann es dann heißen: BINGO! Die letzte fehlende Zahl in der Zeile wurde gezogen. Im Hinblick auf Gebrechen und Krankheiten erhöhen sich die «Bingo»-Chancen mit zunehmendem Alter, da sich immer mehr Teilursachen ansammeln. Der Körper wird empfindlich und anfällig.

Viele Forscher, Ärzte und Patienten versuchen krampfhaft, einen Unterschied zwischen dem Alterungsprozess und der Entstehung von Leiden und Krankheiten im fortgeschrittenen Alter zu machen. Ist ein abgenutztes Knie nun eine Alterserscheinung, ein Leiden oder eine Krankheit? Eine grundsätzliche Differenz zwischen diesen Phänomenen gibt es nicht. Denn Altern geht ebenso wie Leiden oder Krankheiten in fortgeschrittenem Alter auf eine Anhäufung von Teilursachen zurück. Schauen Sie in den Spiegel und Sie werden sehen, wie sich Falten bilden und Ihre Wangen erschlaffen. So wie der Gummi einer Unterhose mit der Zeit ausleiert, verschleißt auch das Elastin, das unser Gesicht in Form hält. Ein Ganzkörperscan zeigt uns in ähnlicher Weise die Spuren, die der Veränderungsprozess in unserem Körper hinterlassen hat. Die ganze, von Patienten und Ärzten so häufig thematisierte Idee eines «normalen Alterns» ist unsinnig. Die Definition des Alterns liegt gerade darin, dass mit der Zeit etwas beschädigt wird, was früher intakt war.

Ich glaube, die meisten Menschen verstehen unter «normalem» Altern eine Entwicklung, bei der die entstehenden Schäden als «altersangemessen» empfunden werden. Ein Beispiel: Wenn man mit fünfundvierzig bei Dämmerlicht auf eine Karte schaut, um den Weg zu finden, und diese Karte nicht mehr lesen kann, ist es Zeit für eine Lesebrille. Denn die lichtdurchlässigen Eiweiße in den Augenlinsen sind beschädigt und haben ihre Elastizität verloren.

Das Problem lässt sich mit einer Brille beseitigen. Das findet jeder «normal». Den entstandenen Defekt halten wir für «normal», weil er in einem Alter entsteht, in dem wir ihn erwarten. Doch der Begriff «normales Altern» kann uns auch in die Irre führen. Ist es denn unnormal, wenn man mit achtunddreißig Jahren eine Brille braucht? Das ist doch sieben Jahre früher als erwartet ... Die Geschwindigkeit, in der wir altern, ist sehr unterschiedlich; einige können mit zweiundfünfzig Jahren noch ohne Brille lesen, weil die Elastizität ihrer Augen länger erhalten geblieben ist. Das ist ebenso wenig zu erwarten wie eine Lesebrille im Alter von achtunddreißig.

Leiden und Krankheiten sind auch Marker, die Ärzte und Forscher dazu nutzen, Menschen mit bestimmten Dispositionen aufzuspüren, um ihnen dann Vorsorgemaßnahmen oder eine geeignete Behandlung zu empfehlen. Aufgrund der Diagnose eines Leidens oder einer Krankheit können Ärzte versuchen, Patienten zu heilen oder Gebrechen vorzubeugen.

In diesem Zusammenhang ist es keineswegs erstaunlich, dass immer wieder neue Leiden und Krankheiten aufkommen. Denn es bietet sich stets ein Anlass, ein bestehendes biologisches Phänomen als neues Leiden oder neue Krankheit zu betrachten. Manchmal ist es ein neu gewonnener Einblick in den ursächlichen Mechanismus des Phänomens, ein anderes Mal ist die Neudefinition eines Leidens oder einer Krankheit Teil einer bestimmten innovativen medizinischen Strategie zur Vorbeugung eines Gebrechens. So ist Knochenschwund eine schon lange bekannte Erscheinung. Sie wurde zunächst als Symptom eines «normalen» Alterungsprozesses angesehen und galt daher als Phänomen, dem man keine Aufmerksamkeit schenken musste. Unser Blick auf den «normalen» Knochenschwund wandelte sich völlig, als Medikamente entwickelt wurden, die diesen Entkalkungsprozess verlangsamen konnten. Plötzlich kam das Bedürfnis auf, dieses biologische Phänomen genau zu definieren – und die Krankheit «Osteoporose» wurde geboren. Heute ist es zu einer richtigen Mode geworden, dieses Leiden früh aufzuspüren und als Krankheit zu behandeln. Umgekehrt verschwinden Leiden und Krankheiten aus dem Blickfeld: Hysterie wird heutzutage nicht mehr diagnostiziert. Andere Krankheiten scheinen nicht mehr zu existieren, weil sie einen anderen Namen erhalten haben: Wassersucht, beispielsweise, heißt heute Herzinsuffizienz. Aber der biologische Mechanismus, der die entsprechenden körperlichen und geistigen Probleme hervorruft, ist natürlich derselbe geblieben.

Um körperlichen Gebrechen in hohem Alter vorzubeugen, ist es für Wissenschaftler und Ärzte unerlässlich, einzusehen, dass das Altern nicht normal ist. Sie müssen den biologischen Mechanismus des Alterns erforschen und Behandlungsformen entwickeln, um bleibenden Schäden vorzubeugen. Was nur möglich ist, wenn sie Alterserscheinungen als «neue» Leiden und Krankheiten qualifizieren. Das wird dazu führen, dass sie uns immer früher für krank erklären, was allerdings nur vertretbar und wünschenswert ist, wenn wir dadurch letztlich gesünder werden.

## Demenz – eine Epidemie

Wir halten es alle für selbstverständlich, dass unser Denken mit zunehmendem Alter langsamer wird und wir belanglose Dinge leicht vergessen. In einer neuen Stadt können wir uns nun nicht mehr so schnell orientieren und verirren uns eher. «Wie hieß dieser Mann oder diese Frau doch gleich?», fragen wir unseren Partner. Wir beginnen uns Sorgen um solche Vorkommnisse zu machen: «Wie wird es wohl weitergehen, werde ich jetzt dement?» Aber unser alltägliches Handeln wird davon nicht wirklich beeinträchtigt. Kein Arzt wird uns mit solchen Beschwerden für dement oder krank erklären. Laut Definition sind bei einer Demenz die Hirnfunktionen so weit vermindert, dass das Alltagsleben beeinträchtigt ist. Das ist mehr als das Gefühl der Besorgnis oder Irritation.

Sind deshalb kleine Störungen der Hirnfunktion harmlos und unbedeutend? Zum Teil. Fast jeder hat Gedächtnisprobleme; auch junge Leute, bei denen von einer Schädigung der Hirnfunktion noch keine Rede sein kann, haben derartige Schwierigkeiten. Offenbar fordern wir unserem Kopf manchmal mehr ab, als das Gehirn in diesem Moment leisten kann. Das ist nichts Ungewöhnliches. Das gilt für alle Fertigkeiten, ganz gleich, ob es sich nun um unsere Arbeit, ums Kochen oder unser Jogging-Programm handelt. Wir möchten unsere Leistung immer steigern.

Bei Gedächtnisproblemen in fortgeschrittenem Alter ist auf einem Scan allerdings oft ein «Substrat» zu erkennen, eine kleine Gehirnschädigung. Es gibt umfangreiche wissenschaftliche Untersuchungen bei Menschen mit und ohne Gedächtnisprobleme, sowohl in ihrem häuslichen Umfeld als auch im Krankenhaus, in denen erforscht wird, welche auf einem Hirnscan sichtbare Schäden in einem Zusammenhang mit dem Nachlassen des Gedächtnisses stehen. Anders formuliert: Welche Schäden spielen dabei eine Rolle und welche nicht? Auf einem Scan wahrnehmbare Defekte können die Folge von langfristigem hohem Blutdruck sein, von Atherosklerose in der Halsschlagader, Rückständen einer Virusinfektion, einer chronischen Entzündung des Gehirngewebes, einer Eiweißverklumpung oder anderen biologischen Prozessen, über die wir bisher noch nichts wissen. Erkenntnisse über die Entstehung dieser Defekte erlauben es uns, möglichst früh in Krankheitsprozesse einzugreifen. Am günstigsten wäre es, dem Schaden vorzubeugen, aber gänzlich wird uns das in absehbarer Zeit nicht gelingen. Was wir heute schon erreichen können, ist eine Verlangsamung des Tempos, in dem sich Defekte im Gehirn anhäufen. Das heißt: Der Zeitpunkt, an dem uns ein Arzt für dement erklärt, tritt dann später ein. Wer nicht raucht, Gewichtszunahme vermeidet und sich viel bewegt, hält sein Herz und seine Blutgefäße länger gesund, und das kommt wiederum dem Gehirn zugute. Auch der Blutdruck sollte in den mittleren Jahren nicht zu hoch sein, denn hoher Blutdruck schädigt die kleinen Blutgefäße im Gehirn und beschleunigt die Zunahme von Gedächtnisproblemen.

Manche Menschen haben noch im hohen Alter einen messerscharfen Verstand, sodass der Arzt zu ihnen sagt: «Ihr Hirnscan gleicht dem eines jungen Menschen.» Die Anhäufung von Schäden im Gehirn verläuft bei ihnen offenbar sehr langsam. Der Betreffende geht beruhigt nach Hause und freut sich, nicht zum Patienten abgestempelt worden zu sein. Dem Ganzen wird weiter keine besondere Aufmerksamkeit gewidmet, denn schließlich lag «nichts» vor.

Das ist eine Todsünde. Ältere Menschen mit messerscharfem Verstand haben uns nämlich etwas mitzuteilen: wie man alt werden kann, ohne sein Gehirn zu schädigen. Wenn Forscher und Ärzte ihnen ihr Geheimnis entlocken, ist mit dieser Erkenntnis der erste Schritt dazu getan, anderen dabei zu helfen, länger bei klarem Verstand zu bleiben. Genau aus diesem Grund erforschen wir im Rahmen der Leidener *Lang Leven Studie* jene Mitglieder von Familien, die bis ins hohe Alter keinerlei Krankheitssymptome zeigen. Wir hoffen, mit ihrer Hilfe herauszufinden, welche Schutzfaktoren für ihre überdurchschnittlich hohe gesunde Lebenserwartung verantwortlich sind. Diese Strategie steht im Gegensatz zu den üblichen Forschungsmethoden, bei denen (ältere) Menschen über einen gewissen Zeitraum beobachtet werden, um die Entstehung einer Krankheit zu erforschen.

Die Hirnscans vieler älterer Menschen, die nicht dement sind, lassen gleichwohl Anomalien erkennen. Sie haben Schäden, aber nicht so viele, dass sie im Alltag damit Schwierigkeiten hätten. Dabei spielt es eine wichtige Rolle, ob man früher einen hohen oder niedrigen IQ hatte, ob das Gehirn früher «exzellent» oder «nicht besonders exzellent» funktioniert hat. Der Grund dafür ist leicht nachzuvollziehen: Wenn man mit einem wachen Verstand gesegnet ist, kann das Gehirn mehr Schäden verkraften, bevor die psychische Funktion versagt und sich Beeinträchtigungen im Alltag ergeben. Diesen Gedanken bezeichnet man als *Cognitive-Reserve*-Theorie. Ein hoher IQ oder ein «exzellent» funktionierendes Gehirn zeigen, dass man über eine große Reservekapazität verfügt. Das erklärt, warum eine solide Ausbildung in jungen Jahren gegen die Entwicklung von Demenz «schützt».

Es gibt die Sichtweise, dass Demenz infolge einer langsamen Zunahme verschiedener Hirndefekte, aufgrund vielfältiger biologischer Mechanismen entsteht. Ihr steht der unter Forschern und Laien weitverbreitete Gedanke gegenüber, Amyloid sei die Ursache für Demenz. Wenn sich dieses körpereigene Protein falsch faltet – das heißt aufgrund eines Defektes verklumpt –, besteht die Gefahr, dass es sich im Hirngewebe ablagert und die umliegenden Hirnzellen schädigt. So entsteht Alzheimer. Manche Familien besitzen eine genetische Veranlagung, viel Amyloid zu bilden oder eine zu Fehlfaltungen neigende Variante dieses Proteins zu produzieren. Der Effekt ist in beiden Fällen der gleiche. Aufgrund ihrer Veranlagung lagert sich bei ihnen Amyloid besonders schnell ab. In diesen Familien ist das Demenzrisiko überdurchschnittlich hoch, sodass eine größere Zahl von Familienmitgliedern schon relativ früh dement wird. Leider sind wir der Amyloid-Ablagerung trotz umfangreicher Forschungen noch immer nicht Herr geworden. Dieser spezielle Krankheitsverlauf tritt bei einem Großteil der Patienten auf, die vor ihrem siebzigsten Lebensjahr an Demenz leiden. Das sind weniger als zehn Prozent aller Demenzpatienten.

Anders als jüngere Demenzpatienten leidet das Gros der Patienten, die in hohem Alter Demenz entwickeln, an einer komplexen Erkrankung, die auf unterschiedlichen biologischen Mechanismen beruht. Postmortale Gehirnuntersuchungen belegen, dass sich bei einigen Patienten in hohem Alter eine beachtliche Menge Amyloid abgelagert hat, bei anderen jedoch viel weniger. Außerdem gibt es einen ansehnlichen Anteil von Patienten, bei denen sich überhaupt kein Amyloid nachweisen lässt. Hirnschäden lassen sich zwar bei allen erkennen – deshalb sind sie schließlich dement geworden –, doch diese Schäden gehen auf Durchblutungsstörungen zurück, die eintreten, wenn kleine Blutgefäße defekt sind oder ein mehr oder weniger großer Teil des Gehirns nach einem Schlaganfall abstirbt.

Postmortale Gehirnuntersuchungen bei Personen, die nicht an Demenz erkrankt waren, bestätigen, was ein Hirnscan schon zu ihren Lebzeiten erkennen ließ. Sie hatten ebenfalls Hirndefekte, bisweilen genauso viele wie Demenzpatienten. Da ihre kognitive Reserve aber offenbar besser war, wurde bei ihnen keine Demenzerkrankung diagnostiziert. Bemerkenswert ist, dass sich auch im Gehirn vieler hochbetagter Menschen, die nicht an Demenz erkrankt waren, Amyloid angesammelt hatte.

Daraus lässt sich schließen, dass Amyloid-Ablagerungen in hohem Alter keine hinreichende Ursache, sondern nur eine Teilursache für Demenz bilden. Im hohen Alter ist der Einfluss von Amyloid begrenzt, denn andere Ursachen, etwa Defekte von Hirngefäßen, spielen ebenfalls eine wichtige Rolle. Ich selbst spreche mit Patienten deshalb meistens über Demenz und nicht über Alzheimer.

Das weltweite Interesse an der Alzheimer-Krankheit kommt nicht von ungefähr. Anfang des 19. Jahrhunderts hatte der deutsche Arzt Alois Alzheimer den Fall einer Psychiatriepatientin mittleren Alters beschrieben, die dement geworden war. Nach ihrem Tod war er der erste Wissenschaftler, der Amyloid-Ablagerungen im Gehirn nachweisen konnte. Damit hatte er einen plausiblen biologischen Mechanismus für ihre Erkrankung entdeckt. Alois Alzheimer fand zu seiner Zeit wenig Gehör. Psychiater und Anatomen stellten die Bedeutung seiner neuen Erkenntnisse in Frage und unterstrichen den Zusammenhang zwischen Blutgefäßen und Hirndefekten. (Demenz, die auf Beschädigung von Blutgefäßen zurückzuführen ist, bezeichnet man als vaskuläre Demenz.) Wenig später trat Demenz als Krankheit völlig in den Hintergrund. Menschen, die sich in fortgeschrittenem Alter nicht mehr zurechtfanden, nannte man «senil»; ihre «Senilität» betrachtete man als Anzeichen eines normalen Alterungsprozesses. Mitte des vergangenen Jahrhunderts sind viele Menschen an «Senilität» gestorben. Für ihre Probleme hatte man einfach kein Interesse. Die Ignoranz, mit der man Demenz begegnete, ist kennzeichnend für die damalige Altersdiskriminierung. Diese Sichtweise war nicht dazu angetan, Präventionsmaßnahmen zu entwickeln, um das Nachlassen der Gehirnfunktion zu verzögern oder zu verhindern. Im Anschluss an Robert Butler versuchten amerikanische Wissenschaftler in den Achtzigerjahren, das fatalistische Denken über Demenz zu durchbrechen. Robert Butler, der leidenschaftlich engagierte Direktor des National Institute on Aging in Bethesda, Maryland, nahm dabei eine Vorreiterrolle ein, er wollte für Jung und Alt ein Signal setzen. Heute ist die Alzheimer-Krankheit anerkannt.

Der Kampf gegen Alzheimer hat Demenz wieder ins Gespräch gebracht, und das hat immerhin zu umfänglichen Forschungsaktivitäten geführt. Der Kampf brachte allerdings die «Nebenwirkung» mit sich, dass auch Ärzte und Forscher bei Demenz oftmals nur an Amyloid denken. Sicher, eine gewisse Anzahl von Patienten ist deshalb dement geworden, weil sich Amyloid in ihrem Hirngewebe abgelagert hat. Andere sind dement geworden, weil die Blutgefäße, die das Gehirn versorgen, verstopft sind. Doch der größte Teil der Patienten war von beidem betroffen. Mittlerweile wird auch der Zusammenhang zwischen Amyloid und der Durchblutung des Gehirns erforscht. Amyloid lagert sich offenbar nicht nur im Hirngewebe, sondern auch in den Wänden der Hirngefäße ab. Auf diese Weise können Blutgefäße verstopfen oder platzen, was zu irreparablen Hirnschäden führt.

Viele Wissenschaftler sind der Auffassung, der komplexe Entstehungsprozess von Demenz verringere die Chance auf eine effektive Bekämpfung der Krankheit. Wie sollte man je eine Lösung finden können, wenn so viele Faktoren zu dem Problem beitragen? Dass der Kampf gegen Amyloid noch immer nicht gewonnen ist, stimmt etliche von ihnen pessimistisch. In mehreren Ländern der westlichen Welt entwickeln Multiplikatoren und Entscheidungsträger Horrorszenarien, die eine dramatische Zunahme von Demenz-Patienten in den kommenden Jahren voraussagen. Für die Niederlande und vergleichbare Länder sind sie zum Teil korrekt, da dort die geburtenstarken Jahrgänge der Nachkriegszeit bald ihr höchstes Lebensalter erreichen werden und Demenz schließlich vor allem eine Krankheit alter Menschen ist. Doch diese Szenarien basieren auf der Annahme, dass das Risiko, an Demenz zu erkranken, gleich bleibt. Und das ist sehr zu bezweifeln. Niederländische Forscher haben nachgewiesen, dass das Risiko, in hohem Alter an Demenz zu erkranken, nach 2000 wesentlich geringer war als zuvor. Auf Hirnscans war nach dem Jahr 2000 eine viel geringere Zahl von Defekten auszumachen, die aufgrund von Atherosklerose entstanden waren. Das interpretierten die Forscher als plausible Erklärung für das geringere Demenzrisiko. Die Epidemie der Herz- und Gefäßerkrankungen ist schon lange am Abflauen, was sich zunächst in der Abnahme von Herzinfarkten im mittleren Alter und dann in einer geringeren Anzahl von Schlaganfällen in hohem Alter zeigte. Und zu guter Letzt sinkt nun auch das Demenzrisiko in den letzten Lebensjahren.

Eine bemerkenswerte Bestätigung für die Verbesserung der körperlichen und geistigen Konstitution älterer Menschen lieferten Kollegen aus Dänemark. Sie belegten, dass die körperliche und geistige Verfassung von Neunzigjährigen heute besser ist als vor zehn Jahren. Als ergänzende Erklärung verwiesen sie auf die Tatsache, dass die Alten von heute in ihrer Jugend im Allgemeinen eine viel bessere Ausbildung genossen hätten. Ihr Gehirn konnte sich vorteilhafter entwickeln.

Ein Absinken des Demenzrisikos ist mittlerweile auch in Schweden festgestellt worden. In jüngster Zeit konnten Wissenschaftler in Großbritannien in groß angelegten Studien nachweisen, dass das Demenzrisiko innerhalb von zwanzig Jahren um 30 Prozent gesunken ist. Demenz steht also nicht als unabwendbares Schicksal am Ende unseres Lebens. Ein Ende der Epidemie ist in Sicht.

## Ein Gebrechen nach dem anderen

Wenn wir das Altern mit dem «Ansammeln» von Teilursachen für Krankheiten identifizieren, wird der Unterschied zwischen kalendarischem und biologischem Alter viel verständlicher. Hat man eine Vielzahl bleibender Schäden, also zahlreiche Teilursachen für Krankheiten, angehäuft, ist man gebrechlich. Man ist biologisch alt. Und meistens lässt sich dieser Zustand auch am äußeren Erscheinungsbild ablesen. «Er sieht für sein Alter alt aus», sagen wir dann. Das äußere Erscheinungsbild ist das Erste, was sich Ärzte ansehen, wenn ein neuer Patient das Sprechzimmer betritt: Für wie alt halte ich ihn? Erst danach kontrollieren sie anhand des Geburtsdatums, ob sie mit ihrer Einschätzung richtig liegen. Oft schätzen sie das Alter aufgrund des ersten Eindrucks zu hoch ein – schließlich sucht der Patient den Arzt nicht ohne Grund auf. Aber manche Leute sehen für ihr Alter noch überraschend gut aus. Möglicherweise ist es ihnen durch eine gesunde Lebensweise gelungen, gewisse Formen von Schäden bis ins hohe Alter zu vermeiden, oder sie sind mit einem besonders guten Regenerationsmechanismus gesegnet.

Diese erste Einschätzung des biologischen Alters hilft Ärzten, ein Gefühl dafür zu entwickeln, ob mit diesem Patienten alles in Ordnung ist oder nicht. Bei biologisch jungen Menschen ist die Gefahr, krank zu werden, ein Gebrechen zu entwickeln oder zu sterben, wesentlich geringer, da sie weniger mögliche Auslöser angehäuft haben. Doch ob mit einem Patienten alles in Ordnung ist oder nicht, lässt sich schwerlich allein nach seinem Äußeren beurteilen.

Vor kurzem traf ich einen meiner Nachbarn. Er ist weit über achtzig und mehr als sechzig Jahre verheiratet. Seine Frau und er wohnen ein Stück weiter oben in der Straße, im Haus der Großmutter seiner Frau, früher waren sie dort Untermieter gewesen. Nach dem Tod der Großmutter hatten sie das Haus gekauft. Beide sind freundlich und resolut, sie gehören noch der Vorkriegsgeneration an. Begegnet man dem Ehepaar, gewinnt man den Eindruck, Sanftmut und Entschiedenheit seien fast Voraussetzungen dafür, alt zu werden. Bei unserer Begegnung auf der Straße winkte mir mein Nachbar zu, offenbar um ein Schwätzchen mit mir zu halten. Ich schaute ihn überrascht an.

«Gehen Sie jetzt mit einem Stock?», fragte ich ihn. Denn zuvor hatte ich ihn noch nie mit einem Stock gesehen.

«Ja, vom Gehen mit dem Rollator bekam ich solche Schmerzen in der Schulter, dass ich ihn wieder beiseite gestellt habe. Jetzt gehe ich mit einem Stock.» Er reckte ihn triumphierend in die Luft. «Farbenfroher Binder, den sie da tragen», sagte er und zeigte auf meine Fliege.

«Danke», antwortete ich. «Sie sehen übrigens auch gut aus!» Was auch tatsächlich der Fall war. Wir wechselten noch ein paar Worte und gingen dann beide unserer Wege.

Auf dem Heimweg sah ich mich noch einmal um. Ich erinnerte mich daran, dass mein Nachbar seit einigen Monaten nicht mehr Fahrrad fuhr. Das ging jetzt wohl nicht mehr. Der Arzt in mir kam zu dem Schluss, dass er sehr gebrechlich geworden war. Seit einiger Zeit litt er an einer schwer behandelbaren Herzschwäche: Eine der Herzklappen war undicht. Es kann ohne Vorwarnung passieren, dass er eines Nachts plötzlich an einem Herzstillstand stirbt.

Gebrechlichkeit ist ein Schlüsselbegriff in der Geriatrie. Wir kennen wohl alle jemanden, von dem wir sagen könnten: «Er war doch so gut auf dem Damm. Er konnte sich noch selbst versorgen und ging selten zum Arzt. Aber als er dann ins Krankenhaus kam, ging es mit ihm nur noch bergab, innerhalb von drei Wochen war er tot.» Damit meinen wir: Eins zog das andere nach sich; eine gebrochene Hüfte oder eine Lungenentzündung kann eine Kette von Ereignissen auslösen, die letztendlich zum Tode führt. Ärzte und Forscher definieren Gebrechlichkeit bei älteren Menschen als das Auftreten von Komplikationen – dazu kann auch der Tod zählen –, die sich infolge von Ereignissen ergeben und bei jungen Menschen nicht oder kaum zu Problemen führen. Die Engländer verwenden für diesen Zustand das Wort *frailty*, was an «fragil» und «zerbrechlich» erinnert – Begriffe also, die diese Konstitution korrekt beschreiben.

Alte Menschen sind sowohl buchstäblich als auch im übertragenen Sinne gebrechlich und verletzlich. Manche mehr, andere weniger, aber alle gewiss mehr als in jungen Jahren. Ein Beispiel: Jenseits der fünfzig sind Leute, die joggen, Tennis spielen oder einen anderen Sport ausüben, anfälliger für Verletzungen. Wenn sie nur ein wenig zu schnell gelaufen sind oder zu hart trainiert haben, wollen ihre Knie, ihr Rücken oder ihre Schultern nicht mehr so recht. Eine dem Anschein nach normale Belastung führt zu einem Riss in einer Sehne oder einem Muskel – Verletzungen, die in ihrer Jugend nicht passiert wären. Die Sehnen, die Muskeln – alles ist gealtert.

Das Altern vergrößert die Gefahr, sich Schäden zuzuziehen. Es stört uns, dass wir nicht alles bemerken, was an unserem Körper oder Gehirn allmählich aus den Fugen gerät, sodass wir plötzlich krank werden und sterben könnten. Deshalb möchten wir wissen, *wie* gebrechlich wir sind. Denn dann können wir Maßnahmen ergreifen und uns darauf einstellen, sodass wir nicht Gefahr laufen, von Krankheiten und vom Tod überrascht zu werden. Noch wichtiger ist es womöglich, dass die Ärzte wissen, wann bei einer Behandlung Nebenwirkungen zu erwarten sind und wann eine Operation keinen Sinn mehr hat. So müssen Arzt und Patient, beispielsweise bei einer Krebserkrankung, den Nutzen einer Chemotherapie gegen die absehbaren Folgen abwägen. Für die Entscheidung, ob eine Operation oder eine Chemotherapie ratsam ist, wäre es für den Arzt und den Patienten äußerst hilfreich, wenn sich Gebrechlichkeit einfach messen ließe.

Das große Problem liegt allerdings darin, dass wir die Gebrechlichkeit von Patienten quantitativ noch nicht gut erfassen können. Nur im Nachhinein lässt sich schlussfolgern, dass ein Patient gebrechlich war und ein Eingriff besser nicht ausgeführt worden wäre. Bisweilen stellen wir auch nachträglich fest, dass es einem «Wunder» gleichkommt, dass der Patient noch lebt, weil er unerwartet große Reserven hatte. Und dass wir mit dem Ergebnis zufrieden sein dürfen.

Gegenwärtig wird wissenschaftlich viel geforscht, um die Gebrechlichkeit älterer Menschen mithilfe von Tests oder Fragebögen quantitativ zu erfassen. Ärzte hegen die Hoffnung, damit ihren «klinischen Befund» untermauern und ihre medizinischen Strategien besser auf den Patienten abstimmen zu können: weiter zu behandeln, wo es möglich ist, sich zurückzuhalten, wo es nötig ist. Inzwischen gibt es Dutzende von Tests und Fragebögen oder Kombinationen aus beidem.

Doch die Ärzte und Forscher sind noch nicht wirklich zufrieden damit. Immer wieder hoffen sie, nun das richtige Instrument in Händen zu halten, aber im Grunde ist keines der bisher bekannten Hilfsmittel besser als «die Viererregel».

Diese Faustregel besagt, dass wir bisher bei zwei von vier Patienten die Gebrechlichkeit richtig, bei den beiden anderen jedoch falsch einschätzen. Was zur Folge hat, dass Ärzte in manchen Fällen zu viel, in anderen zu wenig unternehmen. Ein Viertel der untersuchten Patienten ist, nach Aussage der Messungen, nicht gebrechlich, was offenbar tatsächlich der Realität entspricht. Die Empfehlung des Arztes besteht darin, mit der Behandlung fortzufahren, und das ist auch die richtige Entscheidung. Bei einem weiteren Viertel zeigen Tests und Fragebögen keine ungewöhnlichen Resultate. Der Arzt fährt mit der Behandlung fort, doch der Patient ist offenbar gebrechlich, denn es ergeben sich fortlaufend Komplikationen. In diesen Fällen sprechen wir von Übertherapie. Das dritte Viertel der Patienten wird anhand der Tests als gebrechlich eingestuft, diese Einschätzung erweist sich jedoch als falsch. Bei ihnen entschließt sich der Arzt aufgrund der Messungen zur Zurückhaltung, weil er Komplikationen und Nebenwirkungen befürchtet. Diese wären jedoch nicht aufgetreten, wenn er sie weiterbehandelt hätte, er hat zu Unrecht auf einen Eingriff verzichtet. Die Folge ist eine Untertherapie. Das letzte Viertel älterer Menschen wird mithilfe der Tests und Fragebögen berechtigterweise als gebrechlich eingestuft. Aufgrund des Befunds beschließt der Arzt, von einer Behandlung abzusehen, und vermeidet damit (fatale) Nebenwirkungen.

Die Tests und Fragebögen sind manchmal von frappierender Schlichtheit: «Haben Sie abgenommen?», «Benötigen Sie Hilfe, um sich zu waschen oder den Haushalt zu führen?», «Sind Sie vergesslich?» Wenn diese Fragen positiv beantwortet werden, kann man davon ausgehen, dass bereits viel Schaden entstanden ist und nicht mehr viele Reserven vorhanden sind.

Es ist verblüffend, dass die Aussagekraft einer Liste mit fünf solcher Fragen nicht wesentlich geringer ist als die einer langen Liste mit fünfzig detaillierten Fragen. Aber das ist noch nicht einmal das Erstaunlichste. Sobald der Arzt das Alter und das Geschlecht einer Person kennt, hat er eigentlich schon die wichtigsten prognostischen Angaben parat; sie sind ebenso aussagekräftig wie alle anderen Hilfsmittel zusammen. Trotzdem glauben alle – Ärzte ebenso wie Laien –, es müsste eine bessere Möglichkeit geben, um das biologische Alter vorherzusagen, als das Ausgehen vom kalendarischen Alter. Aber allzu oft werden wir von der «Viererregel» eines Besseren belehrt, und noch immer werden uns viele alte Menschen völlig unerwartet genommen.

Für Ärzte und Forscher ist es gerade deshalb so unerträglich, das biologische Alter ihrer Patienten so wenig zuverlässig einschätzen zu können, weil sie diese Fähigkeit in ihrer Praxis so dringend benötigen. Daher hat sich eine ganz neue wissenschaftliche Vorgehensweise entwickelt, die Suche nach den sogenannten Biomarkern: Substanzen im Blut, die die biologische Konstitution eines Körpers besser als die besten Fragebögen widerspiegeln. Trotz zahlreicher Bemühungen ist auch hier die Ausbeute bisher mager.

Manche Wissenschaftler schlagen noch einen anderen Kurs ein. Sie gehen davon aus, dass sich Gebrechlichkeit erst zeigt, wenn der Köper unter Druck gerät und die bestehende Balance gestört wird. Das ist durchaus richtig, denn solange ein älterer Mensch in Balance ist, scheint er kaum Schwierigkeiten zu haben. Aus diesem Grund stören diese Wissenschaftler die bestehende Balance bei gesunden Menschen und bei Patienten durch Pseudo-Eingriffe, um zu sehen, wie sie darauf reagieren. Womöglich ist die Vorhersagekraft eines solchen Stresstests besser. Es zeigt sich, dass die prognostische Gültigkeit eines einfachen Gehtests, bei dem die betreffende Person gebeten wird, eine Strecke von zwölf Metern möglichst schnell zurückzulegen, ebenso groß ist wie bei allen heute verfügbaren Fragebögen. Weil dieser Gehtest mit vielen Probanden in aller Welt durchgeführt und deren Fortleben oder Sterben weiterverfolgt worden ist, verfügen wir mittlerweile über detaillierte Tabellen, aus denen das Sterblichkeitsrisiko, abhängig von Alter und Gehgeschwindigkeit, einfach abzulesen ist – für Männer und Frauen natürlich gesondert.

# 9

## WARUM WIR UNWEIGERLICH ALTERN, ABER NICHT UNBEDINGT ALT SEIN MÜSSEN
• • •

Warum altern wir?
Die evolutionäre Erklärung dafür lautet,
dass Menschen auf Kosten ihres eigenen Körpers
in Fruchtbarkeit investieren. Wir kennen unzählige
biologische Mechanismen, die erklären,
wie sich in höherem Alter eine Anhäufung von
Schäden in unserem Körper zu einem Leiden,
einer Krankheit oder einem Gebrechen entwickeln kann.
Diese Wie-und-Warum-Erklärungen werden
oft nicht scharf voneinander getrennt.
Gewiss ist, dass sich das Altern bei Menschen nicht
verhindern lässt. Doch Reparaturmöglichkeiten
können neue Perspektiven eröffnen.

Im Sommer des Jahres 2012 spielte die Theatergruppe «Cowboy bij Nacht» («Cowboy in der Nacht») das Stück *De meeuwen van Tinbergen (Tinbergens Möwen)*, eine Referenz an Nikolaas Tinbergen (1907–1988), einen niederländischen Biologen, der sich bemüht hatte, das Verhalten von Tieren besser zu verstehen. Die Premiere des Stücks fand auf der Watteninsel Terschelling am Rande des Naturschutzgebiets De Boschplaat statt, an einem Ort, an dem Tinbergen etwa ein halbes Jahrhundert zuvor sein Feldlabor errichtet hatte, um Möwenküken zu erforschen. Damals war die Verhaltensforschung noch ein völlig neuer Zweig der Biologie, Tinbergen gilt daher auch als einer der Gründungsväter der Verhaltensforschung. Für sein Werk hat er 1973, gemeinsam mit Karl von Frisch und Konrad Lorenz, den Nobelpreis für Medizin erhalten.

Tinbergens Experiment auf De Boschplaat lenkt den Blick zurück auf die wissenschaftliche *Nature-Nurture*-Debatte: auf die Diskussion über die Frage, ob sich ein biologisches Phänomen durch angeborene Eigenschaften erklären lässt oder sich aus dem Einfluss von Umgebungsfaktoren ergibt. Tinbergen faszinierte das Verhalten junger Möwen. Neugeborene Möwenküken picken fast sofort nach dem roten Fleck auf dem Schnabel ihrer Eltern. Daraufhin würgen die Eltern Futter hervor, das die Küken anschließend fressen. Tinbergen nahm an, dass die neugeborenen Küken wohl schon von Geburt an eine gewisse Vorstellung vom Aussehen eines solchen Schnabels haben müssten. Um diese Annahme experimentell zu überprüfen, fertigte er eine Reihe von Pappmöwenköpfen an. Manche hatten einen roten Fleck auf dem Schnabel, andere überhaupt keinen Fleck. Bei einigen war der Fleck wiederum andersfarbig oder der rote Fleck befand sich auf der Stirn statt auf dem Schnabel. Man vermutete, dass die Möwenküken am häufigsten nach dem Pappexemplar picken würden, das dem echten Möwenkopf am ähnlichsten sah. Diese Vermutung bestätigte sich auch. Das Pickverhalten beruht auf einer Wechselwirkung zwischen dem Verhalten der Eltern, die ihren Kopf vorstrecken, und dem der Küken, die den Schnabel ohne Vorerfahrung erkennen. Diese Sequenz von Ereignissen ist notwendig, sonst geschieht nichts. Erst die vom Schnabel ausgehenden Reize lösen das Pickverhalten des Kükens und das anschließende Hervorwürgen der Nahrung bei den Eltern aus. Wie bei allen anderen biologischen Phänomenen geht es auch hier um Nature *und* Nurture, um angeborenes *und* erlerntes Verhalten.

Dass Eltern und Küken auf diese Weise aufeinander fixiert sind, ist naheliegend: Es erhöht die Überlebenschance der Küken und somit die Fitness der Art. Es erklärt, warum sich dieses Verhalten unter dem Einfluss natürlicher Selektion über viele Generationen hinweg entwickelt hat und seine Steuerung im genetischen Material verankert ist. Biologen nennen ein biologisches Phänomen, das in evolutionärer Perspektive logisch und erklärbar ist, eine *ultimate explanation* – eine ultimate oder grundlegende Erklärung.

Hinter dem instinktiven Verhalten der Möwen steht eine ganze Kette von Ereignissen. Das Küken, das den roten Fleck als Zeichen erkennt, macht den Anfang. Dieses Erkennen erfordert eine Reizübertragung vom Auge zum Gehirn und die Verarbeitung der Information. Daran schließt sich eine komplexe Koordination des Körpers an, die im Picken des elterlichen Schnabels mündet. Das Picken löst bei den Eltern den Würgereflex aus, der zum Erbrechen führt. Das Küken beginnt zu fressen. Auch diese Nahrungsaufnahme ist ein instinktiv gesteuertes Verhalten. All diese Ereignisse werden von einem komplexen Zusammenspiel von Nerven, Muskeln und Organen gelenkt. Die Erklärung für diese Ereignisse nennen Biologen eine *proximate explanation* – eine proximate oder unmittelbare Erklärung; sie trägt dazu bei, den Verhaltensablauf in evolutionärer Perspektive zu verdeutlichen. Charakteristisch für eine solche unmittelbare Erklärung ist die Beschreibung des biologischen Mechanismus, durch den das Picken und der Würgereflex verständlich werden. Hierbei wird die ganze Ereigniskette von der Reizwahrnehmung bis zur Ausführung des jeweiligen Verhaltens untersucht. Diese Untersuchung gibt Antwort auf die Frage nach dem Wie. Die grundlegende Erklärung beantwortet hingegen die Frage, warum dieses Verhalten auftritt.

Verhaltensforschung wird nicht nur bei Möwen betrieben, sondern ebenso bei anderen Vögeln, bei Mäusen, Ratten und den uns evolutionär nahestehenden Affen. Dabei geht man davon aus, dass sich die Verhaltenssteuerung bei verschiedenen Arten nicht grundlegend voneinander unterscheidet.

Diesen Gedanken nahm auch die Theatergruppe, die auf De Boschplaat auftrat, zum Ausgangspunkt. Im Verlauf der Vorstellung spielten sie in einer Dünensenke zunächst Tinbergens Experimente nach. Dann traten die Akteure mit knallroten Lippen, glitzernden Pumps und üppig geschmückten Hüften auf und imitierten sexuelle Handlungen. Sie wollten dem Publikum verdeutlichen, dass unser menschliches Verhalten genauso von uralten Reflexen und äußeren Reizen gesteuert wird. Die Vorstellung endete damit, dass alle wieder «zur Besinnung» kamen, als ob sie sagen wollten: «Verlass dich nicht auf deine Instinkte!»

Grundlegende und unmittelbare Erklärungen gelten ebenfalls für den Alterungsprozess. Warum altern wir? Die evolutionäre Erklärung dafür lautet, dass Menschen auf Kosten ihres eigenen Körpers in Fruchtbarkeit investieren. Neben diesem einen evolutionsbiologischen Hintergrund gibt es unzählige Arten von Schäden, die die Funktionalität von Zellen, Geweben und Organen verringern. Jeder ursächliche Mechanismus einer Krankheit oder eines Gebrechens in fortgeschrittenem Alter bietet eine unmittelbare Erklärung für die Art, wie unser Körper allmählich abbaut. Der Unterschied zwischen dieser und einer grundlegenden Erklärung ist bedeutsam, weil mittlerweile Hunderte von Theorien über das Altern formuliert worden sind. Es stellt sich allerdings die Frage, was jene genau erklären. Es gibt eine Reihe populärer Theorien zum Verlust von Proteinen, zu DNA-Defekten, zu chronischen Entzündungen, zum Mangel an Stammzellen sowie zur entscheidenden Rolle der Sauerstoffradikale und Telomere. Die Liste ließe sich jederzeit ergänzen, denn mit einer gewissen Regelmäßigkeit wird ihr fortlaufend ein weiterer Mechanismus hinzugefügt. Auf einige aufsehenerregende Mechanismen werde ich hier eingehen.

Obwohl die meisten der genannten Theorien als Alterstheorien präsentiert werden, erklärt keine von ihnen, warum wir altern. Sie bieten daher bestenfalls unmittelbare Erklärungen. Zudem zeigt sich bei näherer Betrachtung, dass der betreffende Mechanismus nur einen gewissen Teil der Altersphänomene deuten kann. Der evolutionäre biologische Mechanismus stellt also nicht mehr und nicht weniger als eine der vielen Formen körperlicher Schäden dar, die in ihrer Gesamtheit eine hinreichende Interpretation dafür liefern, wie wir altern. Daraus lässt sich das ernüchternde Fazit ziehen, dass wir mit dem Enträtseln dieses einen biologischen Mechanismus dem menschlichen Alterungsprozess nicht Einhalt gebieten können.

## Schon ganz jung ganz alt

Kleinkinder und Säuglinge sind verletzlich, sie reagieren empfindlich auf geringe oder hohe Temperaturen, auf Infektionen und Unfälle. Diese Empfindlichkeit nimmt im Lauf der Entwicklung und mit zunehmendem Alter beträchtlich ab. Mit den Jahren gewinnt ihr Körper an Kraft, und das Risiko, an Hunger, Dehydrierung oder auf Grund eines Unfalls zu sterben, verringert sich. Bekanntermaßen reduziert sich mit dem Älterwerden der Kinder auch deren Anfälligkeit für viele Krankheiten. Ein

Beispiel dafür sind die wachsenden Widerstandskräfte gegen Infektionskrankheiten. Ein Kind, das einmal unter Mumps oder Masern gelitten hat, wird kein zweites Mal daran erkranken; es ist immun dagegen geworden. Das Abwehrsystem ist so ausgereift, dass es den «Feind» erkennt, spezifische Antistoffe gegen den Virus produziert und Abwehrzellen hervorbringt, die die Krankheitserreger endgültig vernichten. So durchleiden wir in unserer Kindheit alle eine Reihe von Infektionskrankheiten, die unser Abwehrsystem besser an unsere Umgebung anpassen.

In hohem Alter, wenn ebenso das Abwehrsystem altert, nimmt das Risiko einer infektiösen Erkrankung wieder zu. Die Gefahr, an Grippe zu sterben, ist daher bei Kleinkindern und Älteren am höchsten. In den Niederlanden sterben jährlich etwa tausend bis zweitausend alte Menschen an Grippe. Aus diesem Grund werden Impfprogramme für sie entwickelt, die ihnen dabei helfen sollen, genügend Widerstandskräfte gegen das Influenzavirus aufzubauen. Ohne Impfung würden diese Widerstandskräfte nicht oder zu spät reagieren – mit allen nur erdenklichen Konsequenzen.

Manche Kinder werden mit einer Immunschwäche geboren, sie sind unfähig, Antikörper oder Abwehrzellen zu produzieren. Schon von Geburt an leiden sie an schweren Infektionskrankheiten, die sich selbst mit Antibiotika kaum oder überhaupt nicht bekämpfen lassen. Von einer normalen Kindheit kann bei ihnen nicht die Rede sein. Wenn sich ein Krankheitserreger in der Lunge oder im Gehirn festsetzt, kommt es oft schon in jungen Jahren zu größeren Komplikationen. Die Schäden häufen sich und die Kinder scheinen schnell zu altern. Doch ihre Krankheit ist eine Entwicklungsstörung. Dieser Begriff zeigt, wo die Lösung ihres Problems liegt: in der Behandlung ihres angeborenen Defekts. Einige Arten von Immunschwäche lassen sich mithilfe neuer medizinischer Technologien gut ausgleichen, zum Beispiel durch die Übertragung von Antikörpern oder, auf experimentellere Weise, durch eine Rückenmarktransplantation. Das lässt sich mit dem Vorgehen eines Mechanikers vergleichen, der die Mängel einer brandneuen Maschine durch den Austausch eines Teils nachhaltig beseitigt.

Manche Neugeborene entwickeln sich zunächst scheinbar normal – bis plötzlich etwas schiefläuft: Der erwartete Wachstumsschub, der gewöhnlich zu Beginn der Pubertät von den Geschlechtshormonen ausgelöst wird, bleibt aus; daher sind diese Kinder gegen Ende ihrer Entwicklungszeit wesentlich kleiner als ihre Altersgenossen. Zwischen zwanzig und dreißig, wenn ihr Haar grau wird oder ausfällt und ihre Haut allmählich Flecken und Geschwüre bekommt, wirken sie mit einem Mal wie alte Menschen. Dieser Eindruck verstärkt sich noch dadurch, dass ihre Stimme kurz darauf heiser und schwach wird und sich das Unterhautfettgewebe abbaut. Sie sehen dann immer mehr wie Greise aus. All diesen Symptomen folgen Star-Erkrankungen der Augen, Altersdiabetes und Knochenschwund. Schließlich zeichnet sich ab, dass ihnen wohl kein langes Leben beschieden sein wird. Mit dreißig oder vierzig Jahren wirken diese Patienten schon wie Achtzigjährige! Die meisten von ihnen sterben in einem Alter um die fünfzig, an einem Herzinfarkt oder an Krebs.

Dieses sich in Krankheiten und Gebrechen abzeichnende Muster wird Progerie – vorzeitiges Altern – genannt. Die meisten dieser Patienten leiden am Werner-Syndrom. Es wurde nach dem Augenarzt Otto Werner benannt, der 1906 den ersten Patienten mit einer sehr früh auftretenden Star-Erkrankung beschrieben hat, die normalerweise erst bei Achtzig- oder Neunzigjährigen auftritt. Das Werner-Syndrom hat eine gewisse Ähnlichkeit mit den üblichen Alterserscheinungen. Der Unterschied liegt darin, dass sich diese bei Werner-Patienten schon viel früher bemerkbar machen. Bei genauerer Betrachtung lassen sich allerdings deutliche Unterschiede erkennen. Obwohl der Körper stark in Mitleidenschaft gezogen ist, bleibt das Gehirn der Patienten mit Werner-Syndrom verschont. Hierin unterscheidet sich die Krankheit stark vom üblichen Alterungsprozess, bei dem alle Organe und Funktionen beeinträchtigt werden und auch das Gedächtnis häufig nachlässt.

Das Werner-Syndrom ist ein Beispiel für segmentales Altern: Nicht alle Zellen und Organe werden vom Krankheitsprozess geschädigt. Zudem kommt es an ungewöhnlichen Körperstellen zu

Osteoporose, nicht etwa an der Hüfte oder der Wirbelsäule, sondern an den langen Röhrenknochen. Manche Patienten mit dem Werner-Syndrom erkranken an Krebs, allerdings an seltenen Formen, die im Bindegewebe entstehen.

Das Werner-Syndrom tritt nur singulär auf: Schätzungsweise leidet eines von hunderttausend Neugeborenen an dieser Krankheit. Das Erkrankungsrisiko ist auf Inseln wie Japan und Sardinien höher – ein Hinweis auf eine genetische Prädestination, denn in kleinen Gemeinschaften sind Eltern oft miteinander verwandt. Daher treten genetische Erkrankungen in ihnen in stärkerem Maße auf. Mittels DNA-Untersuchungen konnte das an dieser Krankheit beteiligte Gen identifiziert werden. Auf dem achten von insgesamt sechsundvierzig Chromosomen, die jede menschliche Zelle in sich trägt, liegt der genetische Code für das «Werner-Protein». Es ist daran beteiligt, das DNA-Molekül ähnlich wie einen Reißverschluss zu öffnen, sodass der darin enthaltene Code von der Protein produzierenden Maschinerie abgelesen werden kann. Findet diese Öffnung nicht statt, bleibt der Code verborgen, er lässt sich nicht entziffern – und die Eiweißproduktion in der Zelle kommt zum Erliegen.

Um den Effekt eines beschädigten Werner-Proteins genauer erforschen zu können, hat man im Labor Zellkulturen aus Hautzellen betroffener Patienten angelegt. Diese Bindegewebszellen verhalten sich ungewöhnlich, denn nach einigen Dutzenden von Teilungen stellen sie ihr Wachstum plötzlich ein. Nach Ansicht der Forscher könnte das eine Erklärung dafür sein, dass zu wenige Zellen ersetzt werden – und die Patienten daher zum Beispiel früh kahl werden. Bei einem gewissen Teil der Zellen lässt sich hingegen wiederum ein ungeregeltes Wachstum beobachten; das könnte eine Erklärung für die Entstehung von Bindegewebskrebs sein.

Da dieses Syndrom durch einen genetischen Defekt ausgelöst wird, hat man Modelle mit Versuchstieren entwickelt, bei denen diese Anomalie absichtlich in das genetische Material eingebracht wurde. Man hoffte, auf diese Weise mehr Details des ursächlichen Mechanismus zu enträtseln. Eine gezielte Therapie für Werner-Patienten gibt es bislang nicht. Ob die frühzeitig auftretenden Komplikationen und Gebrechen bei den Patienten umfassend abgewendet oder behoben werden können, hängt von unseren medizintechnischen Möglichkeiten ab. Das Ersetzen einer trüben Augenlinse stellt eine solche Möglichkeit dar.

Es ist interessant, was uns Patienten mit dem Werner-Syndrom über den normalen Alterungsprozess lehren können. So zeigen sie uns: Der Umstand, dass der Code der DNA nicht korrekt abgelesen werden kann, genügt als Ursache für das Entstehen von Defekten, die eine Reihe von Alterserscheinungen erklären können. Laboruntersuchungen demonstrieren, dass die Qualität der Bindegewebszellen eine enge Verbindung zur Entstehung von Alterserkrankungen aufweist. Daraus darf allerdings nicht der Umkehrschluss gezogen werden, der normale menschliche Alterungsprozess ließe sich einem fehlerhaften Werner-Gen zuschreiben. Die Anzahl der Werner-Gen-Träger ist sehr beschränkt, Altern hingegen ist ein allgemeines Phänomen. Den normalen Alterungsprozessen liegen andere Ursachen zugrunde.

Es gibt noch andere, seltenere und extremere Progerie-Syndrome. Bei einem von mehreren Millionen Neugeborenen tritt beispielsweise das Hutchinson-Gilford-Progerie-Syndrom auf. Diese Neugeborenen durchlaufen den Prozess der segmentalen Alterung in einer Zeitspanne von zehn bis fünfzehn Jahren!

Progerie-Patienten sind sehr beeindruckend: Diese Kinder sehen in (sehr) jungen Jahren fast so aus wie durchschnittliche Menschen im Alter von siebzig oder achtzig Jahren. Aber dieses Wörtchen «fast» ist hierbei der springende Punkt. Progerie ist eine angeborene Anomalie, die die Patienten schon als Kinder krank macht. Sie ist etwas anderes als ein normaler Alterungsprozess, der auf Schäden unterschiedlicher Herkunft beruht, die sich nach der Phase der Pubertät langsam anhäufen.

## Alt durch freie Radikale?

Eine der populärsten Alterstheorien thematisiert die Schäden, die Radikale in den Geweben unseres Körpers anrichten können. Auf ihrer Hypothese basiert die Entwicklung vieler kosmetischer Produkte. Radikale sind Atome oder Moleküle, die auf ihrer äußersten Hülle mindestens ein ungepaartes Elektron tragen. Elektronen neigen jedoch dazu, sich paarweise anzuordnen. Darum binden sich Radikale aggressiv an alle biologischen Strukturen in ihrer Umgebung. Wenn ein Radikal sich an ein anderes Molekül bindet, stiehlt es ihm ein Elektron, sodass dieses andere Molekül selbst zu einem Radikal wird und dadurch eine Kettenreaktion auslöst. Die ganze innere Struktur von Zellen und Geweben wird auf diese Weise miteinander verknüpft. Es hat ein wenig Ähnlichkeit mit dem Phänomen Rost: Hier geht Eisen eine Verbindung mit Sauerstoff ein und löst sich dabei immer weiter auf. Genau das geschieht auch im Alterungsprozess.

Ein Beispiel für ein typisches Radikal ist Superoxid – ein Sauerstoffradikal –, das als Nebenprodukt des Zellstoffwechsels entsteht. Wasserstoffperoxid ist ein weiteres Beispiel; wir kennen es als aggressives Blondierungsmittel. Abwehrzellen wiederum setzen Radikale ein, um Krankheitserreger endgültig zu beseitigen. Diese Abwehrreaktion verursacht aber auch körperliche Schäden. Daher lässt unser Körper eine Anzahl von sogenannten Antioxidantien in Aktion treten, die Radikale abfangen, bevor sie Schaden anrichten können. Ein solches Antioxidans ist beispielsweise Ascorbinsäure, besser bekannt als Vitamin C.

Der Zusammenhang zwischen Sauerstoffradikalen und Alterung wurde in den Fünfzigerjahren von dem amerikanischen Gerontologen Denham Harman zum ersten Mal nachgewiesen. Man wusste, dass Sauerstoff, obwohl absolut lebensnotwendig, unter Hochdruck schwerwiegende Nebenwirkungen haben kann. Dies hatte man entdeckt, als man der Luft, mit der man Patienten beatmet hatte, hoch konzentrierten Sauerstoff zugesetzt hatte. Ihre Lunge war innerhalb kürzester Zeit völlig zerstört. In Verbindung mit der *Rate-of-Living*-Theorie, die davon ausgeht, dass man im Lauf seines Lebens nur eine begrenzte Zahl von Schäden überstehen kann, war die *Free Radical Theory of Aging*, die Theorie der freien Radikale, geboren. Ihr Kerngedanke besteht darin, dass die Geschwindigkeit unseres Stoffwechsels unsere Lebensspanne ebenso beeinflusst wie die Größe einer Flamme das Tempo, in dem eine Kerze abbrennt. In den folgenden Jahren haben viele Wissenschaftler Beziehungen zwischen der Menge der im Körper produzierten Sauerstoffradikale und zahllosen Krankheitsprozessen nachgewiesen, unter anderem Krebs, Atherosklerose, Arthrose, Diabetes sowie degenerativen neurologischen Krankheiten wie Demenz.

Radikale können die DNA irreparabel schädigen; das ist ein erster Schritt in Richtung Krebs. Radikale schädigen auch das Eiweiß Elastin, das unsere Haut elastisch hält – daher ist unsere Haut im fortgeschrittenen Alter auch nicht mehr so straff. Aber es gibt noch eine Reihe andersgearteter Schäden. Dass Sauerstoffradikale dem Körper Schaden zufügen, ist völlig unstrittig, die entscheidende Frage – über deren Antwort noch Unklarheit herrscht – besteht jedoch darin, ob eine Reduzierung oxydativer Schäden den Alterungsprozess verlangsamen und unsere Lebensspanne verlängern kann.

Obwohl Radikale sehr instabil sind – sie entstehen plötzlich und lösen sich schnell wieder auf –, verfügt der Körper über zahlreiche Antioxidantien, um sie abzufangen und zu neutralisieren, bevor sie Schaden anrichten können. Unlängst wurden mit Fadenwürmern und Fruchtfliegen Experimente durchgeführt, bei denen die Produktion körpereigener Antioxidantien durch genetische Manipulation ausgeschaltet wurde. Eigentlich wäre zu erwarten gewesen, dass die Menge an Sauerstoffradikalen zunimmt, mehr Schäden entstehen und sich die Lebensspanne verkürzt. Letzteres war jedoch nicht der Fall. In der Regel hatte die genetische Manipulation keinerlei Auswirkung auf die Lebensdauer der Würmer und Fliegen; bei einigen Versuchsreihen hatte sie sich sogar verlängert.

In der Öffentlichkeit besteht ein massives Interesse an natürlichen, in der Nahrung enthaltenen Antioxidantien wie Vitamin A, Vitamin C, Vitamin E und Beta-Carotin. Diese Substanzen bilden die Grundlage zahlreicher als gesund angepriesener Diäten. Die 1950 nach dem niederländischen Arzt Cornelius Moerman entwickelte Diät ist eine der bekanntesten. Andere Wissenschaftler, wie einst der amerikanische Nobelpreisträger Linus Pauling, plädieren für die Einnahme großer Mengen Vitamin C oder E. Obwohl zahlreiche Studien den gesundheitlichen Wert vitaminreicher Kost belegen, lässt sich daraus kein direkter ursächlicher Zusammenhang zwischen der Einnahme zusätzlicher Vitamine und einem besseren Gesundheitszustand ableiten. Bisher konnte trotz der sehr hohen Zahl an kontrollierten Studien, in denen eine Hälfte der Probanden Tabletten mit zusätzlichen Vitaminen, die andere ohne Vitamine eingenommen hatte, keine positive Wirkung bei einer Einnahme vermehrter Vitamine nachgewiesen werden. In einigen Untersuchungen war bei den Testpersonen, die zusätzliche Vitamine eingenommen hatten, sogar ein Anstieg der Sterblichkeitsrate festgestellt worden. Alles in allem ist die Theorie der freien Radikalen zwar nicht ins Reich der Fabeln zu verweisen; für die Annahme, Altern sei einfach auf einen Mangel an Antioxidation im Körper oder in der Nahrung zurückzuführen, gibt es allerdings keine stichhaltigen Beweise.

## Langlebige Fadenwürmer und das Wachstumshormon

Die ersten Ergebnisse von Experimenten mit Fadenwürmern schlugen in den Neunzigerjahren wie eine Bombe ein. Normalerweise werden diese Würmer unter Laborbedingungen durchschnittlich zwanzig Tage alt. Nachdem man in ihrer DNA eine winzige Veränderung vorgenommen hatte, waren die Fadenwürmer jedoch doppelt so alt geworden. Nicht nur, dass die durchschnittliche Überlebenszeit auf rund vierzig Tage angestiegen war, auch die maximale Überlebenszeit hatte sich auf mehr als fünfzig Tage gesteigert. Kurz darauf bestätigten Wissenschaftler anderer Labors die ersten Resultate, und es erschienen Publikationen über weitere vergleichbare DNA-Veränderungen, die ebenfalls eine Verlängerung der Lebenszeit bewirkten. Indem man die Ergebnisse der unterschiedlichen Studien miteinander verglich, entdeckte man eine Reihe aufeinander abgestimmter Gene, die gemeinsam einen für die Lebensdauer der Fadenwürmer entscheidenden «Signalweg» bildeten. Wenn mehrere dieser Fadenwürmer gekreuzt und auf diese Weise Varianten mit mehreren DNA-Anomalien erzeugt wurden, konnten deren Nachkommen vier- bis achtmal so alt werden! Bisher hatte niemand je vermutet, dass die Lebensdauer durch eine Handvoll Gene so stark beeinflusst würde. Nun setzte ein regelrechter Boom wissenschaftlicher Studien ein.

Die unmittelbare Erklärung für die längere Lebensdauer fand man in der Tatsache, dass diese Gene das Dauerlarvenstadium (siehe Kapitel 1) des Fadenwurms regulieren. Fadenwürmer durchlaufen verschiedene Stadien, ähnlich dem Schmetterling, für den Raupe und Falter verschiedene Phasen seiner Gattung darstellen. In seinem Dauerlarvenstadium ist der Fadenwurm wohl langlebig, kann sich aber nicht fortpflanzen. Die grundlegende Ursache für die längere Lebensdauer des Fadenwurms liegt in seiner Fähigkeit, im Dauerlarvenstadium zu verharren, wenn die Lebensumstände ungünstig sind. Kurzfristig auf Fortpflanzung zu verzichten und abzuwarten, bis sich die Bedingungen wieder günstiger entwickeln – mit dieser Strategie erhöhen die Fadenwürmer ihre individuelle Überlebenschance und die Fitness der Art.

Zunächst hatten die Forscher den Eindruck, dass es sich bei den Fadenwürmern um einen speziellen Mechanismus handeln würde und die Ergebnisse nicht auf andere Arten übertragbar seien. Daher war die Überraschung erneut groß, als der molekulare Mechanismus schrittweise enträtselt wurde. Die Gene des Signalwegs, der den Würmern das Dauerlarvenstadium ermöglichte, waren nicht einzigartig – sie hatten große Ähnlichkeit mit den Genen, die das Insulin und das Wachstumshormon kodieren. Dabei handelt es sich um Botenstoffe, die auch in Säugetieren und Menschen den Stoffwechsel und die allgemeine Entwicklung steuern. Die Parallele weist womöglich darauf hin, dass sich der Signalweg in anderen, auch höheren Organismen ähnlich lebensverlängernd auswirken könnte. In den folgenden Jahren wurde die Annahme nach und nach bestätigt. Zunächst wurde nachgewiesen, dass bei den Fruchtfliegen eine geringere Aktivität des Insulin-Wachstumshormon-Signals zur Produktion kleinerer Exemplare mit längerer Lebensdauer führte. Die Untersuchungen beschränkten sich jedoch nicht auf Insekten: Die genetischen Experimente wurden bei Mäusen wiederholt. Und auch bei ihnen wirkte sich die Reduktion des Insulin-Wachstumshormon-Signals lebensverlängernd aus und hatte ebenfalls eine geringere Größe zur Folge. Heute steht zweifellos fest, dass der Dauer-Signalweg, also der die Lebensdauer regulierende Signalweg «evolutionär konserviert» ist, was besagt, dass derselbe biologische Mechanismus bei verschiedenen Arten auftritt. Seine Wirkung unterscheidet sich jedoch je nach Art. Bei Fadenwürmern ist sie sehr stark, bei Fruchtfliegen weniger stark und bei Mäusen relativ gering.

Die Frage ist natürlich, wie sich dieser Mechanismus beim Menschen auswirkt. Das Insulin und das Wachstumshormon steuern, wie gesagt, auch beim Menschen Wachstum und Entwicklung. Sie sind an der Zucker- und Fettverbrennung beteiligt und regulieren die Energiespeicherung im Fettgewebe – sie beeinflussen also eine Reihe von Prozessen, die für unser Leben von entscheidender Bedeutung sind. Beeinflussen das Insulin und das Wachstumshormon aber auch die Länge unseres Lebens?

Den allerersten Hinweis darauf, dass sich eine geringere Aktivität des Wachstumshormon-Signals beim Menschen als günstig erweisen kann, fand man bei der Beobachtung von Patienten mit einer seltenen angeborenen Anomalie, dem sogenannten Laron-Syndrom. Diese Anomalie kommt vor allem in Familien vor, in denen die Eltern miteinander verwandt sind – meist tritt das Syndrom bei einem von vier Kindern auf. In einem solchen Fall geben beide Elternteile ein geschädigtes Gen an ihr Kind weiter.

Vater und Mutter sind zwar Träger des fehlerhaften Gens, werden selbst aber nicht krank, weil sie über ein weiteres gut funktionierendes Gen verfügen – bei ihnen sind alle Chromosomen, außer dem Y-Chromosom bei Männern, doppelt vorhanden. Die Ursache des Syndroms liegt darin, dass ein Molekül, das auf das Wachstumshormon zugreift, beschädigt ist und das Wachstumssignal nicht weiterleitet. Daher ist die körperliche und geistige Entwicklung der Kinder gehemmt und sie bleiben kleinwüchsig. Man könnte erwarten, dass die betroffenen Familienmitglieder aufgrund ihres angegriffenen Zustands früh sterben, aber viele haben eine ziemlich hohe Lebenserwartung. Besonders auffällig ist, dass sie nur selten an Diabetes oder Krebs erkranken, also an Krankheiten, mit denen andere Menschen im hohen Alter typischerweise sehr zu kämpfen haben. Was das betrifft, gleichen diese Patienten in gewisser Weise am ehesten langlebigen Zwergmäusen oder Zwergfledermäusen, obwohl das Wachstumshormon-Signal bei ihnen an anderer Stelle gestört ist. Kurzum: Alles deutet darauf hin, dass man länger lebt, wenn man mit geringeren Mengen des Wachstumshormons auskommt, allerdings bleibt man dann ungewöhnlich klein.

In Leiden haben Forschungsgruppen unter der Anleitung von Eline Slagboom und mir untersucht, ob sich eine genetisch bedingte Variante von Insulin und dem Wachstumshormon auf die Geschwindigkeit auswirkt, in der normale Menschen altern. Dafür haben wir die am Insulin und am Wachstumshormon beteiligten Gene von Probanden im höchsten Lebensalter untersucht. Dank sich schnell erweiternder Möglichkeiten zum Lesen der DNA war es uns gelungen, bei Fünfundachtzigjährigen subtile genetische Unterschiede aufzuspüren. Diese, entstanden aufgrund der sexuellen Fortpflanzung der Eltern, können biologisch als Resultat zufälliger genetischer Experimente betrachtet werden. Diejenigen Probanden, die Träger einer oder mehrerer subtiler Varianten waren und deren Insulin-Wachstumshormon-Signal daher weniger aktiv war, hatten eine kleinere Körpergröße und wiesen ein geringeres Sterberisiko auf, so wie wir es auch bei Würmern, Fliegen und Mäusen beobachten konnten.

Andere Forscher kamen bei Hundertjährigen zu ähnlichen Ergebnissen.

Der evolutionär konservierte Mechanismus, der die Lebensspanne von Würmern, Fliegen und Mäusen beeinflusst, ist also auch beim Menschen aktiv. Aber im Unterschied zu den genetischen Experimenten im Labor ist die natürliche genetische Verschiedenheit in der allgemeinen Bevölkerung gering, sodass deren Auswirkungen, anders als bei Würmern und Fliegen, recht begrenzt sind.

In Leiden, wo uns die Daten vieler langlebiger Familien zur Verfügung stehen, haben wir uns auch die Frage gestellt, ob diese über genetische Varianten verfügen, die ein weniger aktives Insulin-Wachstumshormon-Signal produzieren. Wir konnten keinen direkten Zusammenhang nachweisen. Völlig unerwartet war dieses Ergebnis nicht. Im Lauf der Untersuchung hatten wir bereits festgestellt, dass sich die Nachkommen langlebiger Familien in ihrem Körperbau nicht von ihren Partnern unterschieden, die wir als «normal» ansahen. Sie waren genauso groß und genauso dick wie sie, somit auch nicht kleiner, wie es bei den genetischen Varianten von Würmern, Fliegen und Mäusen der Fall war. Wie verhalten sich nun die negativen Resultate bei langlebigen Familien zu den positiven Resultaten bei Fünfundachtzigjährigen? Wir denken, dass die langlebigen Familien mit einem anderen – genetisch bedingten – biologischen Mechanismus ausgestattet sind, dem sie ein überdurchschnittlich langes und gesundes Leben verdanken. Es gibt offenbar verschiedene Signalwege – unterschiedliche unmittelbare Ursachen – für den gleichen günstigen Effekt auf unsere körperliche Konstitution. Manchmal ist es auch so, dass sich die Signalwege irgendwo überlappen und ineinandergreifen. So konnten wir zum Beispiel zeigen, dass die Nachkommen langlebiger Familien seltener an Diabetes leiden, einen niedrigeren Blutzuckerspiegel und einen besseren Metabolismus aufweisen: Sie sind also gerade durch jene biochemischen Merkmale gekennzeichnet, die auch bei langlebigen Mäusen häufig auftreten.

Es ist auffällig, dass ein weniger aktives Insulin- und Wachstumshormon-Signal in der Regel von günstigen biologischen Effekten und einer längeren Lebensspanne begleitet wird. Das Insulin und das Wachstumshormon sind für das Überleben und eine gute Entwicklung absolut notwendig. In hohem Alter können sie sich aber offenbar auch ungünstig auswirken, was wiederum ein weiteres Beispiel für eine «antagonistische Pleiotropie» (siehe Kapitel 6) ist. Ein solches Phänomen stellt beispielsweise eine Infektion dar. Obwohl sich ein aktives Abwehrsystem auf unser Überleben günstig auswirkt, kann es in hohem Alter dennoch unerwünschte Nebenwirkungen hervorrufen. Darüber, dass unser Körper im hohen Alter so schlecht justiert ist, müssen wir uns allerdings nicht wundern. Schließlich sind allein der Beginn des Lebens, die Entwicklungsphase und die Frühphase unseres Erwachsenenlebens über unendlich viele Generationen hinweg optimiert worden. Das Ende des Lebens ist evolutionär betrachtet nur ein Anhängsel.

Es ist sicherlich falsch, hartnäckig daran festzuhalten, dass alles so bleiben sollte, wie es in der Frühphase unseres Erwachsenenlebens war. So wissen wir, dass es einen Menschen im fortgeschrittenen Alter nicht gesünder macht, seinen niedrigen Wachstumshormonwert bis auf Pubertätsniveau anzuheben. Betrachtet man sich im Spiegel, scheint man dann aufgrund des sich daraus ergebenden Muskelwachstums stärker auszusehen; dennoch steigert sich die Kraft nicht im gleichen Umfang und der Zuckermetabolismus gerät durcheinander. Es könnte auch durchaus sein, dass sich durch die Einnahme von Wachstumshormonen das Krebsrisiko erhöht. Ähnliche Auswirkungen sind in Fällen, bei denen ein niedriger Östrogenspiegel während der Menopause durch Hormonpräparate wieder «normalisiert» worden war, bereits nachgewiesen worden.

Unser Körper und das Gehirn sind komplexe Systeme, die sicherlich schon in naher Zukunft besser reguliert werden können – insbesondere in hohem Alter. Aber von den heute kursierenden Wundermitteln ist wenig Gutes zu erwarten. Man bleibt auch nicht länger gesund, wenn man Hormone, Vitamine, Aminosäuren oder Mineralien schluckt, ausgenommen, es muss tatsächlich ein erheblicher Mangel an einer dieser Substanzen behoben werden.

## Sollen wir weniger essen?

Eine Alterstheorie hat schnell an Popularität gewonnen, nach ihr leben wir länger, wenn wir weniger essen. Herrschte früher regelmäßig Nahrungsmangel, gibt es heute in den entwickelten Ländern dank landwirtschaftlicher Innovationen einen Überfluss an Nahrungsmitteln, sodass sie uns schon Tag und Nacht aufdrängt werden. Nicht mehr Nahrungsmangel verkürzt unser Leben, mittlerweile sorgt übermäßiges Essen für Krankheiten und Tod. Wir sollten versuchen, dieses viele Essen und das sich daraus ergebende Übergewicht zu vermeiden, indem wir den zahlreichen Verlockungen in unserer Umgebung widerstehen, weniger zu uns nehmen und mehr verbrennen. Wir verbrennen nämlich viel weniger Kalorien als in der Vergangenheit, weil sich unsere körperlichen Anstrengungen stark verringert haben. Unser heutiges Umfeld passt also nicht mehr zu der biologischen Ausstattung, auf die wir evolutionär selektiert wurden. Spindeldürr muss man ja nicht sein, vor allen nicht in hohem Alter. Haben schlanke Menschen in der Jugend und in mittleren Jahren das geringste Risiko, krank zu werden oder zu sterben, profitieren ältere Menschen gerade davon, wenn sie etwas zugelegt haben. Offenbar können wir in fortgeschrittenem Alter, wenn innerlich oder äußerlich, durch Krankheiten oder Unfälle, so mancher «Anschlag» auf uns verübt wird, doch einige (Fett-)Reserven gut gebrauchen. Eine bessere Erklärung gibt es (noch) nicht.

Die wahren Verfechter reduzierter Kost entscheiden sich im Übrigen nicht dafür, in späteren Zeiten ein bisschen rundlicher zu sein. Sie träumen davon, länger am Leben zu bleiben, weil sie 20 bis 30 Prozent weniger essen, als durchschnittlich empfohlen wird. Mit dem Effekt, dass sie dünn sind, ständig Hunger haben und frösteln. Menschen, die dieser strengen Diät folgen, behaupten dennoch, sich dabei wohlzufühlen.

Die Idee einer solchen Kalorienrestriktion geht auf die Beobachtung zurück, dass Mäuse im Labor länger leben, wenn sie 30 Prozent weniger Kalorien zu sich nehmen. Sie sind nachweislich länger gesund und sterben später als Mäuse, die so viel essen dürfen, wie sie wollen. Dieser Effekt, der in den Dreißigerjahren zum ersten Mal beschrieben wurde, ist einer der meist erforschten Mechanismen, mit dem man dem Altern entgegenzuwirken versucht.

Kalorienrestriktion funktioniert nicht nur bei Mäusen, sondern auch bei anderen Versuchstieren, unter anderem bei Fruchtfliegen. Obwohl ihre positive Wirkung mehrfach nachgewiesen worden ist und obwohl sie auf einen tatsächlich existierenden Mechanismus verweist, wirkt sie nicht bei allen Fliegen und Mäusen. Bei einer Vielzahl genetischer Varianten hat Kalorienrestriktion keinerlei Auswirkung, sie kann die Lebensspanne mitunter sogar verkürzen. Das deutet auf ein *Nature-Nurture*-Phänomen hin, denn die Wirkung der Kalorienrestriktion *(Nurture)* hängt von den genetischen Merkmalen *(Nature)* der Versuchstiere ab. Offenbar gibt es innerhalb der gleichen Gattung für jede genetische Variante eine optimale Kalorienzufuhr. Sollte das der Fall sein, wäre es ebenso ungünstig, zu viel wie zu wenig zu essen. Ein solches Optimum ist mittlerweile experimentell belegt.

Uns interessiert selbstverständlich, wie es sich damit beim Menschen verhält. Ist es günstiger, (viel) weniger als die empfohlene Menge zu essen? Die Antwort auf diese Frage finden wir in einem Langzeitexperiment mit Rhesusaffen, einer uns evolutionär gesehen nahestehenden Gattung. In diesem Experiment erhält eine durch das Los bestimmte Hälfte der Affen die normale Nahrungsmenge, die andere nur 70 Prozent davon. Allein die Menge «leerer» Kalorien wird eingeschränkt; die Qualität der Nahrung bleibt gleich, manchmal ist sie sogar etwas besser, um keinen Mangel an Vitaminen oder anderen essenziellen Nährstoffen entstehen zu lassen. Der Versuch wird in den USA an zwei verschiedenen Orten von zwei unabhängig operierenden

Forschungsgruppen durchgeführt. Er läuft schon Dutzende von Jahren, und die Auswirkungen auf die Lebensdauer werden nun allmählich messbar, weil bereits eine beträchtliche Zahl der Affen gestorben ist und das Sterberisiko der beiden Gruppen eingeschätzt werden kann.

Was lässt sich bisher erkennen? Die Affen, die langfristig kalorienreduzierte Nahrung zu sich genommen haben, sehen jünger aus, sind energiegeladener und zeigen weniger typische Alterserkrankungen wie etwa Diabetes. Das lässt vermuten, dass der Alterungsprozess bei ihnen langsamer verläuft. Aber an der Überlebensrate lässt sich das noch nicht ablesen. Bezieht man alle Todesursachen mit ein, leben die Affen mit kalorienreduzierter Kost nicht nachweisbar länger. Die Studien werden allerdings fortgeführt, sodass das letzte Wort dazu bislang nicht gesprochen ist. Diese ungewöhnlichen Experimente brauchen Zeit, um ihr volles Potenzial zu entfalten.

König Artus ist nicht der Einzige, der sich auf die Suche nach dem Heiligen Gral begeben hat. Auch viele Forscher hoffen auf die Entdeckung eines Zaubertranks, um dem Alterungsprozess Einhalt zu gebieten. Das ist jedoch eine unrealistische Hoffnung. Die Zahl der biologischen Mechanismen, die Schäden verursachen – die Zahl der unmittelbaren Ursachen –, ist unendlich groß. Daher gibt es nicht den einen wahren Weg, der den Alterungsprozess stoppen könnte. Deshalb plädieren einige Wissenschaftler dafür, einen anderen Kurs einzuschlagen und sich stärker für neue Reparatur- und Regenerationsmöglichkeiten einzusetzen – das bedeutet, dass wir von außen eingreifen, wenn der eigene Körper versagt. Mit diesen Methoden sind wir bereits ein Stück weit vorangekommen. Reparaturen von Augenlinsen und Hüften sind problemlos zu bewerkstelligen. Für Diabetes im Kindesalter zeichnet sich eine medizintechnische Lösung ab. Bei dieser Erkrankung werden die Insulin produzierenden Zellen zerstört, doch die Langerhans'schen Inseln – die Quelle dieser Zellen – lassen sich wiederherstellen. Und so kommen wir Schritt für Schritt voran.

# 10

## LANG SOLLST DU LEBEN

• • •

Gesund alt zu werden und irgendwann einen schnellen Tod zu sterben, das wünschen sich viele Menschen. Doch dieser Wunsch geht selten in Erfüllung. Das Leben eines Menschen hat oft einen ausgefransten Saum, eine Phase, in der seine Gebrechlichkeit ständig zunimmt, bis er schließlich stirbt. Aufgrund von Prävention und frühem Eingreifen sind wir de facto länger krank, zögern die Phase der Gebrechen länger hinaus und sterben dadurch später. Die zunehmend beschwerlichen Jahre verschwinden also nicht, sondern werden lediglich in eine spätere Lebensphase verschoben. Schließen wir uns dem früheren niederländischen Ministerpräsidenten Willem Drees an, der sich bei Einführung der allgemeinen Basisrente (AOW) dafür ausgesprochen hatte, das Rentenalter an die Lebenserwartung zu koppeln, müssten Männer heute bis zu einem Alter von siebzig und Frauen bis zu einem Alter von zweiundsiebzig Jahren arbeiten.

Eine durchschnittliche Niederländerin ist die Hälfte ihres Lebens krank. Mit knapp über vierzig bekommt sie die erste chronische Krankheit und hat dann normalerweise noch dreiundvierzig Jahre Lebenszeit vor sich. Heutzutage erkranken Frauen zehn Jahre früher als vor fünfundzwanzig Jahren. Der Wandel zu diesem «halben Leben in Krankheit» vollzog sich kurz vor dem Jahr 2010. Bemerkenswerterweise fühlen sich niederländische Frauen in den Vierzigern überhaupt nicht krank – auch in den Fünfzigern oder Sechzigern nicht. Zwei Drittel der Fünfundfünfzig- bis Fünfundachtzigjährigen erklären, sie seien bei guter bis sehr guter Gesundheit. Nicht einmal jeder zehnten Frau – und das gilt auch noch für die Fünfundachtzigjährigen – geht es nach eigener Aussage gesundheitlich schlecht oder sehr schlecht. Erst wenn Frauen auf die siebzig zugehen, gibt die Hälfte an, nicht mehr so gut zu sehen und zu hören und auch nicht mehr so beweglich zu sein. Die meisten fühlen sich erst in diesem Alter geringfügig beeinträchtigt. Das ist bei Männern nicht viel anders.

## Länger krank durch Ärzte

Es sind die Ärzte, die uns für krank erklären, selbst wenn viele dem überhaupt nicht zustimmen würden. Die Ärzte tun das, weil unser Leben dadurch besser werden kann: Ein frühes Eingreifen, etwa durch die medikamentöse Behandlung von hohem Blutdruck oder einem hohen Cholesterinspiegel, ermöglicht es uns, länger gesund zu bleiben. Wenn jemand nicht beschreiben kann, was ihm fehlt, oder Wortfindungsstörungen hat, kann man einen Ganzkörperscan durchführen. Zeigt sich dabei, dass Blutgerinnsel vom Herzen ins Gehirn wandern, setzen Ärzte vorsorglich eine Behandlung mit blutverdünnenden Medikamenten an, um einen Schlaganfall zu verhindern. Manchmal wird bei einem Mammografie-Screening ein Vorstadium von Krebs entdeckt, worauf die bösartigen Zellen operativ entfernt werden. In keinem dieser Fälle sind die Betroffenen beeinträchtigt, dennoch werden sie aufgrund der Präventionsmaßnahme und des Screenings für krank erklärt.

Die Kluft zwischen «krank sein» und «sich beeinträchtigt fühlen» hat sich in den vergangenen Jahrzehnten rapide vergrößert. Die Menschen, vor allem Politiker und Entscheidungsträger, haben sich noch nicht darauf eingestellt, dass Ärzte und Forscher sich immer öfter darauf verständigen, den Krankheitsbegriff intern zur Charakterisierung eines medizinisch-biologischen Phänomens zu verwenden, um so Behandlungsfortschritte zu erzielen (siehe Kapitel 8). In der Vergangenheit hatte der Krankheitsbegriff eine andere Bedeutung. Eine unerwünschte Nebenwirkung dieser neuen Entwicklung besteht darin, dass manche Menschen sich völlig anders verhalten, sobald man ihnen das Etikett «Krankheit» aufklebt. Krank zu sein ist jetzt seltener ein Grund, sein Leben einschneidend zu verändern. So werden durch eine Bypass-Operation oder das Setzen eines Stents – eines Röhrchens – die Herzkranzgefäße besser durchblutet als vor dem Eingriff, als dort vieles nicht in Ordnung war, von dem der «Patient» jedoch nicht das Geringste ahnte. Ist eine Krankheit diagnostiziert und ein Eingriff durchgeführt worden, hat sich das Leben aus medizinisch-biologischer Sicht eindeutig verbessert. Dennoch fühlen sich manche schlechter. Weil sie für krank erklärt wurden, schlüpfen sie nun in die Patientenrolle und schrauben ihre Aktivitäten zurück. Die ärztliche Diagnose, dass nicht nur die Herzkranzgefäße angegriffen, sondern auch der Blutdruck und der Cholesterinspiegel erhöht sind, trägt in der Regel nicht dazu bei, dass sie sich besser fühlen. «Sei mal ein bisschen vorsichtiger», flüstern ihnen Verwandte und Freunde zu. Solche Ratschläge sind gut gemeint, gehen aber in die falsche Richtung. Gerade körperliche Aktivität und Sport senken Blutdruck, Gewicht und Cholesterinspiegel und verbessern die Herzfunktion selbst dann, wenn man an einer Herzerkrankung leidet.

Politiker und Entscheidungsträger sehen sich derweil damit konfrontiert, dass statistisch bereits die Hälfte der Arbeitnehmer mit fünfundvierzig Jahren chronische Krankheiten entwickelt hat. Mit fünfundsechzig Jahren haben 65 Prozent der Niederländer zwei oder mehr chronische Leiden sowie eine Schachtel voller Pillen und eine Liste mit Arztterminen und Verordnungen. Angesichts dessen, so wird häufig angenommen, kann das Rentenalter wohl kaum noch weiter angehoben werden. Doch für krank erklärt zu werden, bedeutet nicht unbedingt, arbeitsunfähig oder hinfällig zu sein. In früheren Zeiten ahnte man oft nicht, dass einem eine Krankheit in den Gliedern steckte. Manche Menschen halten das für ein beruhigendes Gefühl: «Was ich nicht weiß, macht mich nicht heiß.» Aber das ist eine Vogel-Strauß-Politik. Eine frühzeitige Diagnostik kann künftigen Problemen vorbeugen.

In den Achtzigerjahren, während meiner Facharztausbildung zum Internisten, sollte ich Patienten mit einem Herzinfarkt viel Ruhe verordnen, in erster Linie zur Vermeidung lebensbedrohender Herzrhythmusstörungen. Außerdem sollte es diese Maßnahme dem Patienten erleichtern, das Absterben des Herzgewebes bei einem Herzinfarkt besser zu verkraften. Einem einwöchigen Krankenhausaufenthalt schloss sich eine behutsam durchgeführte Reha-Maßnahme an. Eine vollständige Wiedereingliederung des Patienten in die Arbeitswelt und das Leben hielt man oft für ausgeschlossen.

Damals war man krank und fühlte sich krank. Heute kommt es in den meisten Fällen nicht mehr so weit, denn viele der drohenden Herzinfarkte lassen sich im Vorfeld abwenden. Schon bei den ersten Beschwerden wird eingegriffen, die Durchblutung der

Herzkranzgefäße erneut hergestellt und damit das Absterben von Gewebe verhindert. Die ursächliche Ereigniskette ist durchbrochen – mit verblüffendem Resultat. Ein Großteil der Herzpatienten mit akuten Problemen sind innerhalb weniger Tage wieder zu Hause, nehmen ihr normales Leben so rasch wie möglich wieder auf und lenken es unter fachkundiger Anleitung in gesündere Bahnen. Die Beschwerden sind verschwunden, die Probleme nicht selten gelöst. Dennoch fragt sich eine als «Herzpatient» apostrophierte Person oftmals verzweifelt, ob sie sich nun krank fühlen soll oder nicht.

Aktivierung, Rehabilitation und Normalisierung sind die Zaubermittel der modernen Medizin. Geburtshelfer wussten als Erste, wie sich Probleme im Kindbett vermeiden ließen. Das Kindbett war für eine junge Mutter in früheren Zeiten alles andere als eine Kleinigkeit. Häufig kam es nach Geburten zu lebensbedrohlichen Erkrankungen wie Nachblutungen, Infekten, Thrombosen und Embolien.

«Sehen Sie dieses Buch, meine Damen und Herren Studenten», sagte mein Professor für Geburtshilfe, während er das Standardwerk zu Komplikationen im Kindbett in die Höhe hielt, «nahezu all diese Gefährdungen sind Geschichte, weil wir heute die jungen Mütter schon am ersten Tag aus dem Bett holen, statt ihnen eine Woche Bettruhe zu verordnen.»

Inzwischen hat man diese Lektion auch andernorts in der Medizin erfolgreich umgesetzt. Bei Schlaganfallpatienten beginnt man innerhalb von achtundvierzig Stunden mit der Rehabilitation – und nicht erst, nachdem sich alle von dem Schreck erholt haben. Das schnelle Handeln kann zur Verbesserung der Restfunktionen beitragen. Ein alter Mensch, der sich bei einem Sturz die Hüfte bricht und von einem Chirurgen mit einem Exemplar aus Stahl ausgestattet wird, ist heute innerhalb von vierundzwanzig Stunden wieder auf den Beinen. Denn so kann einer Thrombose oder Lungenentzündung vorgebeugt werden – Komplikationen, die früher nicht selten zum Tod führten. Alte Patienten, die wegen einer akuten Erkrankung geistig verwirrt sind, profitieren im Krankenhaus sehr davon, wenn man sie aus dem Bett holt, ihnen ihre eigenen Kleider anzieht und wenn sie häufig Besuch bekommen. Kurzum: Wer rastet, der rostet. Was innerhalb des Krankenhauses gilt, trifft ebenso außerhalb zu. Zum Erstaunen vieler belegen experimentelle Studien, das sich regelmäßige körperliche Aktivitäten auch beim Vorliegen einer Herzschwäche günstig auswirken. Patienten, denen regelmäßige leichte körperliche Anstrengung verordnet worden war, machten bessere Fortschritte als andere, die sich ruhig hielten. Durch solche Untersuchungen wissen wir heute, dass sich Bewegung nachweislich selbst dann günstig auswirkt, wenn die Knie durch Arthrose geschädigt sind und durch Schmerzen in eine Schonhaltung gedrängt werden. Die Bewegung verringert zwar nicht die Belastung der Gelenke, aber durch die Anstrengung werden die Regenerations- und Kompensationsmechanismen gestärkt, sodass die Bilanz letztlich positiv ausfällt. Unabhängig von ihrer positiven Auswirkung auf Herz und Bewegungsapparat heben körperliche Aktivitäten und Sport unsere Stimmung. Für die These, dass Bewegung den Funktionsverlust des Gehirns verringert, werden immer mehr wissenschaftliche Belege gefunden – und damit für eine biologische Untermauerung des Credos: *Use it or lose it.* Und darunter ist ganz gewiss etwas anders zu verstehen als das Ausfüllen von Kreuzworträtseln als Denksport.

Prävention und frühes Eingreifen ermöglichen ein längeres und gesünderes Leben, verursachen aber auch Kosten. Und es ist schwer zu berechnen, wie hoch die Einsparungen durch Vorsorgeaufwendungen sind. Der Patient profitiert persönlich natürlich immer davon, doch Prävention wirft gesellschaftlich erst Gewinn ab, wenn man diese zusätzlichen gesunden Jahre wirtschaftlich nutzt, indem man länger arbeitet oder sich ehrenamtlich für die Gesellschaft engagiert. Das spart Rentenkosten und bringt Einnahmen aus Steuern und Sozialversicherungsbeiträgen. Obendrein lassen sich auf diese Weise die öffentlichen Ausgaben nach unten korrigieren, weil Menschen mit Unterstützung anderer länger selbständig im Leben stehen.

Aber was sagt der durchschnittliche Niederländer? «Ich habe ein Recht auf Rente.»

Und was denken die Politiker? «Alte Menschen sind langsam und oft krank.» In den Niederlanden wurde 1957 das AOW, das Allgemeine Gesetz zur Altersversorgung *(Algemene Ouderdomswet)*, erlassen. Ministerpräsident Drees hatte es in seinen Gesetzentwurf aufgenommen: «Das Rentenalter ist an die Lebenserwartung anzupassen.» Damals hatten fünfundsechzigjährige Männer eine Lebenserwartung von weiteren dreizehn Jahren, gegenwärtig sind es achtzehn Jahre. Wenn wir diese Anpassung zum Ausgangspunkt nehmen würden, hätten Männer schon 2013 bis zum siebzigsten Lebensjahr weiterarbeiten müssen. Fünfundsechzigjährige Frauen hatten 1957 noch eine Lebenserwartung von weiteren fünfzehn Jahren. Heute sind es zweiundzwanzig Jahre. Sie hätten also bis zu ihrem zweiundsiebzigsten Lebensjahr weiterarbeiten müssen. Nur wenn man wie Drees das Renteneintrittsalter in Abhängigkeit zur Lebenserwartung bestimmt, bleibt die Rente bezahlbar.

## Mehr Jahre ohne Einschränkungen

Die Niederlande sind eines der wenigen Länder, in denen schon seit langem zwischen diagnostizierter Krankheit und wahrgenommener Gesundheit, zwischen dem Zustand des Krankseins und einem Gefühl der Beeinträchtigung unterschieden wird. Wer mühelos hören, sehen und sich bewegen kann, lebt ohne körperliche Einschränkungen. Umgekehrt gilt, dass Menschen, die in den Gesundheitsumfragen des niederländischen Zentralen Amts für Statistik (CBS) angeben, mit einer dieser drei Aktivitäten erhebliche oder große Mühen zu haben oder gar zu allen dreien nicht mehr imstande zu sein, körperliche Einschränkungen haben. Mit diesen Gesundheitsumfragen wurde 1983 begonnen.

In den vergangenen dreißig Jahren ist in den Niederlanden, wie bereits erwähnt, die Lebenserwartung Neugeborener auf eine krankheitsfreie Zeit von fünfzig auf vierzig bis fünfundvierzig Jahre *gesunken*. Gleichzeitig ist die Lebenserwartung von Neugeborenen auf eine Zeit ohne Beeinträchtigungen *gestiegen*. Der «ausgefranste» Saum des Lebens – im Durchschnitt zehn Jahre mit Einschränkungen im Alltag, zwei Jahre weniger für Männer, zwei Jahre mehr für Frauen – ist gleichgeblieben. Die beschwerlichen Jahre sind also nicht, wie viele stillschweigend hoffen, verschwunden, sie sind aber auch nicht mehr geworden, wie fast jeder befürchtet. Sie wurden auf später verschoben. Die Erklärung dafür ist medizinisch-biologischer Natur. Weil Störungen und Krankheiten früher diagnostiziert werden, verschieben wir die Jahre mit chronischen körperlichen und geistigen Schäden durch Vorsorge und Reparatur auf eine spätere Zeit. So kommt es erst in einem höheren Alter zu Alltagseinschränkungen, und die Wahrscheinlichkeit, dass wir eine längere Lebenszeit vor uns haben, in der wir uns gesund fühlen, nimmt zu. In dem Fall würden wir bei Umfragen des Zentralen Amts für Statistik auf die Frage «Wie ist es um Ihre Gesundheit im Allgemeinen bestellt?» mit «gut» oder «sehr gut» antworten.

Es ist bemerkenswert, dass die Kluft zwischen dem Kranksein und dem Gefühl einer Beeinträchtigung bei Frauen größer ist und auch die Zahl der Krankheitsjahre bei ihnen am schnellsten gestiegen ist. Frau wie Mann nehmen, wenn sie um die siebzig sind, im täglichen Leben körperliche Einschränkungen wahr. Allerdings wird bei Frauen bereits um die vierzig die Diagnose «chronisch krank» gestellt – acht Jahre früher als bei Männern. Frauen entwickeln viel häufiger Erkrankungen des Bewegungsapparats, wie Osteoporose und Knochenbrüche, Rheuma und Abnutzungserscheinungen in den Gelenken sowie Muskelschwäche. Zudem gehen Frauen, wie Studien belegen, mit ihren Beschwerden viel früher zum Arzt als Männer. Daher ist es nicht erstaunlich, dass man ihnen früher als Männern eine Diagnose stellt. Die Herren stecken den Kopf in den Sand, die Damen klagen mehr. Manche Wissenschaftler glauben, dass Frauen gerade deshalb durchschnittlich länger leben, weil sie eher klagen und frühzeitiger zum Arzt gehen.

Die wahrscheinliche Dauer der einschränkungsfreien Lebenszeit steigt nicht nur für die Neugeborenen, sondern auch für die heutige ältere Generation. Im Alter von fünfundsiebzig Jahren haben Männer und Frauen bereits ein Drittel ihrer Generationsgenossen aufgrund von Krankheit sterben sehen. Die Prognose der Überlebenden ist jedoch relativ günstig. Viele sind in diesem Alter noch völlig gesund. Die Hälfte der fünfundsiebzigjährigen Frauen hatte 1985 noch vier Jahre ohne chronische Erkrankungen vor sich, für Männer galt mehr oder weniger dasselbe. In den letzten fünfundzwanzig Jahren hat sich die zu erwartende krankheitsfreie Zeit um zwei Jahre verringert. Nochmals: Es ist falsch, daraus zu folgern, das Leben im hohen Alter hätte sich ausschließlich verschlechtert. Dass das ein Trugschluss ist, erkennen wir an der Tatsache, dass die Zahl der Jahre ohne Alltagseinschränkungen um vier bis sechs Jahre gestiegen ist. Die verbleibenden sechs Jahre mit Alltagseinschränkungen – zwei Jahre weniger bei Männern und zwei Jahre mehr bei Frauen – sind gleichgeblieben. Bei Menschen in hohem Alter zeigt sich also derselbe Trend wie bei Neugeborenen.

Die Neigung der Ärzte, schnell Diagnosen zu stellen und zu behandeln, und der Wunsch des Patienten, eine Diagnose zu erhalten und behandelt zu werden, macht eine Randbemerkung erforderlich. Natürlich ist es uns lieber, wenn eine Krankheit frühzeitig diagnostiziert wird und frühes Eingreifen Schlimmeres verhindert. Aber gerade bei älteren Menschen besteht ein großes Risiko der Überdiagnose und Überbehandlung, verbunden mit vielfältigen nachteiligen Folgen. Früherkennung und Frühdiagnostik verunsichern und beunruhigen die Betroffenen. Wird zum Beispiel bei einem Ganzkörperscan in eine verletzte Stelle gestochen, können Komplikationen wie Nachblutungen auftreten. Durch die für den Scan benötigte Menge an Kontrastmitteln kann es zu Nierenversagen kommen. Noch ernster wird es, wenn bei einem operativen Eingriff etwas entfernt wird, das sich im Nachhinein als gutartig erweist, oder wenn eine Behandlung durchgeführt wird, die ergebnislos bleibt. In diesen Fällen ist nur Schaden angerichtet worden. Ärzte sollten häufiger als heute üblich eine zurückhaltendere Strategie wählen, keine Diagnose stellen und keine Medikamente verschreiben. Sie sollten Patienten und deren Angehörigen geduldig erklären, dass eine Früherkennung in vielen Fällen keinen Sinn macht, weil es noch keine effektive Behandlungsmöglichkeit gibt.

Die offiziellen Screening-Programme für Gebärmutterhalskrebs und Brustkrebs enden in den Niederlanden bei Frauen beispielsweise im Alter von sechzig beziehungsweise fünfundsiebzig Jahren. Das klingt nach Altersdiskriminierung. Eine Reihe von Bürgerinnen hat daher einen Prozess angestrengt, um ihr Recht auf ein Screening zu erstreiten. Die Forderung ist allerdings unbegründet, denn bei älteren Frauen wiegen die Vorteile – der Zugewinn an gesunden Lebensjahren – die Kosten des Screenings nicht auf. Und diese Kosten sind nicht nur finanzieller Natur, sie treten besonders in Form unerwünschter Nebenwirkungen bei Diagnose und Behandlung auf. Viele Frauen leiden unter ihnen, sie werden nicht durch den Vorteil einiger weniger aufgewogen, vor allem weil sich nicht absehen lässt, welche Frau Vor- oder Nachteile davon hat. Aus diesen Gründen sind niederländische Experten keine großen Befürworter eines Krebs-Screenings bei Frauen über fünfundsiebzig.

Kürzlich hat eine breit aufgestellte Expertengruppe sechsundzwanzig Screenings bewertet, die älteren Menschen in den Niederlanden, den USA, Großbritannien und Australien empfohlen werden. Es zeigte sich: Wurde die Krankheit aufgespürt, existierte in der Regel noch keine effektive Behandlung dafür. In diesen Fällen hat ein Screening überhaupt keinen Sinn und ist als unethisch anzusehen. Dennoch werden ältere Menschen immer häufiger getestet. Ein Demenz-Test zum Beispiel kann sich aber als enorme Fallgrube erweisen. Denn dabei werden auch Vorstadien von Demenz wie «leichte kognitive Störungen» diagnostiziert. Nach einer solchen Diagnose geht jeder davon aus, dement zu werden. Doch das ist längst nicht immer der Fall. Außerdem hat die Medizin den Betroffenen momentan nichts zu bieten, was das Nachlassen ihres Gedächtnisses verlangsamen könnte. Gedächtnistests haben nur dann einen Sinn, wenn eine effektive Behandlungsmethode zur Verfügung steht.

Die fehlt aber bislang noch, obwohl sich das in Zukunft ändern kann.

Die Screening-Experten hielten es bei über Sechzigjährigen allein für sinnvoll, zu untersuchen, ob sie sich körperlich ausreichend bewegen. Im Alter zwischen sechzig und vierundsiebzig, aber nicht in einem höheren Alter, betrachteten sie ein Screening zur Ermittlung des Herzerkrankungsrisikos und der Auswirkungen des Rauchens als nützlich, sowohl bei vitalen als auch bei gebrechlichen Menschen. Doch aktiv nach einem schlechten Gehör oder schlechten Augen, nach Hautkrebs, Demenz, Depressionen, Angst oder Einsamkeit, Unterernährung, Inkontinenz, Alkoholmissbrauch, Schmerzen, Nierenkrankheiten, Diabetes oder Schlafproblemen zu suchen, schien ihnen nicht angebracht. Zudem argumentierten sie, dass Ältere bei vielen Erkrankungen selbst Hilfe suchen könnten, wenn diese Probleme eines Tages auftreten. Die meisten haben einen Hausarzt, und Menschen über fünfundsiebzig stehen im Durchschnitt sechzehnmal im Jahr in Kontakt mit dessen Praxis.

Die vielen Arztbesuche beunruhigen allerdings die Rechenmeister. Die Pflegekosten, so argumentieren sie, würden außer Kontrolle geraten, weil «alle immer älter werden». Das ist ein Missverständnis. Denn was uns teuer zu stehen kommt, ist nicht das Leben im hohen Alter, sondern allein der ausgefranste Saum des Lebens! Schließlich stellt sich häufig in dieser Phase eine ultimative Krankheit oder Komplikation ein, an der die Ärzte mit allen Kräften herumlaborieren, um sie in den Griff zu bekommen, letztlich jedoch ohne Erfolg.

Auch die Geburtenwelle der Nachkriegszeit trägt nicht, wie oftmals angenommen, wesentlich zur Kostensteigerung des Gesundheitswesens bei. Nach den Berechnungen der Gesundheitsökonomen lässt sich weniger als ein Prozent der jährlich vierprozentigen Steigerung im Gesundheitsbudget durch die Gesamtkosten der Vergreisung erklären. Nein, das Budget wächst in beträchtlichem Maße, weil die Gehaltskosten gestiegen sind und die Ärzte uns schneller für krank erklären und uns entsprechend behandeln, sodass wir de facto länger gesund bleiben. Diese Investitionen kommen uns als Gesellschaft zugute – wenn wir die zusätzlichen gesunden Jahre für die Produktion materieller und immaterieller Güter nutzen.

## Der ausgefranste Saum des Lebens

In den entwickelten Ländern sind die Einschränkungen im Alltagsleben in ein höheres Alter verschoben worden, parallel zu einem Anstieg der Lebenserwartung insgesamt. Zwischen einem Leben mit Einschränkungen und dem Augenblick des Todes liegt das, was ich als den «ausgefransten Saum des Lebens» bezeichne, ein Zeitraum von durchschnittlich etwa zehn Jahren. In dieser Phase plagt man sich mit einem Körper herum, der nicht mehr so ganz das tut, was er soll, bis man schließlich stirbt.

Die Frage ist, wohin die Entwicklung zukünftig gehen wird. Wird sich der ausgefranste Saum des Lebens ausweiten, weil Ärzte versuchen werden, uns um jeden Preis am Leben zu erhalten? Oder wird er kürzer, weil Ärzte mithilfe von Vorsorgemaßnahmen Krankheiten, Gebrechen und Behinderungen vorbeugen können, sodass wir länger gesund bleiben, bis wir schließlich schnell sterben?

Vor hundert Jahren war die Situation eine völlig andere. Damals waren Krankheiten und deren Komplikationen kaum an das Alter gebunden. Jeder war davon betroffen. Mittlerweile sind die ersten vierzig bis fünfzig Lebensjahre praktisch «leer gefegt»; der größte Teil der Krankheitslast ist komprimiert und an das Lebensende verschoben worden. Das durchschnittliche Sterbealter hat sich stark erhöht und liegt heute bei ca. fünfundachtzig Jahren. Ungefähr in diesem Alter – in einer Spanne von zwanzig Jahren davor und danach – stirbt fast jeder. Der amerikanische Arzt James Fries prophezeite 1980, dass sich das menschliche Sterben durch ärztliche Vorbeugemaßnahmen zukünftig auf eine viel kürzere Phase konzentrieren werde und sich der ausgefranste Saum des Lebens auf ein Minimum zurückdrängen lasse. Wir würden also künftig in einem genetisch vorprogrammierten Alter sterben. Diese überaus rosige Prognose wird heute unter der Flagge des *Healthy Ageing* von vielen begrüßt. Doch die bisher vorliegenden Beobachtungen zum menschlichen Lebenslauf stimmen hiermit nicht überein. Krankheit wird nicht vermieden; sie ist Ausdruck des Alterungsprozesses. Chronische Schäden, Komplikationen und Alltagseinschränkungen werden allerdings hinausgezögert. Die Zeitspanne unseres ausgefransten Lebenssaums ist schon lange konstant und verschiebt sich ebenso wie das Sterbealter mit einer Geschwindigkeit von zwei bis drei Jahren pro Jahrzehnt.

Die Idee einer genetisch determinierten Lebensdauer ist wissenschaftlich nicht bewiesen. Es gibt kein evolutionäres Programm für das Altern, kein Programm für den Tod. Übereinstimmend damit lässt sich beobachten, dass die durchschnittliche Lebensdauer und das Höchststerbealter ständig steigen. Es sind zufällig entstehende körperliche Defekte, die entscheiden, wie schnell wir altern, das Zusammenspiel unserer genetischen Anlagen und der Umgebung, in der wir leben. Die Geschwindigkeit, in der wir altern, entscheidet über den Sterbezeitpunkt eines jeden von uns. In dieser Hinsicht bestehen ziemlich große Unterschiede. Natürlich muss man sich seinen Vater und seine Mutter gut auswählen, um die richtigen Gene abzubekommen. Und natürlich kann man selbst Einfluss darauf nehmen, indem man mit seinem Körper nicht unnötig Raubbau treibt. Aber davon abgesehen ist es auch eine Frage von Glück.

Mit Fadenwürmern hat man, wie bereits erwähnt, wunderbare Experimente durchgeführt. Diese sind zum einen genetisch identisch, wie eineiige Zwillinge, zum anderen werden sie im Labor unter strikt standardisierten Bedingungen gezüchtet. Daher würde man erwarten, dass die Würmer unter diesen konstanten Gegebenheiten innerhalb einer kurzen Phase im gleichen Alter sterben – denn schließlich sind ja alle Lebensbedingungen gleich. Doch das ist nicht der Fall. Die Experimente zeigten, dass es in Bezug auf den Sterbezeitpunkt der Würmer eine beträchtliche Streuung gab. Der Zeitraum vom Tod des ersten bis zum Tod des letzten Wurms umfasste ein Drittel bis die Hälfte ihrer Lebensspanne. Das spricht nicht für das Vorhandensein eines genetisch determinierten Mechanismus für das Lebensende. In einem weiteren Versuch wurde die Streuung des Sterbezeitpunkts mit der Streuung bei einer genetischen Variante der Würmer verglichen, die im Durchschnitt doppelt so lang lebt. Die Streuung des Sterbealters in Bezug auf die Lebensspanne blieb auch hier gleich.

Die Experimente mit Fadenwürmern verdeutlichen, wie unwahrscheinlich es ist, den Moment des Sterbens auf einen bestimmten Zeitpunkt im Lebenslauf reduzieren zu können. Die Ergebnisse bestätigen vielmehr, dass sich die Schäden nach und nach anhäufen, bis sie schließlich zum Tode führen. Zufällig entstehende Unterschiede – Bingo! – spielen eine große Rolle. Unser Einfluss auf den Zeitpunkt des Sterbens ist jedoch gering. Bei Würmern lässt sich das Tempo, in dem bleibende Schäden entstehen, «einfach» drosseln und das durchschnittliche Alter, in dem diese auftreten, auf einen späteren Zeitpunkt im Leben verschieben. Und genau das lässt sich auch beim Menschen beobachten.

# 11

## DIE QUALITÄT UNSERES DASEINS AUS EINER ANDEREN PERSPEKTIVE

• • •

Aktiv und gesund alt werden!
So lautet das neue Credo der westlichen Welt.
Aber wie gelingt uns das und wie gestalten wir unser längeres Leben? Wenn wir wissen wollen, was «gesund» genau bedeutet, nutzt uns die veraltete Definition der Weltgesundheitsbehörde wenig. Wichtig ist vor allem, wie ältere Menschen selbst ihre Gesundheit einschätzen und ihre Lebensqualität beurteilen. Studien belegen, dass für das Wohlbefinden soziale Kontakte entscheidend sind und es unerlässlich ist, sich fortwährend an die jeweiligen Lebensumstände anzupassen, auch an den körperlichen und geistigen Abbau. Ältere Menschen, denen das gelingt, werden erfolgreich alt. In den Niederlanden bewerten Hochbetagte das Leben mit einer 8, also mit «gut», was bedeutet, dass die meisten alten Menschen mit Rückschlägen, Krankheiten und Gebrechen umgehen können.

Anders als vor ein paar Jahren, als Überalterung als das große Zeitproblem diskutiert wurde, tragen Berichte, Konferenzen und Forschungsprogramme heute positiv klingende Titel wie «Lang sollen wir leben», «Erfolgreich älter werden» oder «Healthy Ageing». Das «Problem» der Überalterung ist noch nicht gelöst. Auch wenn die neuen Formulierungen Tatkraft und Weitsicht suggerieren, steht den Politikern und Verantwortlichen das Wasser bis zum Hals.

Wie sieht die Situation aus? In einer Zeit, in der fast jeder in den westlichen Staaten (irgendwann) das Rentenalter erreicht und sich die Lebensspanne danach weiter ausdehnt, steigt der graue Druck unaufhaltsam. Nicht länger darf ignoriert werden, dass immer mehr Menschen immer älter werden. Das macht eine Neuordnung unserer Gesellschaft unumgänglich, und dennoch werden die notwendigen Veränderungen systematisch aufgeschoben. Bis vor kurzem hielt man eine solche Neuordnung für nicht wirklich erforderlich, da der Lebensabend vieler Bürger leicht zu finanzieren war. Die seit 2008 veränderte Wirtschaftslage hat jedoch alles kräftig durcheinandergewirbelt und deutlich werden lassen, wie dringend ein nachhaltiger Wandel geboten ist. Die steigende Zahl älterer Menschen und der entsprechend wachsende Pflegebedarf verlangen einen völlig neuen Einsatz öffentlicher und privater Mittel.

Um dieses Umdenken weiter voranzutreiben, sprechen die Meinungsführer nun nicht mehr von «Problemen», sondern von

«Herausforderungen» oder «Chancen» – und vermeiden es tunlichst, für alte Menschen oder das Alter negative Bezeichnungen zu verwenden. Die Europäische Kommission tritt stark dafür ein, den demografischen Wandel ernst zu nehmen. Danach heißt es jetzt in Europa: «Aktiv und gesund älter werden.» Durch den Anstieg der Lebenserwartung erhöht sich in fast allen Ländern das Durchschnittsalter, wobei dieses stark vom Bevölkerungsaufbau abhängt: Wie ist die Verteilung zwischen Jung und Alt? Und die Verteilung ist wiederum abhängig von der (abnehmenden) Zahl Neugeborener sowie vom Saldo zwischen der Zahl der Menschen, die in ein Land einwandern, und der Zahl derer, die es verlassen. Von allen Kontinenten ist der Altersdurchschnitt in Europa am höchsten. Deutschland und Italien nehmen da die Spitzenplätze ein (mit dabei ist Japan).

Längst nicht alle Bürger sind davon überzeugt, dass die Vergreisung «nur Chancen bietet». Mehr und mehr Menschen sind über den positiven Tenor, in dem diese politisch brisante Diskussion geführt wird, zunehmend verärgert. Sie erleben am eigenen Körper oder Geist, bei Partnern oder Freunden, dass Altern seinen Tribut fordert. Die Aussicht, womöglich sehr alt zu werden, beunruhigt sie oder bedrückt sie sogar zuweilen, aus dem einfachen Grund, dass die negativen Schilderungen des Alterns die positiven Aspekte in den Hintergrund drängen. Dass unsere Eltern und Großeltern in den vergangenen hundert Jahren gelernt haben, immer länger gesund zu leben, ist eine großartige Leistung. Unsere Herausforderung besteht heute darin, zu lernen, wie wir dieses länger andauernde Leben gestalten. Daher sollten wir viel öfter als bisher miteinander darüber sprechen, wie wir das Leben in hohem Alter zu etwas Schönem machen können. Und warum sollten wir uns dafür nicht bei den Alten und Hochbetagten selbst umhören, um so an der Quelle Inspiration zu finden?

## Die Qualität unseres Daseins

### Was ist eigentlich gesund?

Meinungsführer und Entscheidungsträger verstehen unter «erfolgreich alt sein» etwas völlig anderes als Ärzte und Forscher. Und die Betroffenen haben davon wiederum eine andere Vorstellung. Erfolg lässt sich vielfältig definieren. Eine mögliche Interpretation wäre, ihn als eine Art Qualitätssiegel der körperlichen und geistigen Konstitution zu betrachten. «Erfolgreich alt sein» bezeichnet dann den besten Gesundheitszustand, den man in einem gewissen Alter erreichen kann. Seit 1948 existiert eine Definition der WHO, die Gesundheit sowohl als die Abwesenheit körperlicher, geistiger und sozialer Gebrechen als auch einen Zustand des Wohlbefindens charakterisiert. Das Positive an dieser weit gefassten Definition ist, dass sie unter Gesundheit mehr subsumiert als die Abwesenheit körperlicher Krankheiten und Gebrechen. Für die Zeit unmittelbar nach dem Zweiten Weltkrieg war das eine revolutionäre Sichtweise. Man ist nur dann gesund, wenn man sich wohlfühlt und durch den Alterungsprozess keine Gebrechen entstanden sind. Ganz allgemein geht es dabei also um diejenigen, die für ihr Alter gut dastehen. Das sind nur einige wenige, eine Elite, die von ihren Eltern eine hohe Regenerationsfähigkeit geerbt und gesund gelebt hat oder einfach Glück hatte. Auf sie bezieht sich vermutlich der bekannte Slogan: «Jeder will alt werden, aber niemand will es sein.» Dieser Erfolg ist allerdings nur wenigen vergönnt.

Die Verfechter der Doktrin «Gesund alt werden» nehmen das Streben nach Gesundheit wörtlich. Aber das Bemühen, Krankheiten und Gebrechen bis ins höchste Alter zu verhindern, um «gesund alt zu werden», stellt sich für den durchschnittlichen älteren Menschen als deprimierendes Unterfangen dar. Denn der überwiegenden Mehrheit von ihnen steckt bereits die eine oder andere chronische Krankheit in den Gliedern, sodass sie diesem Anspruch nie gerecht werden können. Was sich im Englischen noch nett anhört – *healthy ageing* –, erweist sich im Niederländischen, genau wie im Deutschen, als unsinnig. Man kann nicht «gesund altern». Das Motto «Gesund alt werden» vermittelt eine falsche Vorstellung. Durch Interventionen können wir den Alterungsprozess zwar verlangsamen, aber Schäden können dadurch nicht verhindert werden; sie werden bloß ein paar Jahre aufgeschoben, sodass wir länger gesund bleiben.

Viele Menschen, die alt sind, fühlen sich nicht alt – das ist eine zweite Interpretationsmöglichkeit der Formulierung «erfolgreich alt sein». Wenn sie gefragt werden, ob sie sich alt fühlen, reagieren einige wie von der Tarantel gestochen. Selbst in hohem Alter möchten sie sich keinesfalls als alt oder krank bezeichnen und verweisen sofort auf ihre Nachbarin: «Schauen Sie sich die einmal an. Die ist alt und kann nicht mehr gehen!» Daher steht in dieser zweiten Interpretationsperspektive die Anpassung an den Alterungsprozess im Vordergrund. In Kapitel 10 haben wir gesehen, wie weit Krankheiten und Gebrechen und die Wahrnehmung des eigenen Gesundheitszustands auseinanderklaffen können. Zwei Drittel der älteren Niederländer bewerten ihren persönlichen Gesundheitszustand selbst in höchstem Alter als gut bis sehr gut. Weniger als zehn Prozent nehmen die eigene Gesundheit als schlecht oder sehr schlecht wahr. Das ist erstaunlich, weil die meisten älteren Menschen wegen mehrerer Leiden und Gebrechen bei einem Arzt in Behandlung sind. Damit ist die Eigenwahrnehmung des Gesundheitszustands vielleicht ein wichtigeres Kriterium als die Definition der WHO. Für einen Außenstehenden, auch für einen Arzt, bedeutet Kranksein etwas anders als für die Kranken oder Behinderten selbst. In ihrer subjektiven Wahrnehmung verbinden sie ihren Gesundheitszustand viel stärker mit Wohlbefinden und Lebensqualität. Dieses Phänomen bezeichnen Forscher als *Disability-Paradox:* **Man selbst fühlt sich wohl, obwohl der Arzt der Ansicht ist, man sei krank oder behindert.** Viele (junge) Leute sagen, für sie hätte das Leben keinen Sinn mehr, wenn sie ihre restliche Zeit im Rollstuhl verbringen müssten. Doch das entspricht nicht der Realität. Jahr für Jahr werden viele Menschen durch Unfälle und Krankheiten an den Rollstuhl gefesselt. Sie sind wütend, verzweifelt, verdrängen die Situation und werden depressiv, aber letztlich lernen fast alle, sich ein neues Leben, trotz Rollstuhl, aufzubauen. Nur wenige nehmen sich das Leben. Menschen haben ein großes Talent, sich wandelnden Lebensumständen anzupassen, selbst dann, wenn ihr Körper und ihr Gehirn sie im Stich lassen.

Dass die meisten Kranken und Gebrechlichen sich nicht krank oder behindert fühlen und sie sich mit neuen Gegebenheiten arrangieren können, weist darauf hin, dass man Altern aus einem anderen Blickwinkel betrachten kann. In dieser zweiten Perspektive bedeutet «erfolgreich Altern», sich immer wieder den Umständen, also auch dem körperlichen und geistigen Abbau, anzupassen – und sich deshalb nicht alt fühlen zu müssen. Man sollte seinem eigenen Urteil mehr trauen als dem «Qualitätssiegel», das einem Außenstehende, Ärzte und Forscher aufkleben wollen. Im Unterschied zu einem Leugnen von Funktionsverlusten geht diese individuelle Einstellung die Kompensation des körperlichen Abbaus mit Elan, Motivation und Energie an. In dieser Sicht ist der Alterungsprozess kein vielköpfiges Monster, das es um jeden Preis zu bezwingen gilt, sondern eine biologische Tatsache, auf die man sich einstellen und an die man sich anpassen kann.

## Die Leidener 85-plus-Studie

Anpassung im hohen Alter ist das Thema zahlreicher alterswissenschaftlicher Studien. Die Geriatrische Abteilung des Leidener Universitätsklinikums (LUMC) lud alle Einwohner der Stadt Leiden an ihrem fünfundachtzigsten Geburtstag dazu ein, an einer Studie teilzunehmen; die Mitwirkenden wurden im Zeitraum von 1997 bis 2013 wissenschaftlich begleitet. Jeder konnte mitmachen, es gab keine Vorauswahl nach Gesundheitszustand, Leistungsfähigkeit oder Wohnsituation. Um besser zu verstehen, warum ältere Menschen ihre Lebensqualität trotz der Krankheiten und Gebrechen, die sie im Alter entwickeln, weiterhin hoch einschätzen, wurden sie zunächst nach den Definitionskriterien der WHO erfasst. Bei einem Hausbesuch wurden alle Teilnehmer auf ihre körperliche, mentale und soziale Leistungsfähigkeit hin untersucht und es wurde ermittelt, wie hoch sie den Grad ihres Wohlbefindens einschätzen. Daran schlossen sich Tiefeninterviews an: offene, nicht vorstrukturierte Gespräche, in denen Ideen, Beweggründe sowie die Faktoren für Scheitern und Erfolg aus der Perspektive der älteren Menschen zusammengetragen wurden. Auf diese Weise wurden Daten von 599 Teilnehmern erhoben. Da bereits mehr als die Hälfte der Teilnehmer ihren Ehepartner verloren hatte, wirkten doppelt so viele Frauen wie Männer mit. Von den Fünfundachtzigjährigen wohnten mehr als 80 Prozent selbständig, die übrigen lebten in einem Altersheim oder in einer betreuten Seniorenwohnung. Nur eine Minderheit von ihnen hatte eine akademische Ausbildung, wie es in der Zeit, in der diese Generation aufwuchs, üblich gewesen war. Kurzum: Die Fünfundachtzigjährigen in Leiden entsprachen einem Querschnitt durch den allerältesten Teil der niederländischen Bevölkerung.

Bei 20 Prozent der Teilnehmer wurde eine schlechte körperliche Verfassung konstatiert; sie waren bei einer oder mehreren Alltagsverrichtungen auf andere angewiesen. Das betraf vor allem das An- und Auskleiden und das Waschen. Die meisten gaben an, im Alltag nur kleinere Probleme zu haben: Sie wohnten selbständig zu Hause, waren jedoch, etwa für die gröbere Hausarbeit, auf Hilfe angewiesen.

Unter Gesundheit verstanden die meisten Teilnehmer den Erhalt einer Reihe von Grundfähigkeiten wie Sehen, Hören und Gehen sowie das Ausbleiben lebensbedrohlicher Krankheiten wie Krebs. Als Selbstverständlichkeit sahen sie es an, sich im Alter den körperlichen Veränderungen anzupassen – etwa durch die Verlangsamung ihres Tempos. Selbst wenn sie in ihrer Leistungsfähigkeit eingeschränkt waren, ermöglichte ihnen die Akzeptanz ihrer Situation, sich weiterhin wohlzufühlen. Wer bei guter Gesundheit war, schätzte sich glücklich und betrachtete das nicht als persönlichen Erfolg. Viele ergriffen Maßnahmen, um ihre Funktionsfähigkeit im Alltag positiv zu beeinflussen. Sie suchten vorsorglich eine Wohnung in der Nähe ihrer Kinder, veränderten ihr Verhalten, um Risiken zu vermeiden, gaben beispielsweise das Radfahren auf, um sich nicht die Hüfte zu brechen, oder versuchten ihre körperliche Konstitution durch gymnastische Übungen oder die Nutzung eines Hometrainers aufrechtzuerhalten. Eine optimale körperliche Verfassung wurde als kaum erreichbares Ideal erachtet, denn chronische Krankheiten und Gebrechen waren in ihrem Alter nun mal an der Tagesordnung.

Einer der selbständig wohnenden Probanden fand dafür folgende Worte: «Ich bin zwar behindert, aber ich fühle mich gesund!» Er saß im Rollstuhl, seit er mit vierundzwanzig Jahren einen Schlaganfall erlitten hatte. Überall in seiner Wohnung standen Hilfsmittel. Um in Gang zu kommen und das Bett zu machen, brauchte er den ganzen Morgen. Aber er war stolz darauf, alles ohne Unterstützung zu schaffen. Offensichtlich waren für sein Wohlbefinden Akzeptanz und Anpassung entscheidend: «Ja, in meinem Leben bin ich bei einigen Dingen auf andere angewiesen, das kann niemand ändern, aber bei anderen werde ich versuchen, so lange wie möglich selbständig zu bleiben.»

Alle Studienteilnehmer wurden einem Gedächtnistest unterzogen. Etwa 20 Prozent litten wahrscheinlich an Demenz. Bei einigen war diese Diagnose bekannt, andere waren noch nie getestet worden. Drei von fünf Teilnehmern äußerten keine nennenswerten Klagen in Bezug auf ihre psychische Verfassung. Die meisten fürchteten das Nachlassen ihres Gedächtnisses – «Bin ich dement?» –, weil sie Angst hatten, ihre Persönlichkeit zu verlieren. Manche priesen ihre guten mentalen Fähigkeiten, andere waren darum bemüht, diese mithilfe von Gedächtnistraining zu erhalten. Einige Teilnehmer waren traurig und niedergeschlagen, weil sie ihren Partner verloren hatten. Außerdem gab jeder Fünfte auf dem Fragebogen an, unter depressiven Gefühlen zu leiden – was offensichtlich auf Probleme im sozialen Miteinander zurückzuführen war. Auf die Frage nach Einsamkeit antworteten 16 Prozent, sich einsam zu fühlen.

So sagte etwa eine Teilnehmerin: «Sie haben mir den Mund verboten.» Die Betreffende war Witwe, nur zwei ihrer sechs Kinder hatten überlebt. Nachts, wenn sie nicht schlafen konnte, sprach sie mit deren Bildern im Wohnzimmer. Sie war nicht sehr mobil, hatte ständig Schmerzen und saß deshalb meist in ihrer Wohnung. Sie war niedergeschlagen, nicht nur wegen der Schmerzen und des Verlusts ihrer Kinder, sondern vor allem, weil sie anderen nicht erzählen konnte, was in ihr vorging. Sie suchte Unterstützung und Zuneigung, aber niemand wollte ihre Klagen hören. Ihr Sohn hatte zu ihr gesagt: «Mutter, hör doch damit auf, immer nur traurige Geschichten zu erzählen. Ich möchte, dass du glücklich bist.»

Alle Probanden wurden gefragt, welche sozialen Aktivitäten sie unternahmen. Etwa ein Drittel hatte nur ein- oder zweimal pro Woche etwas vor, meistens bekamen sie dann Besuch. Am anderen Ende der Skala war ein Drittel der älteren Menschen in verschiedene soziale Netzwerke eingebunden, sie bekamen sehr regelmäßig Besuch und waren des Öfteren auch selbst unterwegs, sie telefonierten mit Freunden, beteiligten sich an Gesellschaftsspielen und besuchten Vereine und Gottesdienste. Für die meisten Teilnehmer trug ein funktionierendes Sozialleben entscheidend zu ihrem Wohlbefinden bei. Ihre sozialen Kontakte in hohem Alter verdankten sie vor allem Investitionen in jüngeren Jahren – einer Vorsorgemaßnahme gegen Einsamkeit. Der persönliche Charakter und ein Gespür für Gegenseitigkeit waren weitere wichtige Faktoren. Selbst wenn die Anzahl sozialer Aktivitäten gering war, so waren diese Begegnungen doch weiterhin sehr bedeutsam für ihr Selbstwertgefühl.

Ein Ehepaar sagte, sie würden gemeinsam erfolgreich altern. Sie waren sich allerdings nicht sicher, wie es ihnen ginge, wenn einer von ihnen sterben würde. Sie halfen sich gegenseitig beim Gehen, da sie beide nicht mehr gut zu Fuß waren. Er hatte eine besondere Beziehung zu einem Sohn und einem Enkel, die beide an einem psychischen Leiden erkrankt waren. Diese besuchten ihn oft und fanden bei ihm moralische Unterstützung. Seine Frau hatte einen guten Draht zu einem anderen Enkelkind. Gemeinsam hatten sie viele soziale Kontakte und waren in die Nachbarschaft integriert.

Einige der über Fünfundachtzigjährigen waren zwar gut situiert, wohnten in einem schönen Haus mit Garten und hatten zahlreiche soziale Kontakte, betrachteten sich in ihrem Altern aber dennoch nicht als erfolgreich. Eine Frau berichtete, dass nach einem Konflikt jeglicher Kontakt zu ihrer Tochter abgebrochen war. Sie litt ständig unter diesem Verlust, vor dem alle Erfolge ihres Lebens verblassten.

Das Gefühl des Wohlbefindens wurde gemessen, indem man alle Teilnehmer bat, ihrer momentan empfundenen Lebensqualität einen Wert von 1 bis 10 zuzuweisen. Der Durchschnittswert war eine 8. Einige Teilnehmer gaben ihrer Lebensqualität den Wert 1, ganz schlecht, ihnen stand aber eine große Zahl von Teilnehmern gegenüber, die ihr Leben mit einer 10 bewerteten. Für die meisten war Wohlbefinden mehr oder weniger gleichbedeutend mit dem Gefühl, erfolgreich alt zu sein. Es war nicht nur wichtig, sich anzupassen, sondern auch die positiven Dinge, etwa soziale Kontakte, zu würdigen und sich daran zu orientieren, was hinzugewonnen wird, und nicht daran, was verloren geht.

Bemerkenswert war, dass das Gefühl des Wohlbefindens in manchen Fällen stark mit früheren Lebenserfahrungen verknüpft war oder sich bereits auf das künftige Leben nach dem Tod richtete. So sagte ein fünfundachtzigjähriger Witwer nach zweiundsechzig Ehejahren: «Ich danke Gott, dass ich nicht mehr lange warten muss, bis ich meine Frau wiedersehe!» Trotz dieses Verlusts, trotz einiger Umzüge, der damit verbundenen Unruhe und der zunehmenden gesundheitlichen Beschwerden fühlte er sich sehr wohl. Er war unendlich dankbar für die glücklichen Jahre, die er mit seiner Frau hatte verbringen dürfen und hoffte, nach seinem Tod wieder mit ihr zusammen zu sein.

Eine fünfundachtzigjährige Witwe verglich ihre heutige Situation mit ihrer traumatischen Jugend. Aufgrund einer inzestuösen Beziehung zu ihrem Vater hatten Angst und Ohnmacht ihre Kindheit geprägt. Dieser schrecklichen Zeit folgte eine glückliche Ehe, auf die sie mit großer Zufriedenheit zurückblickte. Sie hatte ihr Leben lang in soziale Kontakte zu Verwandten und Freunden investiert. Jetzt, in hohem Alter, genoss sie die Zuneigung ihrer Kinder und Enkelkinder und betrachtete sich als glücklichen

Menschen. Ihr heutiges Wohlbefinden war eng mit den glücklichen Ehejahren verknüpft, die es ihr ermöglicht hatten, über die traurigen Erinnerungen an ihre Kindheit hinwegzukommen. Ihre körperlichen Einschränkungen waren für sie von untergeordneter Bedeutung.

Definiert man «erfolgreich alt sein» als einen Zustand, in dem man physisch, mental und sozial optimal leistungsfähig ist, entsprechen nur zehn Prozent der fünfundachtzigjährigen Leidener Bürger diesem Kriterium. Geschlecht, Familienstand, Einkommen und Bildungsstand wirken sich auf dieses Ergebnis offensichtlich kaum aus. Nach der Definition der WHO ist also nur ein Bruchteil der Fünfundachtzigjährigen im Alter «erfolgreich», und dieser Prozentsatz fällt bei den Bewohnern von Pflegeeinrichtungen noch niedriger aus. Das ist sicherlich alles andere als eine erfreuliche Aussicht. Uns Forscher überraschte dieses Ergebnis jedoch kaum, da wir wussten, dass viele Menschen bereits in diesem Alter einige chronische Leiden und Gebrechen haben.

Allerdings waren wir angenehm davon überrascht, dass die Hälfte der Teilnehmer ihr Wohlbefinden als «gut» oder «sehr gut» beurteilte. Hier machte sich das bereits erwähnte Disability-Paradox bemerkbar: Man selbst fühlt sich wohl, obwohl andere meinen, man sei krank und gebrechlich. In den Tiefeninterviews kam die persönliche positive Bewertung des eigenen Krankheits- beziehungsweise Gesundheitszustands noch stärker zum Ausdruck: Zweiundzwanzig von siebenundzwanzig Teilnehmern beschrieben sich selbst, allein oder in der Gemeinschaft mit anderen, als erfolgreich und waren mit ihrem Leben zufrieden.

Die weitergehende Untersuchung zielte besonders darauf ab, zu begreifen, warum ältere Menschen, die nach der Definition der WHO nicht erfolgreich alt waren, sich dennoch als erfolgreich einschätzten. Zunächst war es wichtig, den Unterschied zwischen einem unabhängigen Leben und einem Leben mit Einschränkungen zu benennen. Mehrere behinderte Teilnehmer bestanden darauf, ihre Angelegenheiten gut selbst regeln zu können. Dass ihnen das nur mit Mühe oder mit professioneller Hilfe gelang, tat für sie nichts zur Sache. Andere Probanden waren im Alltag eher wegen eingefahrener Rollenmuster als wegen körperlicher oder mentaler Gebrechen von anderen abhängig. Alleinstehende Männer etwa waren bei der Haushaltsführung oft nur aufgrund ihrer Unerfahrenheit «gehandicapt». Und Witwen waren nicht selten «abhängig», weil früher ihr verstorbener Ehemann «immer alles für sie geregelt hatte». Schließlich spielte bei der Bewältigung des Alltags auch das direkte Lebensumfeld eine Rolle: Mussten sie Treppen steigen oder konnten sie einen Aufzug benutzen, gab es Einkaufsmöglichkeiten in der Nähe? Hindernisse im Umfeld machten einige Teilnehmer von anderen abhängig.

Auffallend war, dass sich einige demenzkranke Teilnehmer wohlfühlten und im Alltag dank Unterstützung und Aufsicht von ihren Gedächtnisstörungen wenig beeinträchtigt waren. Viele ältere Menschen unterschieden ebenso nicht eindeutig zwischen den Möglichkeiten und Einschränkungen ihrer körperlichen oder mentalen Verfassung.

Körper und Geist waren wichtig, aber nur, soweit sie es ermöglichten, sich auf dem gewünschten sozialen Niveau bewegen zu können. Körperliche und geistige Einschränkungen wurden als unvermeidliche Verluste des Alterns erfahren. Als problematisch erwies sich des Öfteren der umgekehrte Fall: Ältere Menschen, die körperlich und geistig noch in guter Verfassung waren, fühlten sich aufgrund von Konflikten in ihrem Umfeld unglücklich. Ältere Menschen verbuchten die Kontakte zu Freunden und Verwandten als ihr eigenes Verdienst, als einen Gewinn aus ihren früheren sozialen Investitionen als Vater, Mutter, Familienmitglied, Freund, Nachbar oder Kollege. Die Qualität der Kontakte war ihnen daher auch wichtiger als deren Quantität, so wie viele vorhandene Kontakte nicht den einen verlorenen Kontakt aufwiegen konnten.

Die Definition der WHO spiegelt vor allem wider, wie Forscher, Ärzte und Entscheidungsträger Gesundheit sehen und was sie aus professioneller Perspektive bei der Beurteilung des Gesundheitszustands für relevant halten. Wie schon gezeigt, stimmt ihre Betrachtungsweise oft nicht mit der persönlichen Sicht der alten Menschen überein. Ältere Menschen stellen die Aspekte, die Außenstehende als bedeutsam erachten, nicht in Abrede, aber sie gewichten sie anders.

Die WHO-Definition geht beispielsweise davon aus, dass den verschiedenen Bereichen der Alltagsbewältigung und des Wohlbefindens das gleiche Gewicht zukommt, während sie aus Sicht der Älteren in einem hierarchischen Verhältnis zueinanderstehen. Für die meisten wird die Lebensqualität im Alter sowohl durch soziale Kontakte als auch durch Wohlbefinden geprägt. Ob sie mit körperlichen und geistigen Einschränkungen zu kämpfen haben oder nicht, fällt dabei weniger ins Gewicht. Denn das gehört für sie zum «normalen» Altern. Deshalb betonen sie, wie wichtig die Anpassung an die jeweiligen Lebensumstände ist, um das vorrangige Ziel, sich wohlzufühlen, zu erreichen. Um sich erfolgreich alt zu fühlen, muss man mit Verlusten und Einschränkungen umgehen und sie in sein Leben integrieren können. Ältere Menschen verweisen ständig auf ihre persönliche Lebensgeschichte und Ereignisse in ihrer unmittelbaren Umgebung. Wem es gelingt, sich den gegebenen persönlichen Umständen besser anzupassen, der fühlt sich im Alter erfolgreicher.

Eine von Außenstehenden getroffene objektive Bewertung des Wohlbefindens oder der Qualität und Quantität der sozialen Kontakte bietet keine Grundlage für die Beurteilung des Erfolgs oder Scheiterns im Alter. Das Einzige, was zählt, ist das Urteil, das die Betroffenen selbst fällen.

## Eine Note fürs Leben

Der Begriff «Lebensqualität» ist jüngeren Datums als die WHO-Gesundheitsdefinition aus dem Jahr 1948. Er wurde von Wissenschaftlern geprägt, die das subjektive Gefühl des Wohlbefindens von dem eingeschränkten Begriff von Krankheit, den Ärzte und Forscher damals verwendeten, unterscheiden wollten.

Was die WHO zu einer erweiterten Gesundheitsdefinition zusammengefügt hatte, wurde damit wieder voneinander getrennt. Lebensqualität umfasst viele Aspekte, und in einem Fragebogen lässt sich jeder einzelne detailliert abfragen. Dabei ergeben sich jedoch auch unvermeidlich Probleme. Welche Aspekte soll man erfassen und welche Bedeutung kommt ihnen zu? Es ist evident, dass für alte Menschen gute soziale Kontakte an erster Stelle stehen, aber in jüngeren Jahren waren ihnen vielleicht andere Dinge wie Ansehen, Sex oder Geld wichtig gewesen. Für kranke Menschen sieht es sowieso wieder ganz anders aus. Bei Patienten mit chronischen Lungenerkrankungen dürfen Fragen nach dem Gefühl der Kurzatmigkeit nicht fehlen. Und bei Menschen mit Krebs müssen Fragen nach Schmerzen in den Fragebogen aufgenommen werden. Diese Beispiele führen das wirkliche Problem vor Augen.

Ärzte und Forscher versuchen, sich möglichst gut in die Probanden hineinzuversetzen; sie glauben, auf diese Weise einen sinnvollen Fragebogen zur Erfassung von Gesundheit, Krankheit und Lebensqualität erstellen zu können. Doch die von ihnen getroffene Auswahl an Fragen ist nach wie vor das Ergebnis professioneller Überlegungen, die nicht die Sicht der Betroffenen selbst im Fokus hat. Ob jung, alt oder krank, jeder findet in seinem Leben etwas anderes wichtig. Daher plädieren einige Wissenschaftler dafür, die Befragten selbst die Aspekte benennen zu lassen, die für ihr Wohlbefinden entscheidend sind. Diese Aspekte sind nicht nur bei jedem Einzelnen anders, sie können sich auch bei ein und derselben Person im Lauf der Zeit ändern. Was in jungen Jahren, als man noch alleinstehend war und am Beginn seiner Karriere stand, Bedeutung hatte, spielt später, wenn man einen Partner gefunden und eventuell Kinder hat, womöglich keine so große Rolle mehr.

Wenn sich die Aspekte, die das Wohlbefinden des einzelnen Menschen ausmachen, so stark voneinander unterscheiden und sich zudem verändern können, scheint die Aufgabe, die Lebensqualität einer Person mithilfe eines Fragebogens zu erfassen, fast zum Scheitern verurteilt zu sein. Wie können wir diese unterschiedlichen Dimensionen angemessen abwägen, um sie mit *einem* Maßstab oder *einer* einzigen Zahl zu erfassen? Die Antwort lautet: Das ist nicht möglich – und daher sollten wir es auch erst gar nicht versuchen. Es ist besser, das Ganze aus verschiedenen Perspektiven anzugehen und die betreffende Person direkt nach ihrer Lebensqualität und deren Bewertung zu befragen. Sie kann dann ein abgewogenes Urteil abgeben und selbst entscheiden, welche Aspekte ihres Wohlbefindens sie wie gewichtet. Je nachdem, ob sie ihr Wohlbefinden hoch oder gering einschätzt, kann der Wissenschaftler nachfragen, was im Besonderen zu diesem Ergebnis beigetragen hat oder woran es zum Wohlbefinden fehlt. Eigentlich tun wir das privat oder im Beruf ganz selbstverständlich, wenn wir mit unseren Kindern, unserem Partner oder mit einem Patienten sprechen. So eröffnet ein Hausarzt oder ein Psychologe beispielsweise das Gespräch oft mit der Frage: «Wie geht es Ihnen?» Wenn die Antwort lautet: «Nicht gut», folgt die Frage: «Woran liegt es?» und «Wie kann ich Ihnen helfen?»

Jemanden offen zu fragen, wie er sein Wohlbefinden einschätzt, ist so naheliegend, dass es merkwürdig erscheint, warum wir es nicht öfter tun. Vielleicht, weil wir die Antwort nicht hören wollen. Viele von uns sind in jungen und mittleren Jahren davon überzeugt, dass die Lebensqualität in hohem Alter schlecht ist, ohne je ältere Menschen dazu befragt zu haben. Zu oft wird das damit begründet, dass es doch allein darauf ankomme, wie man sein eigenes Leben wahrnimmt. Welchen Nutzen sollte man sich also davon versprechen, zu erfahren, wie ältere Menschen ihr Leben sehen? Die Antwort lautet: Sie können uns klarmachen, dass Wohlbefinden in hohem Alter nicht mehr von dem abhängt, was man in seinen jungen und mittleren Jahren wichtig fand, sondern von völlig anderen Dingen.

In Europa wurde eine groß angelegte Studie zum Thema Wohlbefinden durchgeführt, in der nicht nur ältere Menschen befragt wurden. Dabei wurde wiederholt die Frage gestellt: «Wie zufrieden sind Sie heute alles in allem mit dem Leben, das Sie führen?» Die Ergebnisse verblüfften. Den höchsten Wert, was Lebensqualität betrifft, stellte man in Dänemark fest; die Befragten beziffern sie dort durchschnittlich mit 8,5. Dass die Dänen sehr glücklich sind, ist schon lange bekannt, auch wenn wir nicht so genau wissen, woran das liegt. In Italien geben die Befragten ihrem Leben durchschnittlich den Wert 6, in den Niederlanden den Wert 8, in Deutschland 7,1. Es ist eine faszinierende Aufgabe, herauszufinden, worauf die Unterschiede zwischen den einzelnen Ländern beruhen.

Der Rotterdamer «Glücksprofessor» Ruut Veenhoven hat diese Aufgabe zu seiner Profession gemacht. Glück hat nur wenig mit dem Bruttonationaleinkommen eines Landes zu tun. Auch wenn es großer Investitionen bedarf, den Bürgern eine hohe Lebensqualität zu bieten, machen höhere ökonomische Investitionen die Bürger nicht unbedingt glücklicher. Bemerkenswert ist der positive Zusammenhang zwischen einem gut funktionierenden Staatsapparat und dem Maß an Lebensqualität. Das lässt vermuten, dass ein Rechtsstaat, in dem staatliche und soziale Einrichtungen vorhanden sind, wesentlich zur Lebenszufriedenheit beiträgt.

Äußerst bedeutsam ist die Beobachtung, dass innerhalb eines Landes die Einwohner verschiedener Altersgruppen fast immer eine identische Einschätzung abgeben. In Italien bewerten Jung und Alt ihr Leben durchschnittlich mit dem Wert 6 und in den Niederlanden ist es in allen Alterskategorien eine 8. Diese 8 entspricht auch dem Wert, mit dem die Teilnehmer an der Leidener *85-plus-Studie* ihr Leben benoteten. Der einzige Unterschied zwischen den Altersgruppen besteht darin, dass das Wohlbefinden der Fünfzigjährigen eine Spur geringer ausfällt. Die Tatsache, dass ältere Menschen in den Niederlanden ihr Leben mit einer 8 bewerten, lässt den Schluss zu, dass die meisten mit Rückschlägen, Krankheiten und Gebrechen umgehen können. Im höchsten Alter verstärkt sich das Gefühl des Wohlbefindens noch etwas, vielleicht weil ältere Menschen immer besser lernen, mit ihrem Leben zurechtzukommen.

Im Jahr vor dem Tod sinkt die gute Bewertung allerdings ein wenig, doch glücklicherweise tritt dieses Ereignis im Leben immer später ein.

# 12

## VITALITÄT!
## AUCH IN UNSERER GESELLSCHAFT

• • •

Die heutige Altenpflege berücksichtigt zu wenig, dass Menschen unterschiedlich alt werden und ihr kalendarisches Alter nicht immer aussagekräftig ist. Als Richtschnur sind die vier Phasen, die jedes menschliche Leben durchläuft und die zusammen eine neue Lebenstreppe bilden, viel bedeutsamer. Wenn Menschen in Eigenregie leben und Selbstverantwortung übernehmen wollen und es nicht können, so ist das fatal für ihre Vitalität und ihr Wohlbefinden. Daher brauchen wir dringend einen anderen Ansatz in der Altenpflege.

Auf YouTube findet sich ein eindrucksvolles Porträt unseres Lebenslaufs mit dem Titel «100 (from 0 to 100 in 150 seconds)», in dem Amsterdamer laut ihr Alter nennen. In weniger als drei Minuten wird der Betrachter mit Babys, Kindern, Teenagern, Erwachsenen und alten Menschen konfrontiert. Die Jugend gibt sich recht ausgelassen. Ihr folgt eine Schar selbstsicherer Menschen mit strahlendem Lächeln oder nachdenklichem Blick. Was wir in diesem kleinen Film zu sehen bekommen, ist das uralte evolutionäre Programm, das in unseren Genen verankert ist. Für die Entwicklung vom Neugeborenen zum Erwachsenen ist das Programm noch immer angemessen, doch für die Zeit danach greift es zu kurz. Eigentlich gibt es dafür überhaupt noch kein Programm. Deshalb wirken in dem YouTube-Filmchen vor allem die Leute zwischen fünfzig und sechzig ein wenig schwermütiger als die anderen. Vielleicht steckt dahinter die Konfrontation mit einem abbauenden Körper, die bei den heutigen Fünfzigern alles andere als Begeisterung hervorruft. Es wird noch viele Generationen dauern, bis sich unser Körper durch natürliche Selektion an die moderne Umgebung und unser viel längeres Leben angepasst hat.

In dem kleinen Video sieht man jeden der über fünfundsiebzigjährigen Amsterdamer strahlend in die Kamera blicken und stolz sein Alter nennen. Vielleicht hat man in hohem Alter endlich den Mut, sich so zu zeigen, wie man ist. In diesem Alter darf man das, und es wird einem auch zugestanden, weil dann der soziale Umgang etwas freier wird. Wenn Menschen authentischer werden, unterscheiden sie sich auch stärker voneinander – besonders in fortgeschrittenem Alter. Jeder hat seine eigene Entwicklung durchlaufen, jeder hat seine Blessuren davongetragen – und danach hat jeder sein Leben ein wenig anders ausgerichtet. Genau das macht die Menschen in hohem Alter zu einzigartigen Persönlichkeiten, die die Last ihrer Jahre mit mehr oder weniger Würde tragen. Bei Bauwerken und Gebrauchsgegenständen finden wir es reizvoll, wenn der Zahn der Zeit seine Spuren hinterlassen hat. «Man kann ihm ansehen, dass es viel mitgemacht hat.» Alte Menschen können durch ihre Lebenshaltung ähnlich eindrucksvoll wirken. «So möchte ich auch alt werden!» Dabei stört es den Betrachter nicht, dass hier und da etwas nicht ganz in Ordnung ist.

Menschen unterscheiden sich nicht nur darin, in welchem Tempo das Alter zuschlägt – manch einer altert viel schneller als ein anderer –, auch die Erscheinungsformen, in denen sich das Altern manifestiert, können sehr verschieden sein. Der eine verliert seinen Verstand, sieht aber noch blendend aus; der andere wird im wahrsten Sinne des Wortes hinfällig, ist geistig aber noch hellwach. Und außerdem spielt es natürlich eine Rolle, wie man sein Leben lebt.

Da wir so unterschiedlich altern, ist es erstaunlich, dass sich so viele Vorschriften am kalendarischen Alter orientieren – als ob wir mit fünfundfünfzig, fünfundsechzig oder fünfundsiebzig alle gleich wären. Wir sprechen ebenso in einem fort von *der* Altenpflege und gehen dabei stillschweigend davon aus, dass alle darunter das Gleiche verstehen. Das Gegenteil ist der Fall: *Die* Altenpflege gibt es nicht. Und hier geht es um mehr als um ein Wortgeplänkel. Wie sollen wir unser Zusammenleben gut organisieren, wenn wir nicht in der Lage sind, eindeutig zu definieren, was wir unter Altenpflege verstehen.

Obwohl Einsetzen und Entwicklung des Alterungsprozesses jeweils sehr unterschiedlich ausfallen können, lassen sich grundsätzlich eine Reihe von Stadien unterscheiden, die jeder Mensch durchläuft. Je genauer diese Stadien beschrieben werden, desto besser kann sich die Gesellschaft auf die immer länger währende Lebenszeit einstellen. Ich unterteile den menschlichen Alterungsprozess in vier Phasen: Vorsorge, Multimorbidität, Gebrechlichkeit und Abhängigkeit. Sie sind nichts anderes als die Stufen der Lebenstreppe – eine strukturierte, chronologische Einteilung vom Auf- und Niedergang des Menschen – allerdings losgelöst von der kalendarischen Lebenszeit und stark angepasst an die glücklichen Bedingungen, unter denen wir heute leben. Nach wie vor unverändert ist dagegen der zugrunde liegende Alterungsmechanismus, der zu Krankheit, Gebrechen, Behinderungen und letztlich zum Tod führt.

Teilweise stimmen diese Stufen der neuen Lebenstreppe mit dem Gesundheitsverständnis der Medizin überein. Doch ihre Abgrenzung wird – entsprechend des erweiterten Gesundheitsbegriffs, den ältere Menschen selbst verwenden und in dem das eigene Wohlbefinden einen wichtigen Platz einnimmt – ebenfalls stark von dem Ziel bestimmt, das Menschen zu einem bestimmten Zeitpunkt ihres Lebens vor Augen haben. Ihr Wohlbefinden ist, wie bereits dargestellt, mit der Qualität ihrer sozialen Beziehungen und ihres Lebensumfelds verknüpft. Medizinische Probleme spielen dabei nicht die Hauptrolle.

## Die neue Lebenstreppe

Vorsorge prägt die erste Stufe der neuen Lebenstreppe. Sie setzt bei oder sogar vor der Geburt ein und ist bei Weitem die längste Etappe. Mittlerweile weiß man viel über die Risikofaktoren, die das Tempo des Alterungsprozesses beschleunigen, und über die Schutzfaktoren, die diesen Prozess hinauszögern können. Für die Verhaltensweisen, die es uns ermöglichen, länger gesund zu bleiben, sind wir in erster Linie selbst verantwortlich. Man sitzt, isst und raucht, oder man läuft, treibt Sport und trinkt in Maßen. Trotz aller Aufklärung sind viele noch unzureichend darüber informiert, was gute und schlechte Gewohnheiten bei ihnen bewirken können. Und darin schließe ich auch die positiven

Auswirkungen auf den Gemütszustand ein. Regelmäßige Anstrengungen tragen zu unserem Wohlbefinden bei. Unmäßiger Alkoholkonsum bewirkt das Gegenteil.

In einer Welt des Überflusses sind viele von uns nicht in der Lage, ihre eigene Gesundheit bis ins hohe Alter zu erhalten. Sie werden von Menschen bedrängt, die aus reiner Gewinnsucht ihr Verhalten manipulieren. Kinder und Jugendliche werden von alkoholischen Getränken, Zigaretten und Fast Food abhängig gemacht. Und sind sie erst einmal süchtig danach, fällt es ihnen ausgesprochen schwer, diese Gewohnheiten wieder aufzugeben, was ganz im Sinne dieser speziell auf Jugendliche abzielenden Kampagnen ist. Sie sind ein Beispiel dafür, wie das ökonomische Interesse einiger weniger die Oberhand über ein höheres, öffentliches Interesse – die langfristige Erhaltung der Gesundheit – gewinnen kann. In dieser Hinsicht geht es in der heutigen Zeit nicht anders zu als früher. Von der von Profitgier motivierten Kinderarbeit zu Beginn der Industriellen Revolution sprechen wir heute mit Empörung. Man muss sich allerdings die Frage stellen, ob die derzeitige Situation denn wesentlich anders ist. Dieser Konflikt zwischen dem einzelnen Bürger und Unternehmen sollte Grund genug dafür sein, im öffentlichen Bereich der Vorsorge Priorität einzuräumen. Dass die Verantwortung für die Vorsorge allein in der Hand jedes Einzelnen liege, ist eine krasse Verkennung der tatsächlichen Lage.

Für den Lebensbeginn gibt es Beratungsstellen, Wochenbettbetreuung und Impfprogramme; hier ist alles bis ins kleinste Detail geregelt. Diese Vorsorge in den ersten Lebensjahren ist unentbehrlich, doch sie genügt nicht. Die ersten Jahre zu überleben, ist heute nicht mehr das Problem; die Herausforderung unserer Zeit liegt darin, Körper und Geist bis ins Erwachsenenalter und darüber hinaus gut zu entwickeln. So kann man etwa am Gewicht der Kinder erkennen, ob sie sich falsch ernähren und zu wenig bewegen. Hieraus ergibt sich eine gewaltige öffentliche Aufgabe. Wenn man die Treppe in einem Gebäude nicht finden kann, nimmt man selbstverständlich den Lift. Fast Food, das billiger als frisches Gemüse ist, passt besser in ein knappes Haushaltsbudget.

Noch schlimmer ist es um die öffentliche Agenda zur geistigen Bildung unserer Kinder bestellt. Wenn wir uns weiterhin auf die möglichst schnelle Aneignung spezieller Kenntnisse fokussieren, erzeugen wir gesellschaftlich gesehen nur Halbbildung. Anders als früher ist es heute völlig unzureichend, Kindern eine einmalige Berufsausbildung zu ermöglichen. Wir müssen ihnen für ihr Leben eine andere Ausstattung mitgeben. Am wichtigsten ist es, ihnen klarzumachen, dass sie eines Tages Hundertjährige sein werden und selbst die Verantwortung dafür tragen, ihr Leben daraufhin auszurichten. Das erfordert eine neuen Sichtweise – «Alt ist nicht out, alt ist in» –, natürlich auch für das eigene Leben. Wir müssen unsere Kinder darauf vorbereiten, ein Leben lang zu lernen, um formell und informell an der Gesellschaft teilhaben zu können. Daher sollten wir der Förderung ihrer sozialen Kompetenzen, die sie vor allem in ihren jungen Jahren erwerben und bis in hohe Alter nutzen werden, mehr Aufmerksamkeit widmen.

Eine Agenda zur Vorsorge für ein hohes Alter gibt es noch nicht, sie muss von Grund auf entwickelt werden. Es existieren so gut wie keine Initiativen zur Gesundheitsförderung älterer Menschen. Sicher, man kann sich gegen die Grippe impfen lassen. Aber warum gibt es kein effektives Screening- und Interventionsprogramm gegen hohen Blutdruck? Grob geschätzt, bleibt die Hälfte aller Fälle von hohem Blutdruck unerkannt. Und von den Fällen, in denen man hohen Blutdruck diagnostiziert, wird nur die Hälfte auf ein normales Niveau gesenkt. Das ist wahrlich kein Resultat, auf das man stolz sein kann. Heutzutage können Ärzte medikamentös bei jedem für einen normalen Blutdruck sorgen. Dass das nicht geschieht, ist deshalb so bitter, weil wir heute nicht nur wissen, welche Schäden ein hoher Blutdruck im mittleren Alter an den Blutgefäßen von Herz und Nieren anrichten kann, sondern weil er auch das Demenzrisiko mehr als verdoppelt.

Gegen das sich epidemieartig ausbreitende Übergewicht und das viele Sitzen sollten wir ernsthaft vorgehen. Viele Menschen sind der Meinung, in ihrem fortgeschrittenen Alter endlich einen

Anspruch auf ein ruhiges Leben zu haben. Ein sitzender Lebensstil ist womöglich sehr verlockend, kommt uns aber auf lange Sicht teuer zu stehen. Wir alle haben Lust auf Essen und Komfort, das ist ein wesentlicher Bestandteil unseres evolutionären Fitnessprogramms. Aber aufgrund des heutigen Überflusses kämpfen wir mit Übergewicht, und es ist offensichtlich, dass wir uns der Auswüchse erwehren müssen.

Die Analyse dieser unerfreulichen Situation ist simpel. Niemand sieht sich für diese Vorsorgeagenda moralisch in der Verantwortung. Außerdem verdienen sich viele an unseren ungesunden Gewohnheiten und den sich daraus ergebenden Komplikationen eine goldene Nase. Daher werden gerade in sozioökonomisch benachteiligten Bevölkerungsgruppen Chancen an gesundheitlichem Zugewinn verspielt. Aufgrund des Mangels an moralischer Verantwortungsübernahme sind wir noch meilenweit von einer Situation entfernt, in der wir Vorsorgemaßnahmen ergreifen würden, um Gesundheit im weiteren Sinne zu fördern: In der wir uns nicht nur medizinisch bemühen, gesundheitliche Probleme zu vermeiden, sondern auch Vorsorge treffen, um sozialen Problemen vorzubeugen.

Ein Beispiel kann deutlich machen, warum das so wichtig ist: Ältere Menschen mit einem schwachen sozialen Netzwerk haben ein höheres Sterberisiko als Raucher, obwohl Rauchen als einer der größten Risikofaktoren für Krankheit und Sterben gilt. Zu einem gesunden Lebensstil gehört es, in die Familie, in Freundschaften und soziale Kontakte zu investieren, um in hohem Alter nicht allein dazustehen. Und das nicht nur, weil sonst die Länge unserer Lebensspanne in Gefahr geriete, sondern weil es auch nicht angenehm ist, ohne ein Miteinander alt zu werden.

Es ist uns nicht besonders gegeben, diese Vorsorgemaßnahmen eigenständig zu treffen, denn die Sorge um das Leben im hohen Alter ist nicht in unseren Genen verankert; zudem sind viele von uns oftmals nicht ausreichend informiert. Gesundheitsdienstleister haben oft kein unmittelbares Interesse daran und gehen dieser Herausforderung gern aus dem Weg. Es liegt vor allem in der öffentlichen Verantwortung, diese Vorsorge zu gestalten. Wenn es uns gelingen würde, die zusätzlichen gesunden Jahre in – bezahlte oder unbezahlte – gesellschaftliche Teilhabe zu investieren, wären auch die vermeintlichen Probleme der Vergreisung weitgehend gelöst.

Auf der zweiten Stufe der neuen Lebenstreppe kommt es – dank der Vorsorgemaßnahmen später als eigentlich zu erwarten wäre – zu körperlichen und psychischen Beschwerden. Irgendwann geht man dann zum Arzt. Der klopft und horcht ab, macht Aufnahmen und stellt eine Diagnose. Im Durchschnitt können die Ärzte bei 65 Prozent der Fünfundsechzigjährigen zwei oder mehr chronische Krankheiten feststellen, und im Alter von fünfundachtzig liegt bei 85 Prozent der Patienten «Multimorbidität» vor – ein modernes Wort für mehrere gleichzeitig auftretende Erkrankungen. Fast immer handelt es sich dabei um chronische, aufgrund des Alterungsprozesses (derzeit noch) irreversible Erkrankungen. Anders als bei einem Unfall, bei dem das Opfer einen Zyklus von Verletzung, Operation, Regeneration und vollständiger Gesundung durchläuft, hat eine chronische Erkrankung kein Ende. Bei Emphysem-Patienten lässt die Lungenfunktion kontinuierlich nach, bei einer Verkalkung der Herzkranzschlagader wird die Herzfunktion fortlaufend schwächer, durch Osteoporose werden die Knochen immer brüchiger. Kurzum: Bei den ersten Anzeichen einer chronischen Erkrankung gilt es, körperliche oder geistige Komplikationen durch frühzeitiges Eingreifen möglichst lange hinauszuzögern.

Der derzeitige Gesundheitsapparat wurde für Unfälle und plötzlich auftretende Krankheiten bei Menschen entwickelt, die davor mehr oder weniger gesund waren. Er ist darauf eingestellt, einzelne Probleme möglichst effizient zu lösen und den Patienten danach aus seiner Obhut in die Selbständigkeit zu entlassen. Die spezialisierte Medizin versteht sich sehr gut darauf, einzelne Krankheiten zu behandeln, wodurch sich die Heilungsaussichten der Patienten entscheidend verbessert haben. Die erfolgreiche Bekämpfung von Herz- und Gefäßerkrankungen haben wir bereits erwähnt. Nun, da sich die pathogenen, also krankmachenden Bakterien in der Magenwand mit Antibiotika behandeln lassen, sind Magengeschwüre so gut wie verschwunden. Auch für die Hodgkin'sche Krankheit (Lymphdrüsenkrebs) kann mittlerweile aufgrund einer ausgeklügelten Kombination von Bestrahlung und Chemotherapie eine wesentlich günstigere Prognose gestellt werden. Dank der modernen Inhalationstherapie nehmen Asthmaerkrankungen meist einen milden Verlauf. Und so gibt es noch viele weitere Beispiele für diesen wahren Triumph medizinischer Heilkunst. Er verliert allerdings etwas von seinem Glanz, wenn man sich ansieht, wie schlecht ältere Patienten mit mehreren gleichzeitig auftretenden Krankheiten behandelt und wie unzureichend sie dabei unterstützt werden. Die Medizin und die Gesellschaft sind auf solche Fälle kaum eingestellt.

Die Probleme sind vielfältiger Natur. Ältere Menschen, die an mehreren unterschiedlichen Krankheiten leiden, werden systematisch aus wissenschaftlichen Studien ausgeschlossen. Dafür gibt es keinen guten Grund, außer der selbstverständlichen Orientierung an jungen oder zumindest jüngeren Probanden. Im englischsprachigen Raum bezeichnet man diese Haltung als *Ageism* – als Altersdiskriminierung. Sie hat zur Folge, dass uns zur optimalen Behandlung der meisten Patienten, die heute beim Hausarzt oder im Krankenhaus vorstellig werden, keinerlei oder nur unzureichende wissenschaftliche Erkenntnisse zur Verfügung stehen. Stattdessen führt die spezialisierte Medizin zu einem Wirrwarr nicht aufeinander abgestimmter Vorgehensweisen. Die meisten älteren Menschen müssen mit einer langen Liste von Arztterminen und einer großen Pillenschachtel zurechtkommen. Viel öfter, als uns lieb ist, haben die eingeschlagenen Behandlungsstrategien und die verordneten Medikamente ungünstige Wechselwirkungen. Eine weniger spezialisierte Behandlung ist gesundheitlich oft vorteilhafter! Die Notwendigkeit, die Behandlung der Patienten zu koordinieren und aufeinander abzustimmen, wächst und lässt die Zahl von Pflegekoordinatoren explosionsartig anwachsen. Da aber jeder von ihnen wiederum für ein eigenes Problem zuständig ist, denken manche Entscheidungsträger schon über eine Abstimmung zwischen den jeweiligen Koordinatoren nach, um die Lage entscheidend zu verbessern...

Ein stärkerer Einsatz desselben Instrumentariums trägt jedoch nicht dazu bei, die komplexen Herausforderungen bei älteren Patienten mit mehreren (chronischen) Erkrankungen in den Griff zu bekommen. Im Kern besteht das Problem darin, dass der derzeitige medizinische Apparat noch an den Krankheitsbildern der Vergangenheit orientiert ist. Um die heutigen Patienten mit ihren komplexen Erkrankungen angemessen behandeln zu können, müsste ein neuer Weg eingeschlagen werden. Die derzeitige Einteilung der Medizin nach einzelnen Organen und Krankheiten muss weitgehend aufgehoben werden. Allgemeinmedizinische Kenntnisse müssen wieder als höchste Kunst gelten. Die vielschichtige Problematik verschiedener gleichzeitig auftretender Krankheiten ist im hohen Alter schließlich Normalität.

Wer sollte sich berufen fühlen, die Agenda, die sich aus der Multimorbidität ergibt, neu anzugehen? Eigentlich jeder; Ärzte, Pflegekräfte und medizintechnische Fachkräfte sollten den Inhalt ihres Fachs jeweils überdenken. Krankenhausleitungen werden Stationen und Ambulanzen entsprechend anpassen müssen. Pflegeversicherer und Entscheidungsträger müssen sich klarmachen, dass ein auf spezialisierte Eingriffe zugeschnittenes Vergütungssystem einer umfassenderen Behandlung der komplexen Probleme älterer Menschen im Wege steht. Das derzeitige System halst Patienten zu viele separate Vor-, Haupt- und Nachbehandlungen auf, die unnötige Therapien und hohe gesellschaftliche Kosten verursachen. Dem Staat fällt nun die Aufgabe zu, durch die Verlagerung von (finanziellen) Anreizen Veränderungen im Gesundheitswesen zu ermöglichen. Die Initiative liegt derzeit viel zu sehr bei den Pflegeanbietern, deren Interesse, ihr inhaltliches Angebot zu überdenken, noch zu wenig ausgeprägt ist. Da sich das System nicht von selbst wandelt, müssen die älteren Menschen mit dazu beitragen, die notwendigen Veränderungen zu erzwingen. Sie sind es, die das Fehlen einer umfassenden medizinischen Betreuung zu spüren bekommen, sie haben das moralische Recht auf ihrer Seite und sie werden die Ersten sein, die von den Verbesserungen profitieren.

Die nächste Stufe der neuen Lebenstreppe ist erreicht, wenn ein alter Mensch durch mehrere zusammenwirkende Krankheitsprozesse «gebrechlich» wird. In dieser Lebensphase können sich kleine Störungen schnell zu Katastrophen auswachsen. Darum ist es wichtig, die Gebrechlichkeit älterer Menschen in einem frühen Stadium zu erkennen und medizintechnische Maßnahmen nur mit größter Zurückhaltung zu ergreifen. Vorsorge zielt gewöhnlich darauf ab, Krankheiten vorzubeugen. Sind diese bereits aufgetreten, müssen mithilfe einer geeigneten Behandlung chronische Komplikationen verhindert oder hinausgezögert werden. Bei gebrechlichen älteren Menschen liegt das Augenmerk jedoch vor allem darauf, ihre Handlungsfähigkeit im Alltag zu gewährleisten.

Eine fünfundachtzigjährige Frau mit einer umfangreichen medizinischen Vorgeschichte erfährt, dass sie Krebs hat. Der Facharzt schlägt ihr eine Operation und Chemotherapie vor. Eine vollständige Genesung ist nicht mehr möglich. Weil die Behandlung den Krankheitsprozess möglicherweise verlangsamt, stimmt die Patientin ihr dennoch zu. Es treten Komplikationen auf und die Frau verbringt die letzten Monate ihres Lebens in einem Krankenhausbett. War es wirklich das, was sie wollte?

Die Option, auf eine Behandlung zu verzichten, wird von Ärzten zu selten vorgeschlagen. Viel zu oft wird, wider besseres Wissen, ein Plan weiterverfolgt, der auf die Heilung des Patienten abzielt. Es liegt in der Verantwortung der Fachärzte, einmal auszusprechen, dass in manchen Fällen von einem medizinischen Eingriff nur ein minimaler Effekt zu erwarten ist. Mediziner sollten sich viel stärker, als sie es derzeit tun, vor Augen führen, dass ihre Aufgabe in erster Linie darin besteht, gebrechliche ältere Patienten zu *begleiten*. Viele Fachärzte denken, nicht mehr zuständig zu sein, wenn eine spezielle (medizinische) Behandlung nicht möglich ist oder nicht durchgeführt wird. Aber mit Rehabilitation, Anpassungsmaßnahmen und entsprechender Begleitung kann man hervorragend auf die Einschränkungen und Gebrechen älterer Menschen eingehen und ihnen dabei helfen, länger in ihrer eigenen Umgebung zurechtzukommen.

Gerade bei gebrechlichen älteren Menschen wird sich das medizinische Handeln daran orientieren müssen, ihre Gesundheit im weiteren Sinn zu optimieren. Dazu ist es hilfreich, wenn sie ihre persönlichen Ziele formulieren können. Dabei kommt dem Hausarzt eine wichtige Rolle zu, er kann gemeinsam mit dem Patienten explizite Entscheidungen treffen. Der Hausarzt kann zur Auffassung gelangen, spezielle Eingriffe und Behandlungen nicht durchzuführen und die Konstitution und das Wohlbefinden des Patienten auf andere Weise zu erhalten. Auf jeden Fall muss die Stellung des Hausarztes als «Leibarzt des Patienten» in Zukunft gestärkt werden.

In Kapitel 8 habe ich darauf hingewiesen, dass es keine einfache Aufgabe ist, gebrechliche Patienten als solche zu erkennen. Daher wird es auch nicht leicht sein, unerwartete Nebenwirkungen medizinischer Eingriffe zu vermeiden. Doch das entlässt die im Gesundheitswesen Tätigen nicht aus der Pflicht, diesem Thema größere Aufmerksamkeit zu schenken. Wie man Kinder nicht als kleine Erwachsene betrachten kann, sollte man gebrechliche alte Menschen nicht als gesunde Erwachsene ansehen, die zufällig grauhaarig sind.

Die vierte und letzte Stufe der neuen Lebenstreppe ist die Stufe der Abhängigkeit. Oft handelt es sich hierbei um ältere Menschen, die unter mehreren invalidisierenden Gebrechen oder Demenz leiden. In dieser Phase ist ein Netzwerk persönlicher Betreuer und professioneller Pflegekräfte aktiv. Alte Menschen drohen in dieser Phase in eine Situation zu geraten, in der sie die Regie über ihr eigenes Leben verlieren. Daher ist es so wichtig, dass Nahestehende für sie eintreten können, dass es also Personen gibt, die im Notfall an ihrer Stelle entscheiden können. Ältere sind dafür verantwortlich, einer Person ihres Vertrauens eine Vorsorgevollmacht zu erteilen, solange sie dazu noch gut imstande sind. So können sie dafür sorgen, dass klipp und klar ist, wer für sie sprechen darf, wenn sie selbst nicht mehr dazu in der Lage sind. Die Lebensqualität bildet den Maßstab, die Lebensdauer tritt in den Hintergrund. Ziel ist es, ihr Wohlbefinden zu steigern und nicht, ihr Sterben hinauszuzögern.

Zwei Drittel aller Ärzte in den Niederlanden sind der Auffassung, dass Menschen in ihrem letzten Lebensabschnitt länger weiterbehandelt werden, als es wünschenswert ist. Die Empfehlung, eine Behandlung einzustellen, widerspricht dem, was sie in ihrer medizinischen, ganz auf Lebenserhaltung ausgerichteten Ausbildung gelernt haben. Ärzte schätzen die Erfolgschancen von Therapien systematisch zu hoch ein. Dadurch vermittelt sich den Patienten der Eindruck, die Medizin habe für alles eine Lösung. So halten Ärzte und Patienten sich gegenseitig in der Illusion gefangen, das Leben sei beherrschbar. Bei einer medizinischen Behandlung sollte die Aussicht bestehen, dass die Betroffenen davon profitieren. Bei abhängigen älteren Patienten ist daher eine andere Haltung vonnöten.

In den Niederlanden kann die Diskussion über das Lebensende glücklicherweise öffentlich geführt werden. Wenn zwischen Arzt und Patient eine gute Kommunikation besteht, kann medizinisch sinnloses Handeln rechtzeitig eingestellt werden. In manchen Fällen rückt der Tod dadurch näher, weil man nicht um jeden Preis darum ringt, das Leben zu verlängern. Da durch den Verzicht auf eine Behandlung auch die Nebenwirkungen des medizinischen Eingriffs vermieden werden, fühlen sich die Betroffenen wohler. In dieser letzten Lebensphase sollte sich der Arzt nicht so sehr als Heilender verstehen, sondern im Hintergrund verfügbar sein, um auftretende Symptome wie Schmerz, Atemnot und Angst durch Gespräche, Beistand und Medikamente zu mildern.

In der Phase der Abhängigkeit steht das Wohlbefinden nicht mehr in Beziehung zu einer spezifischen Erkrankung. In dieser Zeit geht es in erster Linie um eine adäquate menschliche Fürsorge. Wie viel professionelle Pflege abhängige alte Menschen brauchen, hängt natürlich in erster Linie von ihrer eigenen physischen und psychischen Konstitution ab, von den Menschen, die ihnen Beistand leisten können, und von ihrem engeren Umfeld. Die meisten Menschen wollen ihr Leben am liebsten zu Hause beschließen. Eine Aufnahme in ein Pflegeheim lässt sich allerdings nicht immer vermeiden. Sie wird von vielen alten Menschen als Katastrophe angesehen. Es stellt sich die Frage, warum das so ist. Natürlich haben die Betroffenen Angst vor dem nahenden Ende, aber vielleicht decken sich ihre Erwartungen nicht damit, was ihnen ein Pflegeheim zu bieten hat. Es kling paradox, aber gerade in dieser Phase der Abhängigkeit, in der man sein Lebensende schon vor Augen hat, ist es wichtiger denn je, die Regie in der eigenen Hand oder der eines nahestehenden Menschen zu wissen. Sind die Pflegekräfte im Pflegeheim denn in ausreichendem Maße dazu bereit, den Bewohnern zuzuhören und ihren Wünschen entgegenzukommen? Ich denke, dass Pflegekräfte in der Langzeitpflege noch zu oft in einem medizinisch-technischen Korsett arbeiten und ihr eigenes Fachwissen zu wenig einsetzen. Auf diese Weise tun sie, ohne es zu wollen, Dinge, von denen die (gebrechlichen) alten Menschen nicht profitieren.

## Optimismus und Lebenslust

In der Geriatrie wird oft gesagt, dass wir nicht dem Leben mehr Jahre, sondern den Jahren mehr Lebensqualität abgewinnen sollten. Das ist ein fragwürdiger Appell. Ich glaube, dass jeder länger leben möchte, solange eine gute Lebensqualität besteht. Für diese Lebensqualität ist man jedoch in erster Linie selbst verantwortlich. Die Medizin kann die Voraussetzungen dafür schaffen, indem sie Körper und Geist länger in guter Verfassung erhält, doch letztlich müssen ältere Menschen selbst die Quellen finden, aus denen sie ihr Wohlbefinden schöpfen. Sie müssen sich fragen, wofür sie leben und was sie erreichen wollen. Wenn ihnen diese Dinge klar vor Augen stehen, können sie auch in hohem Alter noch ihre eigenen Ziele verfolgen. Altersphänomene verlieren dann an Bedeutung. Damit unterscheidet sich das

Leben in hohem Alter nicht gravierend von dem Leben in jungen oder mittleren Jahren. Jeder Mensch hat persönliche Ambitionen, bei deren Realisierung es zu Schwierigkeiten, Behinderungen und Rückschlägen kommen kann. Die Kunst besteht darin, diese zu meistern oder zu umschiffen. Zum Glück sind wir daraufhin evolutionär selektiert worden. Würden wir schon beim ersten Gegenwind die Segel streichen, hätte es unsere Gattung wohl nie so weit gebracht. Was sich im Alter ändert, ist nur die Art der Ambitionen und der Rückschläge. Während uns in jüngeren Jahren vor allem unsere gesellschaftliche Position und materielle Mittel wichtig sind, pflegen wir in fortgeschrittenem Alter, trotz Krankheit und Gebrechen, vor allem unsere sozialen Beziehungen. Zum Glück haben wir bis dahin eine Menge vom Leben gelernt. Daher schätzen die meisten älteren Menschen ihre Lebensqualität als hoch oder sehr hoch ein.

Man hat bei Menschen, deren Lebenseinstellung bereits in mittlerem Alter erforscht worden war, eine Folgestudie durchgeführt. Eine Erkrankung in hohem Alter nahm bei Patienten, die in ihren mittleren Jahren eine optimistischere Lebenseinstellung hatten, einen günstigeren Verlauf als bei Patienten, die früher eher pessimistisch waren. Optimisten starben seltener nach einem Herzinfarkt, erholten sich schneller und erreichten nach der Rehabilitation ein höheres Leistungsniveau. Anscheinend hält man seinen Körper durch eine optimistische Lebenseinstellung länger gesund. Aber auch das Umgekehrte trifft offenbar zu: «In einem gesunden Körper herrscht ein optimistischer Geist.» In den Familien der Leidener *Lang Leven Studie* zeigt sich, dass die Nachkommen von Eltern, die überdurchschnittlich alt geworden waren, einen positiveren Blick auf das Leben hatten als ihre Partner.

Sozialwissenschaftler haben Vitalität als eine wichtige Eigenschaft benannt, um sich in hohem Alter glücklich zu fühlen. Vitalität ist die Fähigkeit, sich voll zu entfalten und alles aus dem Leben herauszuholen, was es zu bieten hat. Dieser Wille, etwas aus seinem Leben zu machen, erfordert Motivation und Selbstreflexion: «Was will ich?» und «Wo soll mich mein Weg hinführen?» Um in diese Dinge zu investieren, braucht es eine positive

Einstellung und Energie, aber auch Elan und die Fähigkeit, Rückschläge zu verkraften. Es bedarf eines (etwas zu) positiven Blicks auf das eigene Können – Optimismus –, um seine Ambitionen erfolgreich umzusetzen. Für einige Menschen stellt das eine kaum zu bewältigende Herausforderung dar. Vitalität – oder Lebenslust – ist eine angeborene Eigenschaft, die ihre Grundlage im evolutionären Fitnessprogramm hat. Sie reift in der Kindheit und der Adoleszenz heran und wird durch die Erfahrungen im Lauf des menschlichen Lebens weiterentwickelt. Wie bei anderen biologischen Phänomenen geht es hier neben *Nature* auch um *Nurture* – den Einfluss der Eltern und der Umgebung. Vitalität ist auch ein Abwägen zwischen Möglichem und Unmöglichem, ein Lavieren zwischen eigener Kraft und fremder Hilfe. Nichts ist frustrierender, als Zielen nachzujagen, die im Grunde unerreichbar sind. Man muss seine Ambitionen der Situation anpassen können und dann die selbst gesetzten Ziele realisieren. In hohem Alter gelingt das immer besser, weil wir inzwischen aus unserer Erfahrung schöpfen können.

Apathie, das Gegenteil von Vitalität, wird von Psychiatern als ein Motivationsmangel definiert, der auf eine psychische Störung zurückgeht. Apathie ist keine Depression, auch wenn sie Ähnlichkeiten damit hat. Depressive Menschen leiden charakteristischerweise unter Niedergeschlagenheit. Apathische Menschen sind davon weniger beeinträchtigt, wie folgendes Beispiel zeigt. Ein Ehepaar, beide hoch in den Siebzigern, kam zu mir in die Sprechstunde. Die Frau ergriff sofort das Wort: «Früher hatte er eine anstrengende Arbeit, aber heute bringt er gar nichts mehr zustande. Er sitzt auf dem Sofa und lässt die Dinge einfach geschehen. Ich mache mir Sorgen, ob er etwa ernsthaft krank ist.» Ich fragte ihren Mann, was er über die Auslassungen seiner Frau dachte. Er schaute mich an und antwortete zögernd: «Ich habe kein Problem, sie glaubt, dass ich ein Problem habe», und zeigte dabei auf seine Ehefrau. Anscheinend verspürte er keinen Leidensdruck. Häufig sind es eher die Menschen im Umfeld, die sich Gedanken machen, wenn es im Alter zu starken Charakterveränderungen kommt.

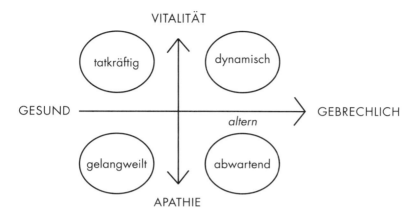

Manche Teenager sind apathisch und hängen nur herum. Andere sind dermaßen lebenslustig, dass man schon vom bloßen Zusehen müde wird. Vitalität ist also nicht an ein bestimmtes Alter gebunden und unabhängig von Geschlecht, Bildungsstand und sozioökonomischer Schicht. In jeder Gruppe finden sich Vitalität und Apathie in ihren extremsten Formen. In der oben dargestellten Grafik wird der auf der horizontalen Achse von links nach rechts abgebildete biologische Alterungsprozess zur Vitalität der Lebenshaltung auf der vertikalen Achse in Beziehung gesetzt. Biologischer Alterungsprozess und Grad der Vitalität sind weitgehend unabhängig voneinander. Das scheint selbstverständlich zu sein, ist es aber nicht. Häufig wird unterstellt, dass die beiden Variablen zueinander in Korrelation stehen. Viele – Ärzte und Forscher nicht ausgenommen – gehen aber zu Unrecht davon aus, dass eine Verlangsamung des Alterungsprozesses und die Vermeidung von Krankheiten und Komplikationen unmittelbar zum Wohlbefinden beitragen. Diese Sichtweise, die das Leben ausschließlich aus medizinisch-technischer Perspektive betrachtet, wird als Medikalisierung bezeichnet.

Die horizontale Achse, die den Alterungsprozess abbildet, weist auf die öffentliche Verantwortung hin; hier müssen professionelle Kräfte die Initiative für Vorsorge und Fürsorge ergreifen.

Die vertikale Achse repräsentiert die Verantwortung jedes Einzelnen, die eigenen Lebensziele zu verfolgen. Wenn ältere Menschen sozialen Kontakten große Bedeutung beimessen und dabei das Heft selbst in der Hand behalten wollen, sollten Nahestehende und professionelle Helfer sie darin unterstützen. Lebensqualität, Wohlbefinden und Glücksgefühle entstehen, wenn man sein Leben vital anpackt und die eigenen Möglichkeiten nutzt. Der Alterungsprozess, die gesundheitliche Konstitution sowie Krankheit und Gebrechen spielen dabei ebenfalls eine Rolle, denn sie entscheiden über die körperliche und geistige Leistungsfähigkeit und damit darüber, was an Aktivitäten im Alltag möglich ist. Doch in der Regel können sich Menschen auch gut auf eine geringe Leistungsfähigkeit einstellen, außer in ihrem letzten Lebensjahr, wenn die durchschnittliche Zufriedenheit mit dem eigenen Leben abnimmt.

Unser heutiges Denken über den Anstieg der Lebenserwartung orientiert sich noch zu sehr an der Vorbeugung und Heilung von Krankheiten und Gebrechen; der Handlungsfähigkeit älterer (gebrechlicher) Menschen im Alltag und ihrem Wohlbefinden schenkt es dagegen zu wenig Beachtung. Deshalb stimmen die in der Altenpflege verfolgten Ziele nicht immer mit den Vorstellungen der Betroffenen überein. Anstatt sich nur mit der Frage zu befassen, wie wir länger gesund bleiben können, sollten sich professionelle Helfer der Frage zuwenden, wie ältere Menschen dazu angeregt werden können, mit den Problemen, vor die sie das Älterwerden stellt, vital umzugehen. Der Begleitung älterer Menschen und der Ermutigung, trotz Krankheiten und Gebrechen weiterhin sozial aktiv zu bleiben, wird noch viel zu wenig Aufmerksamkeit gewidmet. Soziale Aktivitäten ermöglichen es Älteren, ihr Wohlbefinden zu erhalten. Nahestehende, persönliche Betreuer und Mitarbeiter in der Altenpflege sollten sie dazu stimulieren, trotz ihres hohen Alters und trotz ihrer geringeren körperlichen oder geistigen Handlungsfähigkeit weiterhin ihre Träume zu verfolgen, ihre Ambitionen zu pflegen und realistische Ziele zu verwirklichen.

Als Beispiel aus meinem eigenen Umfeld möchte ich einen neunundachtzigjährigen Nachbarn erwähnen, der zwei Häuser weiter wohnt. Von Jugend an hat er als Stahlarbeiter auf einer Werft gearbeitet. Begeistert konnte er von der Zeit erzählen, als er sich für die Gewerkschaft engagierte und auf die Barrikaden gegangen war, um die gebührende Anerkennung für die Arbeiter zu erkämpfen. Mit Ende fünfzig wurde er in Frührente geschickt. Seine Frau und er erkannten schnell, dass sie etwas tun mussten, um ihr Leben als Rentnerpaar sinnvoll und abwechslungsreich zu gestalten. Er suchte den Kontakt zu einem am Ort ansässigen Künstler, der vom Zen-Buddhismus inspiriert war.

Bei ihm lernte er das Malen. Als die Hände meines Nachbarn zu zittern anfingen und er sein Hobby nicht mehr ausüben konnte, ging er zu anderen Kunstformen über. Und so entstand eine lange Reihe von Haikus. Als er neunundachtzig war, wurde ein Teil seiner Arbeiten in einer kleinen Ausstellung der Öffentlichkeit vorgestellt.

Diese neuen Vorstellungen von Vitalität und Alter erfordern ein ähnliches Umdenken, wie es in der Kulturanthropologie bereits stattgefunden hat. Bis in die Fünfziger- und Sechzigerjahre haben Anthropologen versucht, das menschliche Verhalten von ihren eigenen Normen und Werten her zu verstehen und zu erklären. Diese Sichtweise von außen wird als etische Perspektive bezeichnet. Der Standpunkt der WHO zur Gesundheit ist ein gutes Beispiel für eine solche etische Verfahrensweise: Eine Kommission legt für andere fest, was unter Gesundheit zu verstehen ist. In der Anthropologie verwarf man später dieses Vorgehen zugunsten einer Methode, die die Perspektive der erforschten Gruppe berücksichtigt. In der sogenannten emischen Perspektive legt der Wissenschaftler nicht seinen eigenen Bezugsrahmen an seinen Untersuchungsgegenstand an, sondern nimmt die Sichtweise der Menschen ein, die er erforscht. Ein solches Erklärungsmodell geht also vom soziokulturellen Umfeld, in dem die Menschen leben, und den persönlichen Normen und Werten des Einzelnen aus.

Wenn wir die emische Perspektive in der Altenpflege einnehmen wollen, wird die Begegnung zwischen einem Pflegemitarbeiter und einem älteren Menschen mit einem gleichberechtigten Dialog beginnen müssen. In ihm muss der Ältere die Möglichkeit haben, seine Wünsche und Erwartungen zu formulieren. Der professionelle Helfer wird sich auf diesen Erfahrungshorizont einstellen müssen, um die Probleme seines Gegenübers zu verstehen. Erst wenn ihm das gelingt, kann er für den Klienten hilfreich sein: «Wie kann ich Ihnen helfen?» Wenn eine medizinische Behandlung erwogen wird, muss dieser Dialog selbstverständlich fortgeführt werden. Es ist wichtig, dass eine solche Behandlung für den Patienten nicht nur effektiv ist, sondern von ihm akzeptiert und mitgetragen wird. Das erfordert einen gemeinsamen Entscheidungsprozess von Arzt und Patient, der mitunter zu Antworten führen kann, die im Konflikt zu den heutigen medizinischen Auffassungen oder den geltenden Standards stehen. Studien zu solchen gemeinsamen Entscheidungsprozessen belegen, dass sich Arzt und Patient häufiger für weniger eingreifende Behandlungsformen entscheiden, als es die Richtlinien vorgeben. Und nicht alle Probleme älterer Menschen erfordern auch medizinische Maßnahmen (wobei es natürlich vorkommt, dass Ärzte und Patienten gelegentlich über das normale Maß hinausgehen wollen).

Für die Altenpflege muss ein anderer Maßstab angelegt werden. Die Stimme der alten Menschen muss künftig viel stärker als heute die Richtung für eine notwendige Neustrukturierung des bestehenden Gesundheitswesens angeben. Der Ausgangspunkt liegt selbstverständlich im eigenen Zuhause, dann kommen Freunde und nächste Angehörige, die Nachbarn und, wenn nötig, der Hausarzt und das Krankenhaus. Heute entwickelt sich die Initiative oft in umgekehrter Richtung. Wir müssen näher an der häuslichen Umgebung, im Wohnviertel ansetzen, um zu verhindern, dass der Hilfsbedarf älterer Menschen medikalisiert wird. Viele ihrer Probleme erfordern eigentlich keine medizinischen Maßnahmen, sondern ein anderes Handeln, mögen auch Krankheiten und Gebrechen im Hintergrund stets eine Rolle spielen. Diese Probleme haben oft mit dem eigenen Wohlbefinden zu tun – und darauf hat die Medizin längst nicht immer eine gute Antwort.

Mit einer gewissen Regelmäßigkeit kommt in der öffentlichen oder professionellen Debatte die Frage auf, ob es denn moralisch vertretbar sei, von (gebrechlichen) älteren Menschen eine vitale Lebenshaltung zu fordern: von ihnen zu erwarten, dass sie sich eigene Ziele setzen und sie selbst verwirklichen. Warum sollten sie nicht apathisch auf dem Sofa sitzen dürfen, wenn ihnen danach der Sinn steht? Andererseits müssen wir uns die Frage stellen, ob die heutige Gesellschaftsordnung es älteren Menschen überhaupt in ausreichendem Maße ermöglicht, vital zu sein. Billigen wir Älteren denn einen vollwertigen Platz in unserer Gesellschaft zu? Werden sie genügend unterstützt und geschätzt?

Für einen vitalen Geist und eine vitale Gesellschaft besteht eine gemeinsame Verantwortung, die wir nur in einem guten Miteinander tragen können. Jedem muss klar werden, wie wichtig es ist, an einer vitalen Lebenshaltung zu arbeiten. Ältere Menschen werden dieses Konzept mit offenen Armen begrüßen, denn es schließt direkt an ihren Wunsch nach Eigenregie und Selbständigkeit an.

## Grau ist nicht Schwarz-Weiß

2013 erschien der Forschungsbericht *Grijs is niet zwart wit* (*Grau ist nicht Schwarz-Weiß*), der eine Übersicht über die Ambitionen älterer Menschen bieten wollte. Der Titel spielt darauf an, dass in den Medien zwar extrem positive und extrem negative Darstellungen des Alters präsent sind, aber nicht die «graue» Mitte, die die Situation der meisten älteren Menschen widerspiegelt. Die Studie präsentiert einen Querschnitt der fünfundfünfzig- bis fünfundachtzigjährigen Niederländer. Der Bericht zeichnet eine optimistische Zukunftsperspektive für ältere Menschen und ihr selbstbestimmtes Engagement. Sie möchten ihr Leben weiterhin selbst gestalten, ob es nun ihre Wohnsituation, ihre Arbeit, die

Pflege oder die sozialen Kontakte betrifft. Fast alle wollen das Ruder selbst in der Hand behalten. Doch gerade wenn es darauf ankommt, fühlen sie sich oft ohnmächtig, weil die bestehenden öffentlichen und privaten Institutionen das nicht zulassen.

Immer mehr ältere Menschen sind beruflich und ehrenamtlich aktiv und produktiv. Gesellschaftliche Partizipation – ob bezahlt oder unbezahlt – spielt für die Sinngebung und die Aufrechterhaltung sozialer Kontakte eine bedeutsame Rolle. Doch für viele ist es nicht selbstverständlich, in hohem Alter noch zu arbeiten. Die überwiegende Mehrheit der heute Berufstätigen über fünfundfünfzig bewertet ein baldiges Ende ihres Berufslebens als positiv. Viele möchten allerdings weiterarbeiten, wenn das zu ihren eigenen Bedingungen – etwa mit einer kürzeren Arbeitszeit oder in einem anderen Bereich – möglich ist. Unter diesen Umständen wären sie auch bereit, eine Einbuße von bis zu einem Viertel ihres Gehalts hinzunehmen. Von den nicht mehr Berufstätigen ist ein Viertel dazu bereit, unter gewissen Bedingungen wieder eine Arbeit aufzunehmen. Dieser Anteil verringert sich natürlich mit zunehmendem Alter. In finanzieller Hinsicht ist das Gefühl der Selbstverantwortung sehr ausgeprägt. Fast die Hälfte der Befragten hat Beratungsbedarf, um Problemen bei drastischen Einkommenseinbußen vorbeugen zu können.

Je älter man wird, desto mehr Verwandte, Freunde und Bekannte sterben. Doch wie die Studie zeigt, sind ältere Menschen im Allgemeinen mit ihren sozialen Kontakten zufrieden. Das Kontaktbedürfnis nimmt mit dem Alter nicht zu. Viele Ältere sind der Ansicht, soziale Kontakte müssten sich spontan ergeben; sie ließen sich, gerade in hohem Alter, nur schwer erzwingen. Die Studie macht auch deutlich, wo die Stärke der älteren Generation liegt. Die überwiegende Mehrheit hat sich über ihre Situation schon häufiger Gedanken gemacht und glaubt, den Verlust des Lebenspartners oder eines nahestehenden Menschen aus eigener Kraft bewältigen zu können.

Fast alle Älteren möchten mehr Verantwortung für die eigene Gesundheit übernehmen. Das spricht für eine stärker persönlich zugeschnittene Pflege, die wahrscheinlich sogar zu besseren Ergebnissen führen würde. Aber den meisten ist nicht klar, wie sie diese Verantwortung wahrnehmen können. Um an dieser Stelle für Konkretheit zu sorgen, haben Wissenschaftler ältere Menschen mit hypothetischen Gesundheitsproblemen konfrontiert. Hierbei wurde deutlich, dass die überwiegende Mehrheit bereit ist, selbst die Initiative zu ergreifen. Sie möchte sich aktiv auf die Suche nach Informationen begeben und ist gewillt, ihren Lebensstil den gesundheitlichen Problemen anzupassen. Dazu gehört, dass notwendige Messungen – zum Beispiel des Blutdrucks – selbst vorgenommen werden. Bemerkenswert ist ebenfalls, dass sie ihre Medikamenteneinnahme selbst in die Hand nehmen möchten, ähnlich wie das mit den Insulingaben bei Diabetes-Patienten üblich ist. Mit zunehmendem Alter trat bei den Befragten dann aber mehr und mehr das Gefühl in den Vordergrund, «ein Anrecht» auf Pflege zu haben. Die Mehrheit der über fünfundsiebzigjährigen Niederländer ist darin noch den alten Mustern verhaftet, in denen sie aufgewachsen sind.

Aus einer Studie mit Fünfundfünfzig- bis Fünfundachtzigjährigen geht hervor, dass die Mehrheit mit ihrer derzeitigen Wohnsituation zufrieden ist und diese am liebsten so lange wie möglich beibehalten möchte. Was die Zukunft anbetrifft, haben sie eine Vielzahl spezieller Wünsche. Gerade in diesem Punkt ist die Eigeninitiative älterer Menschen gefragt, damit sie nicht aufgrund zunehmender physischer oder finanzieller Probleme von einem Tag auf den anderen umziehen müssen. Darüber hat sich erst die Hälfte von ihnen Gedanken gemacht.

Die *grauen* Niederlande befinden sich wie viele vergleichbare Länder in einem Spagat zwischen dem Wunsch nach selbständigem Handeln und dem Zwang dazu. Die ältere Generation wird beginnen müssen, anders über das Leben nachzudenken, damit ein neues Gleichgewicht zwischen der Eigenverantwortung des Einzelnen und dem Angebot an öffentlicher Dienstleistung entstehen kann.

# 13

## DER NEUE LEBENSLAUF

• • •

Obwohl unsere durchschnittliche Lebenserwartung beträchtlich gestiegen ist, haben wir uns gesellschaftlich noch nicht darauf eingestellt. Es wäre besser, wenn wir unsere Lebensgestaltung der erhöhten Lebensdauer anpassen würden. Das würde bedeuten, länger zu arbeiten, gesellschaftlich länger aktiv zu sein und unseren Ruhestand dennoch länger zu genießen, als das unseren Eltern und Großeltern möglich war. Das erfordert ein Umdenken des Einzelnen wie auch der ganzen Gesellschaft: ein vielfältigeres Wohnungsangebot, mehr Arbeit, intensivere Forschung zu Alterserkrankungen und ein stärkeres Eingehen der Dienstleister im sozialen und medizinischen Bereich auf die persönlichen Wünsche ihrer Klienten. Erst diese Maßnahmen werden ältere Menschen in ihrem Bemühen unterstützen, ihr längeres Leben sinnvoll zu gestalten.

Mindestens einmal jährlich meldet eine Pressemitteilung des Zentralen Amts für Statistik: «Die Lebenserwartung der Neugeborenen ist gestiegen.» Die Meldungen unterscheiden sich nur in der Wortwahl. Einmal heißt es, «Sie ist geringfügig gestiegen», dann wieder «Sie ist gestiegen» oder auch «Sie ist stark gestiegen». Offenbar ist nicht jedes Jahr rekordverdächtig. Nach Erscheinen eines solchen Presseberichts rufen fast immer die Medien bei mir an und fragen: «Herr Westendorp, was sagen denn Sie dazu?» Ich antworte: «Dazu gibt's nicht viel zu sagen, außer dass es ein gutes Zeichen ist.» «Aber ...» – fährt der Anrufer nach einem kurzen Zögern fort – «das kann doch so nicht weitergehen?»

Wenn man sich die eigene Situation im Alter vorzustellen versucht, schweifen die Gedanken schnell zu den Eltern, Großeltern und anderen Menschen ab, die für einen in der Vergangenheit wichtig waren. Auf der Grundlage dessen, was sie von sich erzählt haben und was man von ihnen erfahren hat, versucht man sich auszumalen, wie es wohl ist, alt zu werden und alt zu sein. Wer aber nur in die Vergangenheit blickt, schaut in die falsche Richtung. Es geht darum vorauszuschauen.

Können wir nichts von den Menschen lernen, die heute alt sind? Aber sicher. Alte Menschen und ihre Lebensgeschichten sind inspirierend, weil sie nicht nur rückwärts-, sondern auch vorwärtsgewandt sind.

## Fünfundsiebzig ist
## das neue Fünfundsechzig

Das Leben meiner Großeltern, die um 1900 in Twente geboren wurden, verlief nach einem festgefügten Muster: Sie besuchten die Grundschule, gingen dann einer Arbeit nach und hatten einen schönen Lebensabend. So erging es vielen, wenn das Leben es gut mit ihnen meinte. In der Provinz De Achterhoek im Osten der Niederlande ließen sich zu Beginn der Industriellen Revolution Textilbarone nieder. Sie waren auf der Suche nach billigen Arbeitskräften, und die fanden sie in der armen Region zuhauf. Die Baumwolle kam aus Amerika, wurde in Twente zu Stoff gewebt und danach in die ganze Welt verkauft. Meine beiden Großväter waren Weber, einer stand im Dienst «der Herren Jordaan», der andere arbeitete für «die Herren ten Hoopen». Als Unternehmer boten beide Familien den Menschen in diesem Landstrich Arbeit, Lohn und ein Dach über dem Kopf. Man sprach mit Respekt über «die hohen Herren», aber auch mit einer gewissen Geringschätzung. Es ist bemerkenswert, dass diese hohen Herren ihre steigende Lebenserwartung denselben industriellen Aktivitäten zu verdanken hatten wie die Arbeiter.

Die Familien meiner beiden Großeltern wohnten am selben Sandweg. Dort sahen sie alles an sich vorüberziehen: die ersten Autos, den Ersten Weltkrieg, den Zweiten Weltkrieg, aber auch den wachsenden Wohlstand der Fünfzigerjahre. Es kamen Straßenlaternen, Telefon und Fernsehen. Sie arbeiteten hart für ihre Chefs. Wenn es gut lief, bedeutete das fünfundzwanzig, vierzig oder fünfzig Jahre «treuer» Arbeit. Das besagen jedenfalls die Urkunden, die an diese Jubeljahre erinnern.

Einer meiner Großväter hörte 1965 auf zu arbeiten. Er war damals fünfundsechzig, und ihm standen als Belohnung noch etwa zehn Jahre als Rentner bevor. Am Tag seiner Verabschiedung wurde er mit dem Wagen des Direktors von zu Hause abgeholt – eine größere Ehre konnte einem Arbeiter nicht zuteilwerden –, und im Büro verlieh Herr Jordaan ihm eine Auszeichnung. Mit fünfundsechzig Jahren in den Ruhestand zu gehen, ein Meilenstein im Leben, was für ein Glück. Abends gab es ein Fest. Ich erinnere mich an eine Terrasse voller Gäste und Stimmengewirr. Auf dem Sandweg kam die örtliche Blaskapelle in vollem Ornat aus dem Dorf heranmarschiert. Mit Marschmusik begann das Rentnerdasein meines Großvaters. Die Großeltern hatten ein karges Leben geführt. Wie alle Weber besaßen sie ein kleines Stück Land und ein wenig Kleinvieh, um ihre grundlegenden Lebensbedürfnisse zu befriedigen. Für das Alter zu sparen, war ihnen damals nicht möglich gewesen. Aber anders als ihre Eltern gerieten meine Großeltern nicht in Armut und Abhängigkeit. Denn beide erhielten schließlich eine Basisrente nach dem AOW.

Die Niederlande waren bereits ein reiches Land, aber als 1959 in Slochteren Gasvorkommen gefunden wurden, füllte sich unsere Staatskasse aus einer neuen Quelle. Mit diesem Geld nahm der Sozialstaat seinen Anfang. In den Sechziger- und Siebzigerjahren drängten anarchistische Provos und Feministinnen, angestachelt von der Pariser Studentenrevolte, die niederländische Gesellschaft zu einer neuen Sicht eines menschlichen Lebenslaufs. Als neutrale, nicht diskriminierende Bezeichnung für Menschen über fünfundfünfzig wurde der Begriff «Senior» eingeführt. Doch die Hoffnung, die man damit verband, sollte sich schon bald als trügerisch erweisen. Fünfundfünfzig wurde zu dem Alter, in dem Senioren dazu gezwungen oder durch Vorruhestandsregelungen dazu verleitet wurden, sich aus dem Arbeitsprozess zurückzuziehen. Man konnte jetzt ohne Einkommenseinbußen früher aufhören zu arbeiten! Ältere Arbeitnehmer zogen sich unter dem sozialen Druck der «Babyboomer» immer früher aus dem Bereich der sozialen Gesellschaft zurück, um damit Platz für die geburtenstarke Generation zu machen. Um die Jahrtausendwende war das tatsächliche Renteneintrittsalter weit unter sechzig Jahre gesunken.

So haben Geburtenüberschuss und finanzieller Wohlstand nach dem Zweiten Weltkrieg eine Veränderung der Lebensläufe bewirkt, die aus heutiger Sicht nicht mehr wünschenswert erscheint. Durch den frühen Renteneintritt wurde die Phase, in der

Männer und Frauen als vollwertige Mitglieder der Gesellschaft anerkannt werden, entscheidend verkürzt. Unsere «gesellschaftliche Lebenserwartung» sank dadurch stark – immer früher wurden und werden wir für alt erklärt. Fünfundfünfzig ist zum neuen Fünfundsechzig geworden, obwohl unsere biologische Lebenserwartung weiter steigt. Niederländer in fortgeschrittenem Alter sind auch länger fit; die gesunde Lebenserwartung war noch nie so hoch wie heute.

Die Phase, in der wir, erwerbstätig oder nicht, bezahlt oder unbezahlt, zum gesellschaftlichen Nutzen beitragen, muss bald wieder ausgedehnt werden. Wir müssen länger arbeiten und länger gesellschaftlich aktiv sein – und dennoch werden uns mehr Jahre im Ruhestand vergönnt sein als unseren Eltern und Großeltern.

Dieser sich ausdehnende Lebenslauf macht es erforderlich, eine Reihe am Lebensalter orientierter Meilensteine neu zu bewerten. Wir sollten ältere Menschen in der Vorphase des Ruhestands absolut nicht mehr als Senioren bezeichnen. Dieses Etikett führt zu leicht dazu, dass älteren Menschen ihre Stellung als vollwertiges Mitglied im gesellschaftlichen Miteinander aberkannt wird, und es verleitete in jüngster Vergangenheit den Einzelnen dazu, unrealistische Ansprüche zu erheben. Unsere Lebenszeit im Ruhestand übertrifft heute die Zahl der Jahre, für die wir Rente eingezahlt haben. Unsere Probleme mit ihrer Finanzierung lassen sich nur lösen, wenn das Renteneintrittsalter schneller an die verbleibende Lebenserwartung angepasst wird – allerdings nicht allein durch eine allmähliche Verschiebung auf das siebenundsechzigste Lebensjahr. Angesichts einer ständig steigenden Lebenserwartung ist es realistisch, sich mit dem Renteneintrittsalter auf das fünfundsiebzigste Lebensjahr zuzubewegen. Fünfundsiebzig ist das neue Fünfundsechzig!

## Wer ist wofür verantwortlich?

Die Neustrukturierung unseres Lebenslaufs im oben genannten Sinne hat für die Babyboomer einen bitteren Beigeschmack. Schließlich war es diese Nachkriegsgeneration, die im Zuge der ökonomischen Prosperität stark zu einer Verminderung der Lebensarbeitszeit beigetragen hat. Damals mussten die Älteren den Jüngeren weichen, und viele gingen vorzeitig in den Ruhestand. Nun, da die Babyboomer selbst älter geworden sind, bekommen sie dafür die Rechnung präsentiert. Nicht dass es ihnen an Geld fehlen würde – die Einkünfte und das Vermögen der älteren Menschen in den Niederlanden waren noch nie so hoch wie heute –, aber sie werden für die hohen Abgaben verantwortlich gemacht, die zur Finanzierung ihrer Rente benötigt werden. Viele der jüngeren erwerbstätigen Niederländer wollen diese Lasten nicht länger tragen. Die Rollen haben sich verschoben: Genau wie die Babyboomer seinerzeit gegen die ältere Generation in ihren gesicherten Positionen kämpften, werden nun sie von der jüngeren Generation bedrängt.

2012 sorgte das Buch *Mutter, wann stirbst du endlich?* in Deutschland für große Aufregung. Der Titel war ein gut gezielter Schuss, um sich in der Öffentlichkeit Gehör zu verschaffen. In Deutschland gibt es relativ wenige junge und viele alte Menschen, wodurch das Generationenverhältnis belastet wird. Außerdem wird hier die Fürsorge für die Älteren viel stärker auf die Kinder abgewälzt. Wenn die Eltern in fortgeschrittenem Alter ständiger Pflege bedürfen und nicht mehr dazu in der Lage sind, sich selbst darum zu kümmern, werden zunächst die Kinder aufgefordert, für deren Pflege Sorge zu tragen. Die Verpflichtung dazu ist gesetzlich festgeschrieben. Martina Rosenberg, Autorin des Buches und Tochter einer demenzkranken Mutter und eines depressiven Vaters, beschreibt, was sie erlebte, als die Pflege ihrer Eltern auf ihren Schultern ruhte. Sie schildert, wie ruinös sich diese Situation auf ihre Karriere und Gesundheit auswirkte.

Der Wirbel um das Buch war auch in den Niederlanden zu spüren. Unser Land ist zwar nicht so «grau» wie Deutschland und noch sind wir von einem Schrumpfen der Bevölkerungszahl nicht betroffen, doch mit dem Anstieg der Ausgaben für die langfristige medizinische Pflege gewinnt die im Buch beschriebene Problematik auch für uns an Aktualität. Bereits heute wendet in den Niederlanden jeder durchschnittlich 25 Prozent seines Einkommens für die Pflege auf. Das ist die Gesamtsumme dessen, was man an Steuern und Abgaben direkt aus dem eigenen Portemonnaie bezahlt. Ohne ein politisches Umschwenken wird sich diese Summe in den kommenden Jahren bis auf 50 Prozent erhöhen. Rund ein Viertel dieser Kosten geht in die Langzeitpflege. Um einen ausgeglichenen Staatshaushalt zu gewährleisten, die öffentlichen Ausgaben nicht aus dem Ruder laufen zu lassen und um – der wichtigste Grund – finanzielle Mittel für Infrastruktur, Bildung und Kultur erübrigen zu können, wird eifrig nach alternativen Möglichkeiten zur Organisation der Langzeitpflege gesucht.

Inzwischen ist die Langzeitpflege in den Niederlanden stark medikalisiert. Altersheime wurden zu Betreuungsheimen, und Betreuungsheime zu Pflegeheimen. Für bestimmte Gruppen älterer Patienten mit einem unkalkulierbaren spezifischen Pflegebedarf, wie etwa demente alte Menschen, ist das angemessen und selbstverständlich, für Menschen mit einem absehbaren normalen Pflegebedarf im hohen Alter jedoch weniger sinnvoll. Die Trias aus Segregation, Institutionalisierung und Medikalisierung hält alle Parteien fest im Griff. Und dennoch muss sich etwas ändern. Und das ist auch möglich, denn ältere Menschen wollen die Regie über ihr Leben und ihre Selbständigkeit, und Entscheidungsträger wollen der schnell steigenden Kosten Herr werden.

Deshalb ist ein massiver Eingriff in das heutige Pflegesystem notwendig, da sich eine Neuverteilung der Kosten, der Pflichten und der Verantwortung nicht länger aufschieben lässt. Der Staat muss die Verpflichtungen der öffentlichen Hand künftig durch strengere Indikationen zurückfahren. Die Gesamtkosten werden allerdings vorläufig vermutlich nicht sinken, da ältere Menschen zunehmend von staatlich finanzierter Pflege abhängig sein werden. Und das nicht, weil unsere Lebenserwartung steigt, sondern weil die Babyboomer in den kommenden fünfundzwanzig Jahren die alte Generation sein werden. Durch strengere Indikationen verringern sich natürlich weder die Bedürfnisse alter Menschen noch die ihrer Familien oder ihrer pflegenden Angehörigen. Negative Reaktionen der Bürger auf diese Neuverteilung der Verantwortung sind zu erwarten. Reaktionen wie die Frage «Und ich soll das dann alles bezahlen?» sind vorhersehbar. Wie bei der Verarbeitung jedes anderen großen Verlusts, wechseln sich auch hier Gefühle der Leugnung, der Wut und der Niedergeschlagenheit ab. Das neue Gleichgewicht zwischen öffentlicher und privater Verantwortung, für das wir einen gesellschaftlichen Konsens finden müssen, ist noch nicht in Sicht.

Die jüngeren Generationen setzen sich einfach nicht mit den Tatsachen des neuen Lebenslaufs auseinander. Sie hoffen weiterhin, bei guter Gesundheit alt zu werden und dann plötzlich zu sterben. Daher können sie die derzeitigen Probleme nicht verstehen. Kinder, die für ihre alten Eltern sorgen, sind oft überlastet. Aufgrund ihres anstrengenden Alltags ist es ihnen nicht möglich, noch mehr Verpflichtungen zu schultern. Die Sozialpartner verhandeln unentwegt über die Höhe der Abgaben, das Recht auf Rente und den Umfang staatlicher Leistungen. Aber die finanzielle Verantwortung zwischen den Generationen befriedigend zu regeln, ist ihnen noch nicht gelungen. Die meisten Arbeitnehmer machen sich unrealistische Vorstellungen, wann sie in Rente gehen können, und glauben, sie könnten auf die Dauer unabhängig bleiben. Viele alte wie auch junge Menschen werden mutlos und unsicher, weil sie nicht genau wissen, was ihnen bevorsteht. Mehr Aufklärung, Information und gesellschaftliche Diskussion sollten hier für ein Umdenken sorgen.

Manchmal frage ich mich, ob wir uns eigentlich hinreichend bewusst sind, unter welch günstigen Bedingungen wir leben. Allzu oft wird unser Sozialstaat als etwas Selbstverständliches angesehen. Dieser Gewöhnungseffekt bringt es mit sich, dass ältere Menschen zu sehr auf institutionelle Lösungen vertrauen und ihren eigenen Selbstorganisationskräften zu wenig zutrauen. Dies ist umso erstaunlicher, da die Senioren(-Verbände) «Eigenregie» und «Erhalt der Selbständigkeit» als zentrale Werte für sich proklamieren. Wenn jemand für seine Lebensgestaltung immer selbst verantwortlich war, ist es sinnvoll, dass er auch für die Ausgestaltung des letzten Lebensabschnitts in erster Linie die Verantwortung behält. Das muss möglich sein, ohne dabei die Existenzberechtigung älterer Menschen zu gefährden. Aber in diesem Appell an die älteren Menschen liegt auch eine Verantwortung für die Gesellschaft, insbesondere für die jüngere Generation. Sollen wir uns denn für die deutsche Lösung entscheiden und die Fürsorge für die ältere Generation auf deren Kinder abwälzen? Der erste, weitverbreitete Reflex, vor allem bei den Jüngeren, ist persönlicher Abscheu. «Wer will seine Eltern schon unter die Dusche stellen? Ich jedenfalls nicht!» Die Bindung zwischen Kindern und Eltern ist eine tiefe Quelle zwischenmenschlicher Verantwortung, aber sie hat auch ihre Grenzen, und die sind dann erreicht, wenn es darum geht, den Eltern den Hintern zu waschen.

Es ist sehr wichtig, dass die Diskussion über die Verantwortung zwischen den Generationen nicht ins Stocken gerät. Heute verhakt sie sich noch im Disput über Ältere, die zu viel (nicht) wollen, und Jüngere, die zu viel sollen. Oft genug wird die Diskussion von Karikaturen eines «Rundum-sorglos»-Gefühls und eines «Erbarmens mit den gebrechlichen Alten» vergiftet. Manchmal ernten alte Menschen, die vor Vitalität strotzen und völlig selbstverständlich ihr eigenes Leben führen, mitleidige Blicke, in denen die Frage liegt: «Wie lange wird das wohl noch gut gehen?» Aber in den Niederlanden macht nichts den Menschen das Recht streitig, eigene Pläne zu entwickeln, auch dann nicht, wenn sie fünfundsechzig sind und womöglich noch zwanzig Lebensjahre vor sich haben – vierzehn davon ohne Einschränkungen. Es ist befriedigend, seine eigenen Pläne umsetzen und Gestalter seiner eigenen Zukunft sein zu können.

Wissenschaft, Staat und Wirtschaft werden zusammenarbeiten müssen, um die entsprechenden (sozialen) Innovationen zu verwirklichen. So besteht beispielsweise ein Bedarf an einem breit gefächerten Wohnungsangebot für ältere Menschen. Dabei geht es nicht um Luxuswohnungen, in denen alles tipptopp geregelt ist, sondern um Wohnungen, in denen eine ausreichende Betreuung für Menschen mit geringen Einkünften gewährleistet ist. Bisher wurde der Bedarf größtenteils durch das mehr oder weniger standardisierte Angebot an Pflege- und Betreuungsheimen gedeckt. Hier besteht Kooperationsbedarf, um in Bereichen ein angemessenes Angebot zu erarbeiten, in denen heute noch Chancen vertan werden.

Auch der Arbeitsmarkt sollte einer gründlichen Reorganisation unterzogen werden, damit ältere Menschen, die arbeiten wollen oder wegen zu geringer Einkünfte dazu gezwungen sind, ihr Recht auf Arbeit einfordern können. Ein Fulltime-Job bis siebenundsechzig und danach nichts mehr, bietet für diesen Wunsch eine zu dürftige Perspektive. Fort- und Weiterbildungen, Teilzeitstellen und Herabstufungen werden es zukünftig viel mehr älteren Menschen ermöglichen, einer bezahlten Tätigkeit nachzugehen.

In der Medizin müssen Vorsorge und Leistungsfähigkeit älterer Menschen im Zentrum des Forschungs- und Innovationsinteresses stehen. Professionelle Helfer sollten ältere Menschen in ihrem Streben nach Gesundheit und Handlungsfähigkeit im Alltag unterstützen, statt sie zu bevormunden und ihnen die Regie über das eigene Handeln zu nehmen. Die wichtigste Aufgabe besteht allerdings darin, das eigene Organisationsvermögen älterer Menschen zu fördern. Wie kann die Gesellschaft sie so stärken, dass sie ihre Pläne und Vorhaben eigenständig realisieren können? Es ist eine moralische Verpflichtung, gebrechlichen und abhängigen älteren Menschen eine vollwertige Stellung in unserer Gesellschaft zu garantieren, in gleicher Weise, wie wir dieses Recht der Jugend und behinderten Menschen zugestehen.

Die Zeit drängt. In Japan wies Finanzminister Taro Aso darauf hin, welch große Belastung Ältere für den Staatshaushalt darstellten, und forderte seine todkranken Mitbürger auf, sich mit dem Sterben zu beeilen. In Deutschland sind Berichte über Kinder bekannt geworden, die ihren hilfsbedürftigen Eltern eine

«Reise ohne Rückfahrkarte» Richtung Ukraine, Slowakei oder Thailand spendierten, um sie dort pflegen zu lassen. Diese Vorfälle in Japan und Deutschland führen uns quälend vor Augen, wie angreifbar die Position älterer Menschen ist, die sich ganz auf den Staat und die Familie verlassen. Lasst uns selbst entscheiden, wer uns später den Hintern wäscht.

## Ein kleines Gedicht für einen Jubilar

Was sagt man zu seinem Vater, wenn er siebzig wird? Diese Frage stellte mir kürzlich ein enger Kollege. Ich sagte: «Du schreibst, wie immer, ein kleines Gedicht. Es braucht natürlich nicht so pathetisch zu sein wie früher, als du die ersten Verse noch mit einer tiefen Verbeugung rezitiert hast. Es kann nichts schaden, ihn ein bisschen aufzuziehen. Das passt ganz gut zum heutigen Verhältnis der Generationen. Aber dennoch ist Vorsicht geboten. In diesen Alter fühlen sich unsere Väter und Mütter schnell gekränkt.»

Lektion eins: Ältere Menschen haben das Gefühl, sie seien etwas ganz Besonderes, sind es aber nicht. Mittlerweile liegt die Chance, siebzig zu werden, schon bei 80 Prozent.

Ich erinnere mich an ein Telefongespräch mit meiner Mutter vor einigen Jahren. Ich hatte sie ein wenig in die Enge getrieben, worauf sie mir schnippisch antwortete: «Aber ich bin ja auch schon vierundsiebzig!» Frank und frei demonstrierte sie ihre Überlegenheit, und ich sollte nun gefälligst den Mund halten. Es wurde noch schlimmer, als ich erwiderte, dass sie in ihrem Alter doch «eigentlich noch ein junger Hüpfer sei». Meine Erklärung, ihr Alter sei «etwas völlig Normales», kam bei ihr nicht besonders gut an. Und damit war das Gespräch beendet ... Es besteht die Gefahr, dass ältere Menschen sich nur noch mit Gleichaltrigen unterhalten. Dass sie sich einzig gegenseitig bestätigen und blind werden für die Tatsache, nichts Außergewöhnliches zu sein. Also riet ich meinem Kollegen, seinem Vater zu sagen, dass er etwas vollkommen Normales sei.

Das war nicht leicht zu vermitteln, daher schlug ich ihm vor, als Narr aufzutreten. Ein Narr galt bei Hofe als Inkarnation der Wahrheit und der Vernunft. Der Narr durfte sagen, was anderen verboten war. Er spiegelte dem König seine Fehler und seine Schwächen wider und war seinem Herrn durch seine Unabhängigkeit zu Diensten. Kurzum: Das Ziel bestand darin, seinen Vater in seinem Jubeljahr zu entthronen und ihm mit einem Schlag den Zauber des «Schaut-her-ich bin-jetzt-siebzig» zu nehmen.

«Lektion zwei», fuhr ich fort, «besteht darin, ihn herauszufordern. Zeilen wie ‹Papa, was hast du in der nächsten Zeit vor? Wie sehen deine Pläne aus?› eignen sich gut dazu. Viele ältere Menschen erschrecken bei solchen Fragen. Sie sehen einen verzweifelt an und fragen zurück: ‹Wie meinst du das?› Aber du solltest das Thema deinem Vater gegenüber zur Sprache bringen. Denn während er in seinem Geburtsjahr 1943 erwarten konnte, achtzig Jahre alt zu werden, hat sich in seinem heutigen Alter von siebzig Jahren seine verbleibende Lebenserwartung auf fast fünfzehn Jahre erhöht. Vor allem, wenn er nicht geraucht oder rechtzeitig damit aufgehört hat.» Aber seine schreckhafte Reaktion sei ihm natürlich nicht persönlich anzulasten, legte ich meinem Kollegen noch ans Herz. «Denn schließlich ist auch er nur ein Kind seiner Zeit.»

Das brachte mich schließlich zu Lektion drei. «In dem Moment, in dem dein Vater etwas aus der Balance gerät, solltest du dein kleines Gedicht mit den Worten schließen: ‹Papa, denke wie ein Maoist. Der würde mindestens noch drei Fünfjahrespläne erstellen. Mach einen wirklich coolen Plan. Überrasch dich selbst, überrasche uns. Dann haben wir uns etwas zu erzählen, wenn du fünfundachtzig bist.›»

# EIN REZEPT FÜR DIE ZUKUNFT

«Gibt es ein Rezept, alt zu werden, ohne es zu sein?» Diese Frage wird mir häufig gestellt, und jedes Mal fühle ich mich dabei ein bisschen unbehaglich. Ich habe nämlich kein simples Rezept, das die Gebrechen des Alters abwenden, abmildern oder erleichtern könnte. Es gibt keine Wunderpille, und es ist auch nicht anzunehmen, dass je eine entwickelt wird. Die Ursachen der Schäden, die der Alterungsprozess mit sich bringt, sind dafür zu komplex und zu mannigfaltig.

Wie anders lautet dagegen die Botschaft der Anti-Aging-Industrie. Geschickt macht sie sich zunutze, was jeder gern hören möchte: dass man dem Alterungsprozess durch Verwendung ihrer Produkte mühelos vorbeugen oder ihn zumindest verlangsamen könne.

Es gibt zahllose Diäten, von denen «Gurus» behaupten, man bleibe durch ihre Einhaltung jung. Beweise für diese Versprechungen gibt es allerdings nicht. Zum Glück ist die Qualität unserer Nahrungsmittel besser denn je: Sie sind weder verunreinigt noch giftig oder verdorben. Viele schädliche Bestandteile sind heute gesetzlich nicht mehr zugelassen. Unser gegenwärtiges Problem besteht darin, dass wir von manchem zu viel und von anderem zu wenig zu uns nehmen. Unsere Nahrung ist oft zu salzig, zu fett oder zu süß, und häufig essen wir zu wenig Gemüse und zu wenig Obst. Ernährung ist eine komplizierte Materie, und Fachleuten fällt es ziemlich schwer, genaue Richtlinien zu formulieren. Ihre Ratschläge sind stark von Moden abhängig.

Man denke nur an die Achtziger- und Neunzigerjahre, als man mit Emphase verkündete, jedes Ei würde den Menschen einem Herzanfall näher bringen. Inzwischen dürfen wir wieder jeden Morgen ein Ei köpfen. Vor zwanzig Jahren konnte man in einem amerikanischen Hotel weder Butter noch Bacon bekommen, Körner in diversen Sorten und Größen waren stattdessen der Standard. Heute sieht man die Amerikaner am Morgen wieder Eier mit Speck verzehren, weil Kohlehydrate absolut verpönt sind. Bis auf Weiteres lautet der beste Rat, abwechslungsreich zu essen und von allem nur wenig – die Engländer nennen das *colourful eating*.

Müssen wir dann also tatenlos abwarten, bis für uns der Vorhang fällt? Natürlich nicht. Wir können jederzeit unseren Lebensstil ändern, wenn er unsere Gesundheit gefährdet. Es ist nie zu früh und nie zu spät, damit anzufangen. Warum funktioniert es dennoch so oft nicht? Warum sind wir zu dick, warum trinken wir zu viel Alkohol, fahren zu wenig Rad und rauchen uneinsichtig weiter? Vermutlich wird der Einfluss der Umgebung, in der wir wohnen, arbeiten und leben, unterschätzt. Werbeleute kreieren ständig und massenhaft Reize, um unser Verhalten in eine bestimmte Richtung zu lenken – oft genug in die falsche. Man denke nur an das E-Bike, das neue Must-have älterer Menschen. Massenhaft werden Anzeigen dafür geschaltet. Aber warum sollte man nicht einfach weiterradeln und selbst in die Pedale treten, bis man davon müde wird? Die Werbung weiß die Antwort: «Warum sich müde strampeln, wenn man auch ein elektrisches Fahrrad kaufen kann?» Wenn das E-Bike einen Pkw ersetzen soll, ist das vollkommen in Ordnung, sonst aber hält es einen von dem ab, was man tun sollte: selbst aktiv zu werden und sich zu bewegen. Ein richtiges Rad erfordert Anstrengung, gibt einem dafür aber auch viel: zuallererst einen gesundheitlichen Zugewinn, weil man sein Herz, seine Lungen, seine Muskeln und Gelenke in einer adäquaten Weise belastet, und dazu noch einen Adrenalinkick. Wenn sich die Forscher in einem einig sind, dann in diesem Punkt: Ein sitzendes oder inaktives Leben sollte unter allen Umständen vermieden werden.

Wissenschaftler sehen immer klarer, dass wir unser Verhalten schon durch kleine Veränderungen in unserem Umfeld positiv beeinflussen können. Positive Reize spielen dabei eine wichtige Rolle. So beruht der Erfolg der Weight Watchers nicht auf Bestrafung, weil man zu dick ist, sondern auf Belohnung, wenn man das angestrebte Gewicht erreicht hat. Diese Art von Anreizen lässt sich sehr gut in den Alltag integrieren, damit lässt sich das richtige Verhalten leichter durchhalten und eine stärkere Wirkung erzielen. Studien haben beispielsweise nachgewiesen, dass Arbeitnehmer öfter die Treppe nehmen, wenn der Lift in einem Gebäude «versteckt» wird. Skandinavien ist ein Vorreiter solcher Anpassungen des Arbeitsumfelds. Dort werden in Büros hohe Schreibtische und Konferenztische aufgestellt, damit die Mitarbeiter im Stehen arbeiten müssen und so das permanente Sitzen unmöglig wird. Besprechungen werden dadurch zügiger durchgeführt und verlaufen effizienter, außerdem ist das Risiko von Herz- und Gefäßerkrankungen gesunken.

Ähnliches lässt sich auch auf Bahnhöfen beobachten: Ist die Rolltreppe kaputt, nimmt jeder die Treppe. Läuft die Rolltreppe, macht sich niemand die Mühe, selbst die Stufen hochzugehen. Wenn man allerdings, wie in Stockholm, die Stufen zu riesigen Klaviertasten umgestaltet, die Töne produzieren, sobald man darauftritt, wandelt sich das Bild: Plötzlich nimmt jeder die Treppe. So etwas nennen Wissenschaftler *serious gaming*: Menschen aktiv zu einem gesunden Verhalten zu verführen, indem man ihnen Reize bietet und sie belohnt. Der enorme Boom, den das Internet und die Computertechnologie erlebt haben, ermöglicht es uns, mit solchen kreativen Einfällen eine Welt zu schaffen, die gesundes Verhalten bei Jung und Alt fördern.

In unserem alltäglichen Umfeld liegt der wichtigste Schlüssel für einen Zuwachs an Gesundheit. Daher sollten Ärzte und Forscher damit beginnen, ein neues öffentliches Gesundheitswesen zu entwickeln. Sie müssten sich derselben Waffen bedienen, die Werbetreibende und Kreativbüros einsetzen, um unser Verhalten zu beeinflussen. Wenn man den Kühlschrank öffnet und das Gemüse in Augenhöhe liegt, isst man mehr davon, als wenn Karotten und Salat im untersten Fach ihren Platz haben. Sieht man hingegen Dosen, Wurst oder Käse auf Augenhöhe liegen, wird hier eher zugegriffen. Es sind genau dieselben Mechanismen, die im Supermarkt eingesetzt werden, um uns bestimmte Produkte zu verkaufen.

Vergleichbares gilt für die Gerätschaften, die wir beim Essen verwenden. Fast unbemerkt sind in den vergangenen Jahrzehnten die Teller, von denen wir essen, größer geworden. Wer das Service der Großmutter in der Hand hält, fragt sich verwundert, ob sie wohl immer von diesen «Frühstückstellerchen» gegessen hat. Unsere Weingläser sind inzwischen gewaltig. Man hat Experimente durchgeführt, bei denen großes Geschirr durch kleines ersetzt wurde. Alles Weitere blieb unverändert, mit dem Ergebnis, dass die Leute weniger aßen und folglich abnahmen. Menschen essen auch weniger, wenn sie ein kleines Besteck verwenden. Wenn man öfter löffeln muss, isst man weniger Suppe. Nicht aus Faulheit, sondern weil sich das Sättigungsgefühl früher einstellt.

Wir haben bisher noch ein sehr unvollständiges Bild von den Umgebungsreizen, die uns zu gesundem Verhalten bewegen, und von den Reizen, die uns auf den falschen Weg locken. Darüber kann noch viel geforscht werden. In vielen Haushalten ist beispielsweise der Esstisch «einfach so» verschwunden und die Küche bleibt oft ungenutzt. Fast Food, das Sofa und der Fernseher sind an dessen Stelle getreten, vor allem in Familien, die große Probleme mit Übergewicht haben. Wie würde sich dort das Muster der Nahrungsaufnahme ändern, wenn man sich wieder gemeinsam an den Esstisch setzen würde?

Letzten Endes lassen sich körperliche und geistige Defekte nicht verhindern. In den vorangegangenen Kapiteln habe ich gezeigt, dass heutzutage auf medizinisch-biologischem und medizinisch-technischem Gebiet vieles machbar ist, um unsere Leistungsfähigkeit länger zu erhalten. Gebrechen, die sich nach unserem fünfzigsten Lebensjahr einstellen, lassen sich immer besser behandeln. Medizintechniker brennen darauf, sich noch mehr auszudenken als neue Hüften, Herzklappen und Linsen. Emsig wird an implantierbaren kleinen Apparaten gearbeitet, die zur Unterstützung eingesetzt werden können, wenn das Herz aus dem Takt gerät oder die das Herz mit der Zeit möglicherweise sogar ganz ersetzen können. Indem man geniale Kunststoffröhrchen in geweitete Blutgefäße einführt, können tödliche Blutungen verhindert werden. Es wird nicht mehr lange dauern, bis jedem von uns ein kleines Mikrofon in die Ohren implantiert werden wird, sobald die uns bei der Geburt mitgelieferten Exemplare ausfallen.

Medizinbiologen bleiben ebenfalls nicht untätig. Sollten wir das Rätsel der Hydra – die sich mithilfe von Stammzellen endlos regenerieren kann – nicht doch irgendwann einmal lösen können? In dieser Hinsicht ist der erste Schritt bereits getan. Aus embryonalen Stammzellen, die Nabelschnurblut entnommen sind, können heute Patienten neues Knochenmark erhalten, wenn ihr eigenes durch Krankheit oder eine chemotherapeutische Behandlung versagt. Man arbeitet auch an einer möglichen Rekonstruktion der Netzhaut, wenn sie zum Beispiel durch Diabetes verloren gegangen ist. Am Horizont dämmert die Möglichkeit herauf, einen gealterten Darm mit neuen Stammzellen aus seinen tiefsten Schichten heraus wiederaufzubauen.

Das alles wirkt wie Science-Fiction, doch *vor* einem echten Durchbruch erscheinen *alle* Lösungen irreal. Als es noch kein Penicillin gab, starb an einer Lungenentzündung die Hälfte aller Patienten. Niemand hatte eine Idee, wie man dieses Problem lösen konnte. Für uns ist das heute kaum mehr nachvollziehbar. Medizinische Durchbrüche wird es weiterhin geben, doch den Zeitpunkt, wann es so weit ist, kennt niemand.

Für jeden kommt einmal der Moment, in dem sein Körper fast am Ende ist und es keinen Sinn mehr hat, noch weiter daran herumzubasteln. Manche Menschen sagen, dass sie diesen Abbauprozess nicht erleben wollen. Sie möchten Vorsorge treffen, um ihr Leben zu einem selbst gewählten Zeitpunkt beenden zu können. Es ist auffallend, dass immer mehr jüngere Menschen solche Wünsche äußern. Sie tun es, weil sie großen Wert auf ein Leben «ohne Grenzen» legen, weil sie nicht möchten, dass ihr Leben allmählich «freudloser» wird, und auch weil Alte, dem heutigen Zeitgeist gemäß, unerwünscht zu sein scheinen. Aber sind körperliche und geistige Einschränkungen wie Blindheit und Taubheit wirklich eine so große Katastrophe, dass wir sie ein für alle Mal verhindern müssen? Die Erfahrung lehrt, dass die meisten Älteren, die davon betroffen sind, diese Entscheidung nicht treffen (wollen). Leider reagieren Angehörige und Fachkräfte nicht immer in der richtigen Weise auf die Zunahme von Gebrechen. Zu oft wird körperliche Abhängigkeit als ausreichender Grund dafür betrachtet, jemanden zu Passivität zu verdammen und die Regie über sein oder ihr Leben zu übernehmen. Dadurch verliert ein Mensch seine Autonomie und seine Würde.

Gerade in dieser letzten sensiblen Lebensphase ist eine vitale Einstellung des älteren Menschen unabdingbar, um dem Alltag noch etwas Schönes abzugewinnen. Das gilt vor allem für Menschen, die, aus welchen Gründen auch immer, weniger gut dazu imstande sind, für sich selbst einzutreten. In dieser Situation brauchen sie jemanden, einen Angehörigen oder eine Fachkraft, der ihnen dabei helfen kann, ihre Wünsche und Bedürfnisse zu verwirklichen. Glücklicherweise ist der Großteil der älteren Menschen dazu in der Lage, das Leben selbst in die Hand zu nehmen. Der nachlassende Körper ist «nur» eine Unvollkommenheit, mit der sie ausgezeichnet leben können. Weil viele von ihnen ihre körperlichen und oft auch geistigen Einschränkungen und Abhängigkeiten nicht mehr als Bürde erleben, fühlen sie sich «uneingeschränkt».

Die echte Antwort auf die Frage, wie man alt wird, ohne es zu sein, liegt in unserer eigenen sozialen und seelischen Flexibilität. Das zeigen uns Menschen in fortgeschrittenem Alter. Ich bin jedes Mal wieder berührt von älteren Menschen, die trotz Gebrechen und Behinderungen vital im Leben stehen und sich ein Gefühl des Wohlempfindens erhalten.

# Ein Rezept für die Zukunft

Aafje ist eine von ihnen. Mit ihren sechsundneunzig Jahren ist sie eine außergewöhnliche Erscheinung. In meinem Wohnviertel fährt sie mit einem auffallenden Elektromobil herum, das sie geschickt manövriert. Man kann sie am Eingang des Pflegeheims oder bei einem Espresso auf der Terrasse eines Cafés antreffen. Beim Bäcker schwatzt sie mit den Kunden, die Schlange stehen und warten. Verschiedentlich sah ich sie in einem Taxi vorbeifahren, um etwas zu erledigen, sich zum Beispiel die Haare schneiden zu lassen.

Ein paarmal bin ich Aafje auch in meinem beruflichen Kontext begegnet. Sie kam nicht als Patientin zu mir, sondern um zu erzählen, wie man alt werden sollte. Bei der Leyden Academy organisieren wir im Rahmen unseres Kurses für Pflegepersonal Begegnungen mit alten Menschen. Diese Sozialarbeiter sind vor allem auf die organisatorische Arbeit konzentriert und weniger auf die ihnen anvertrauten älteren Menschen. Aafje war eine der Expertinnen, die den Kursteilnehmern erzählte, wie man das Leben leben kann. Wie man mit Verlust, Krankheit und Gebrechen, mit einem ungelenken und inkontinenten Körper umgehen und trotzdem noch die Kontrolle über sein Leben behalten und seine Würde wahren kann. Sie hatte ihren Mann verloren und ihr «phantastisches» Haus verlassen müssen. Weiterhin dort zu wohnen, war einfach nicht mehr möglich, trotz der Hilfstruppen, die sie zusammengetrommelt hatte. Sie konnte sich nicht mehr selbst an- und ausziehen, geschweige denn allein duschen. Mit ihrem schelmischen Lächeln und der gepflegten Frisur machte Aafje einen zerbrechlichen, aber überwältigenden Eindruck. «Loslassen», sagte sie uns, «du musst alles loslassen.»

# DANK

Dieses Buch ist der persönliche Bericht meiner Reise durch die Geriatrie. Seit 1997 habe ich mich darauf spezialisiert, als Internist, als forschender Wissenschaftler und als Dozent am Leidener Universitätsklinikum (LUMC), an der Universität Leiden (UL) und seit 2008 als Direktor der Leyden Academy on Vitality and Ageing (LAVA). In dieser Zeit bin auch ich älter geworden. Der Fünfziger, der in diesem Buch zu Wort kommt, verkörpert, möglicherweise viel mehr als ich selbst durchschaut habe, meine eigene Suche nach einer Möglichkeit, mich dem Alterungsprozess zu stellen. Daraus folgt, dass meine Ansichten nicht unbedingt mit denen der Institutionen übereinstimmen, denen ich beruflich verbunden bin.

Als ich mich 1997 ins Gebiet der Geriatrie aufmachte, wusste ich sehr wenig von der Materie. Als Internist hatte ich zwar recht viele alte Menschen gesehen, doch vom Wie und Warum des Alterns, hatte ich keine Ahnung. Die in diesem Buch niedergelegten Erkenntnisse sind das Ergebnis von siebzehn Jahren Arbeit und basieren nicht unwesentlich auch auf dem Gedankengut vieler anderer Ärzte und Wissenschaftler. Es ist eine große Freude, sich auf sie stützen zu können. Im Weiteren verweise ich auf ihr Werk, aus dem ich dankbar geschöpft habe.

Die Entdeckungen und Ideen des anderen zu interpretieren und sie selbst um eine dünne Schicht zu ergänzen, charakterisiert den Fortschritt von Wissenschaft und Innovationen in der Medizin. Darüber wurden kluge Bücher geschrieben, von denen ich eines nennen möchte: Friedman, M., und G. W. Friedland (2000). *Medicine's 10 Greatest Discoveries*. New Haven, Connecticut: Yale University Press.

Wissen und Einsicht ist das eine. Diese schriftlich niederzulegen das andere. In dieser Hinsicht bin ich Silvia Zwaaneveldt, die mir das Buchstabieren beigebracht, Jan Vandenbroucke, der mich das Schreiben gelehrt, und schließlich Ine Soepnel, die mir gezeigt hat, wie man ein Buch machen muss, zu großem Dank verpflichtet.

# ANMERKUNGEN

### SILVER ECONOMY – DAS LEBEN IN REVOLTE

Dr. Robert Butler (1927–2010) war der erste Direktor des führenden National Institute of Ageing (NIA, USA). 1975 hatte er mit dem Buch *Why Survive? Being Old in America* seinen wissenschaftlichen Durchbruch. Darin prangerte er die marginalisierte Position der alten Menschen an. Zu einer Biografie dieses Vorkämpfers für ein gesundes Altern siehe:
- Achenbaum, W. A. (2013). *Robert N. Butler, MD: Visionary of Healthy Aging*. New York: Columbia University Press

### KAPITEL 1
### ALLES ALTERT, AUCH DIE BIBEL

#### Es wird doch immer nur schlimmer, oder?
Für eine weitere Einführung in den Prozess des Alterns verweise ich auf die Website des Biologen Dr. João Pedro de Magalhães (Heswall, Wirral, England), die eine Quelle der Inspiration mit Hinweisen auf weitere Informationen für Anfänger und Fortgeschrittene ist:
- Einführung in den Alterungsprozess: www.senescence.info/

In seinem inzwischen klassischen, 1951 in London gehaltenen Vortrag beschreibt der britische Zoologe und spätere Nobelpreisträger (Medizin 1960) Peter Medawar (1915–1987) das Prinzip der Akkumulation von Schäden aufgrund des Alterungsprozesses:
- Medawar, P. B. (1972). *Die Kunst des Lösbaren. Reflexionen eines Biologen*. Dt. von Eberhard Bubser. Göttingen: Vandenhoeck & Ruprecht

### Nur auf die Nachkommen programmiert

Die Schlussfolgerung dieses Abschnitts lautet, Altern «dürfe» es geben, weil zu Beginn des Lebenslaufs die natürliche Auslese dominant ist. Der Evolutionsbiologe Stephen Stearns (Yale, USA) ist weltweit eine der größten Koryphäen auf dem Gebiet der verschiedenen Phasen des (menschlichen) Lebenslaufs. Sein Buch gilt als Standardwerk:
- Stearns, S. (1992). *The Evolution of Life Histories*. New York: Oxford University Press

Der Biologe Professor Steven Austad (San Antonio, USA) ist eine Autorität auf dem Gebiet der Altersforschung. Er betont, dass das Phänomen Altern (beim Menschen) nicht allein (in unserer heutigen Zeit) unter günstigen Bedingungen vorkommt, sondern auch (früher) bereits unter ungünstigen Bedingungen auftrat. Diese These untermauert er mit einer neueren Übersicht von Fakten über viele Tierarten, die Biologen durch Feldforschung gesammelt haben:
- Nussey, D. H., H. Froy et al. (2013). «Senescence in Natural Populations of Animals: Widespread Evidence and Its Implications for Bio-Gerontology». *Ageing Research Reviews*, 12: S. 214–225

### Rites de passage – die Lebenstreppen des Menschen

Die schönste Beschreibung des menschlichen Lebenslaufs in verschiedenen historischen Epochen findet man in einem reich illustrierten Werk, das von der Historikerin Pat Thane (London, England) zusammengestellt wurde. Eine ihrer wichtigsten Thesen lautet, dass der soziale Status alter Menschen zeit- und kulturabhängig sei und in Zeiten wirtschaftlicher Krisen schnell schlechter werde. Für sie ist es eine Fehleinschätzung, zu glauben, in früheren Zeiten hätten ältere Menschen immer einen hohen Status gehabt:
- Thane, Pat (Hg.) (2005). *Das Alter. Eine Kulturgeschichte*. Aus dem Englischen von Dirk Oetzmann und Horst M. Langer. Darmstadt: Primus-Verlag

Der zweite Aspekt, der in diesem Abschnitt behandelt wird, ist das genetische Fundament des Lebenslaufs. Ich beschreibe die verschiedenen Gestalten des Fadenwurms *C. elegans:* Er besitzt eine Bandbreite – *constraint* –, innerhalb derer eine von der Umgebung verursachte Variation – Plastizität – möglich ist. Der Evolutionsbiologe Paul Brakefield (Cambridge, England) ist ein Meister dieses sogenannten «Evo-devo»-*(evolution-development-)*Denkens:
- Brakefield, P. M. (2006). «Evo-Devo and Constraints on Selection». *Trends in Ecology & Evolution*, 2: S. 362–368

# Anmerkungen

**KAPITEL 2**
**EWIGES LEBEN ODER**
**WIE MAN DAS ALTERN AUFSCHIEBEN KANN**

### Die Hydra und der wunderbare Mechanismus der Reparatur

Die Geschwindigkeit des Alterns ist einerseits das Ergebnis einer Akkumulation von Schäden und andererseits das von Pflege und Reparatur. Es sind zwei Seiten ein und derselben Medaille. Im Folgenden sind die Referenzen zu der Beobachtung zu finden, dass Hydren wegen ihrer totipotenten Stammzellen nicht altern:
- Martínez, D. E. (1998). «Mortality Patterns Suggest Lack of Senescence in Hydra». *Experimental Gerontology*, 33: S. 217–225
- Galliot, B. (2012). «Hydra, a Fruitful Model System for 270 Years». *International Journal of Developmental Biology*, 56: S. 411–423

### Ein Herz auf Raten?

In den vergangenen zehn bis zwanzig Jahren hat die Wissenschaft verschiedene Methoden entwickelt, um die erblichen Grundlagen für ein langes menschliches Leben zu entdecken. Bei der ersten Methode werden Hundertjährige – *centenarians* – erforscht, mit denen der Gerontologe Claudio Franceschi (Bologna, Italien) die meisten Erfahrungen gesammelt hat. Die zweite Methode wird von dem Endokrinologen Nir Barzilai (New York, USA) verfolgt, der *verschiedene* langlebige aschkenasische Männer und Frauen und deren Kinder in seine Studie einbezog. Bei der dritten Methode werden Informationen über Familien gesammelt, in denen *mehrere* neunzigjährige Brüder und/oder Schwestern noch am Leben sind, einschließlich der dazugehörenden Kinder sowie deren Partner. Die letztgenannte Methode erhöht die Chance, dass das hohe Alter der Teilnehmer erbliche Ursachen hat. Sie wurde bei der von der Biologin Eline Slagboom (Leiden) und mir initiierten Leidener *Lang Leven Studie* eingesetzt:
- Cevenini, E., L. Invidia et al. (2008). «Human Models of Aging and Longevity». *Expert Opinion on Biological Therapy*, 8: S. 1393–1405
- Atzmon, G., M. Rincon et al. (2005). «Biological Evidence for Inheritance of Exceptional Longevity». *Mechanisms of Ageing and Development*, 126: S. 341–345
- Slagboom, P. E., M. Beekman et al. (2011). «Genomics of Human Longevity». *Philosophical Transactions of the Royal Society: Biological Sciences*, 366: S. 35–42

## KAPITEL 3
## UNSER EVOLUTIONÄRES PROGRAMM
## – DER WEGWERFKÖRPER

### Altern muss nicht sein

Zum britischen Demografen Thomas Malthus siehe:
- Malthus, T. R. (1977). *Das Bevölkerungsgesetz.* München: Deutscher Taschenbuch Verlag, Originalausgabe, vollst. Ausg. nach d. 1. Aufl., London 1798

Die Kernaussage dieses Abschnitts beinhaltet, dass unser Lebenslauf aus einer Phase programmierter Entwicklung besteht, auf die eine nicht programmierte Alterungsphase folgt. Ein gut lesbarer Artikel zu diesem Thema ist:
- Austad, S. N. (2004). «Is Aging Programed?» *Aging Cell,* 3: S. 249–251

### Die Sache mit den Ressourcen

Der Gerontologe Tom Kirkwood (Newcastle, England), geistiger Vater der *Disposable-soma*-Theorie – der Theorie des Wegwerfkörpers –, hat darüber ein verständliches Buch verfasst:
- Kirkwood, Tom (2000). *Zeit unseres Lebens. Warum Altern biologisch unnötig ist.* Aus dem Englischen von Helmut Ettinger. Berlin: Aufbau-Verlag

Für Interessierte noch die Originalveröffentlichung und einen aktuelleren Artikel, in dem die Theorie nicht allein auf die Frage nach dem Warum, sondern auch auf die nach dem Wie angewandt wird:
- Kirkwood, T. B., und R. Holliday (1979). «The Evolution of Ageing and Longevity». *Proceedings of the Royal Society: Biological Sciences,* 205: S. 531–546
- Kirkwood, T. B. (2005). «Understanding the Odd Science of Aging». *Cell,* 120: S. 437–447

### Sex gibt es nicht ohne Kosten

Die einzigartige Studie des Biologen Bas Zwaan (Wageningen, Niederlande) war der erste erfolgreiche Versuch, mithilfe von Fruchtfliegen experimentell Daten zu sammeln, um die Theorie des Wegwerfkörpers zu erhärten:
- Zwaan, B. J., R. Bijlsma et al. (1995). «Direct Selection on Lifespan in *Drosophila Melanogaster*». *Evolution,* 49: S. 649–659

Die nachteiligen Auswirkungen sexueller Fortpflanzung verteilen sich in

Effekte, die eine *direkte* Folge der Paarung sind, und in solche, die eine indirekte Folge der Tatsache sind, dass es nicht ein, sondern zwei Geschlechter gibt – unabhängig davon, ob es zu einer Paarung kommt oder nicht. Ein Beispiel der direkten Folgen sexueller Fortpflanzung bei Fruchtfliegen wurde detailliert von der Biologin Linda Partridge (London, England) beschrieben:
• Cordts, R., und L. Partridge (1996). «Courtship Reduces Longevity of Male *Drosophila Melanogaster*». *Animal Behaviour*, 52: S. 269–278

Am Beispiel der Hydra wurden die Folgen einer sexuellen Metamorphose, nämlich das Einsetzen des Alterungsprozesses, sowie die Rolle der Stammzellen detailliert untersucht und beschrieben:
• Yoshida, K., T. Fujisawa et al. (2006). «Degeneration After Sexual Differentiation in Hydra and Its Relevance to the Evolution of Aging». *Gene*, 385: S. 64–70
• Nishimiya-Fujisawa, C., und S. Kobayashi (2012). «Germline Stem Cells and Sex Determination in Hydra». *International Journal of Developmental Biology*, 56: S. 499–508

Unter Wissenschaftlern gab es eine heftige Diskussion über die richtige evolutionäre Erklärung der sexuellen Fortpflanzung. Neben den vielen Argumentationen und Debatten wurden allerdings auch evolutionäre Experimente durchgeführt, die zeigen, dass wechselnde Umweltbedingungen die sexuelle Fortpflanzung anregen, weil dann der reproduktive Erfolg die Kosten aufwiegt:
• Becks, L., und A. F. Agrawal (2010). «Higher Rates of Sex Evolve in Spatially Heterogeneous Environments». *Nature*, 468: S. 89–92

## Aristokratische Fruchtfliegen

Auf die von Tom Kirkwood und mir erstellte Studie über britische Aristokraten beziehen sich folgende Quellen:
• BBC News. «Breed Early, Die Young» http://news.bbc.co.uk/2/hi/science/nature/241509.stm
• Westendorp, R. G., und T. B. Kirkwood (1998). «Human Longevity at the Cost of Reproductive Success». *Nature*, 396: S. 743–746

## KAPITEL 4
### STERBETAFELN – WER GELD HAT, LEBT LÄNGER

#### Wenn das Sterberisiko zu- oder abnimmt

Die einleitende Anekdote zur Besprechung der «Überlebenstabelle» –

auch als *survival analysis* bezeichnet – wurde historisch detaillierter in einer bereits früher von mir gehaltenen Rede zum Gründungstag der Universität Leiden ausgearbeitet:
- Westendorp, R. G. (2010). «Passend of onaangepast? Over de menselijke levensloop in een snel veranderende omgeving.» *Universiteit Leiden.* www.leidenuniv.nl/dies2010/dies_2010_oratie.pdf

Über die Interpretation der Proportionalität bei der Zunahme des Sterberisikos – das Gompertz-Modell – sind sich die Wissenschaftler nicht einig. Meine Kollegen und ich haben dazu folgenden Standpunkt eingenommen: Es macht einen großen Unterschied, ob es sich um die Verdopplung eines niedrigen oder eines hohen Sterberisikos handelt. Im letzten Fall ist die Anzahl der zusätzlich sterbenden Menschen viel höher. Das ist nicht nur ein numerischer Unterschied, auch die zugrunde liegenden biologischen Erklärungen können stark differieren. Vergleiche dazu:
- Rozing, M. P., und R. G. Westendorp (2008). «Parallel Lines: Nothing Has Changed?» *Aging Cell*, 7: S. 924–927

### Genetisch oder selbstverschuldet?

Krankheit und Gesundheit sind nicht vorhersehbar. Ärzte werden ständig mit der Tatsache konfrontiert, dass sie über die Prognose einer Krankheit oder die Länge des Lebens individueller Patienten keine genauen Aussagen machen können. Der unten angeführte Artikel beschreibt, wie die griechischen Ärzte-Philosophen in der Antike das Phänomen erkannten und daraufhin folgerichtig handelten:
- Ierodiakonou, K., und J. P. Vandenbroucke (1993). «Medicine As A Stochastic Art». *The Lancet*, 341: S. 542–543

## KAPITEL 5
## ÜBERLEBEN UNTER
## WIDRIGEN BEDINGUNGEN

### Ein außergewöhnlicher Fund im Tschad

Die hier zitierten Referenzen verweisen auf die paläoanthropologische Methode, bei der anhand fossiler Besonderheiten Aussagen über den Zeitraum getroffen werden, in dem die ersten Menschenartigen, die Hominoidea, entstanden sind. Im vorliegenden Fall geht es um die Schätzung des Zeitraums, in dem der Sahel-Mensch gelebt haben soll. Heute geht man von vor sechs bis sieben Millionen Jahren aus:

# Anmerkungen

- Zollikofer, C. P., M. S. Ponce de León et al. (2005). «Virtual Cranial Reconstruction of *Sahelanthropus Tchadensis*». *Nature*, 434: S. 755–759

Eine alternative Methode besteht darin, mithilfe ausgeklügelter Genanalysen den Zeitpunkt der Abspaltung der Menschen von Schimpansen und Bonobos zu schätzen. Nach den neuesten Berechnungen der Genetiker setzte sie vor 5,5 Millionen Jahren ein und war erst drei Millionen Jahre später abgeschlossen. Diese letztgenannten Schätzungen stimmen nicht mit den Schätzungen nach der paläoanthropologischen Methode überein und sind Gegenstand von Streitgesprächen:

- Prüfer, K., K. Munch et al. (2012). «The Bonobo Genome Compared with the Chimpanzee and Human Genomes». *Nature*, 486: S. 527–531

Bettet man die Biowissenschaften und die Medizin in einen evolutionären Rahmen ein, wird die genetische Grundlage von Krankheit viel einleuchtender. Sie erklärt in logischer Weise, warum Menschen in hohem Alter anfälliger für Krankheiten sind. Sie ersetzt die herrschende Vorstellung über Organe als unabhängige Maschinen, die infolge spezifischer biologischer Prozesse ihre Funktion verlieren. Evolutionäre Biologie ist überhaupt eine wesentliche Grundlage für ein besseres Verständnis von Gesundheit und Krankheit. Siehe:

- Nesse, R. M., C. T. Bergstrom et al. (2009). «Making Evolutionary Biology a Basic Science for Medicine». *Proceedings of the National Academy of Science of the USA*, 107: S. 1800–1807

Auf die Tradition des sogenannten Leidener Disputs zurückgreifend, entwickelten der Arzt David van Bodegom und ich eine didaktisch erfolgreiche Unterrichtsmethode, um bei Studenten das evolutionäre Denken zu verbessern. Damit sollen sie einen konzeptuellen Rahmen entwickeln, um den Prozess des Alterns besser begreifen zu können:

- Bodegom, D. van, M. Hafkamp et al. (2013). «Using the Master-Apprentice Relationship when Teaching Medical Students Academic Skills: The Young Excellence Class». *Medical Science Educator*, 23: S. 80–83

Bei dem erwähnten Werk von Richard Dawkins handelt es sich um:

- Dawkins, R. (2007). *Das egoistische Gen*. Mit einem Vorw. von Wolfgang Wickler. Aus dem Englischen übers. von Karin de Sousa Ferreira. München/Heidelberg: Elsevier, Spektrum Akademischer Verlag

## Der noch «ursprüngliche» Bimoba-Stamm

Zwischen 2002 und 2012 führte die Abteilung «Klinische Geriatrie» des Leidener Universitätsklinikums (LUMC) in der Region von Garu in Nordost-Ghana, an der Grenze zu Togo, Studien durch. Angestoßen wurde diese Studie von dem Anthropologen Hans Meij, später wurde sie von

dem Arzt David van Bodegom fortgeführt. Beide promovierten mit dieser Studie. Ihnen folgte eine Schar von (Master-)Studenten. Zur Beziehung zwischen sozioökonomischem Status und Sterblichkeit siehe:
• Bodegom, D. van, L. May et al. (2009). «Socio-Economic Status by Rapid Appraisal is Highly Correlated with Mortality Risks in Rural Africa». *Transactions of the Royal Society of Tropical Medicine & Hygiene*, 103: S. 795–800
Strukturiert durch den menschlichen Lebenslauf – beginnend mit den Neugeborenen und endend mit den Sterbenden – beschreibt der Epidemiologe Tim Spector (London, England) mithilfe des Vergleichs ein- und zweieiiger Zwillinge den (evolutionär) erblichen Hintergrund von Persönlichkeit, physischen Merkmalen, Krankheitswahrscheinlichkeit, sexueller Präferenz und Risikobereitschaft:
• Spector, T. (2012). *Identically Different: Why You Can Change Your Genes*. London: Weidenfeld & Nicolson

## Schwangerschaft versus Infektionskrankheiten

Als sich der Mensch auf Ackerbau und Viehzucht verlegte, bekamen alle möglichen Viren, Bakterien und Parasiten neue Chancen und brachten die verschiedensten Krankheiten und Seuchen mit sich, die zunehmend vom Tier auf den Menschen übertragen wurden. Als mit dem Wachsen der menschlichen Gemeinschaften die Interaktionen zwischen Menschen(gruppen) immer intensiver wurden, erhielten auch Krankheiten eine Möglichkeit, die sich ohne Vermittlung eines Wirts verbreiten können, beispielsweise die Pocken:
• Stearns, S. C., und J. C. Koella (Hg.) (2008). *Evolution in Health and Disease: Second Edition*. Oxford: Oxford University Press
Schon früher haben der Leidener Rheumatologe Tom Huizinga und ich in Blutproben die menschliche Abwehrreaktion gegen Ansteckung nachgeahmt. Daraus konnte abgeleitet werden, warum Frauen, die ein sehr hohes Alter erreichen, eine geringere Wahrscheinlichkeit haben, erfolgreich schwanger zu werden. Im angeführten Artikel wird genauer ausgeführt, wie das angeborene Immunsystem den Widerstand gegen Infektionen zwar erhöht, gleichzeitig aber auch die Wahrscheinlichkeit vergrößert, dass die Schwangerschaft vorzeitig durch einen spontanen Abortus beendet wird:
• Bodegom, D. van, L. May et al. (2007). «Regulation of Human Life Histories: The Role of The Inflammatory Host Response». *Annals of the New York Academy of Sciences*, 1100: S. 84–97
Den unter Biologen bekannten *Quality-Quantity-Trade-Off* konnten wir beim Menschen nachweisen:

- Meij, J. J., D. van Bodegom et al. (2009). «Quality-Quantity-Trade-Off of Human Offspring under Adverse Environmental Conditions». *Journal of Evolutionary Biology*, 22: S. 1014–1023

Wer sich in die Idee einer auf Abwehr hin ausbalancierten Auslese weiter einlesen möchte, dem nenne ich zwei Referenzen. Zunächst entwickelten mein Kollege Tom Kirkwood und ich dazu ein mathematisches Modell. Später konnten wir in unserem Forschungsgebiet in Ghana die hypothetische natürliche Auslese auf das Abwehrsystem hin tatsächlich empirisch nachweisen:

- Drenos, F., R. G. Westendorp et al. (2006). «Trade-Off Mediated Effects on the Genetics of Human Survival Caused by Increasingly Benign Living Conditions». *Biogerontology*, 7: S. 287–295
- Kuningas, M., L. May et al. (2009). «Selection for Genetic Variation Inducing Pro-Inflammatory Responses under Adverse Environmental Conditions in a Ghanaian Population». *PLoS ONE*, 4: e7795

## Wozu Großmütter gut sind

Für denjenigen, der sich weiter in dieses weite Forschungsfeld einlesen möchte, nenne ich zwei Studien. Zum einen die Arbeit der Gruppe um die Soziologin Fleur Thomese (Amsterdam, Niederlande), die Daten aus Dreigenerationenhaushalten in den Niederlanden auswertete. Zum anderen die meiner eigenen Forschungsgruppe, die über den Einfluss von (Groß) Eltern auf die Zahl der geborenen Kinder und deren Überleben in Ghana referiert. Beide Untersuchungen waren Teil eines gemeinsam durchgeführten, von der Niederländischen Organisation für wissenschaftliche Forschung (NWO) finanzierten Forschungsprogramms mit dem Titel «Aging Societies: Human Victory or Evolutionary Trap?»:

- Thomese, F., und A. C. Liefbroer (2013). «Child Care and Child Births: the Role of Grandparents in the Netherlands». *Journal of Marriage and Family*, 75: S. 403–421
- Bodegom, D. van, M. Rozing et al. (2010). «When Grandmothers Matter». *Gerontology*, 56: S. 214–216.

## KAPITEL 6
## JEDE WOCHE VERLÄNGERT SICH UNSER LEBEN UM EIN WOCHENENDE

### Cholera und Pest – woran wir einst starben

Für eine gute Übersicht zu John Snows originellem Werk und dessen Wirkung auf Theorie und Praxis der Medizin verweise ich auf:
- Fine, P., C. G. Victora et al. (2013). «John Snow's Legacy: Epidemiology Without Borders». *The Lancet*, 381: S. 1302–1311

Der Wandel der Haupttodesursachen im Lauf der gesellschaftlichen Entwicklung wird als «epidemiologische Transition» bezeichnet. Ein gut lesbares Buch über diesen Wandel in den Niederlanden stammt von Johan Mackenbach (Rotterdam), Professor für Öffentliches Gesundheitswesen:
- Mackenbach, J. P. (1992). *De veren van Icarus: over de achtergronden van twee eeuwen epidemiologische transities in Nederland*. Utrecht: Bunge

Die ursprüngliche Beschreibung der demografischen Transition wird besprochen in:
- Omran, A. R. (Erstaufl. 1971) (Neuaufl. 2005).

«The Epidemiologic Transition: A Theory of the Epidemiology of Population Change». *The Milbank Quaterly*, 83: S. 731–757

Für die Abnahme der Sterbefälle durch Gewalteinwirkung siehe:
- Pinker, S. (2013). *Gewalt. Eine neue Geschichte der Menschheit*. Aus dem Amerikanischen von Sebastian Vogel. Frankfurt am Main: Fischer
- Treaty of Utrecht (Der Frieden von Utrecht): www.vredevanutrecht2013.nl/en/news/utrecht-reflections-by-steve-pinker

### Die neuen Todesursachen

Aus dieser aktuellen Studie zu den Todesursachen von Menschen, die als Mumien erhalten blieben, geht hervor, dass es bereits im Altertum Herz- und Gefäßerkrankungen gab. Siehe:
- Thompson, R. C., A. H. Allam et al. (2013). «Atherosclerosis Across 4000 Years of Human History: The Horus Study of Four Ancient Populations». *The Lancet*, 381: S. 1211–1222

Weltweit kommen mehr als drei Viertel der chronisch degenerativen Krankheiten in Ländern mit niedrigen und mittleren Einkommen vor. In ihnen spielen mit Wohlstand assoziierte Risikofaktoren wie hoher Blutdruck, zu viel Cholesterin und Übergewicht, verursacht durch mangelnde körperliche Bewegung, bei den hauptsächlichen Krankheitsrisiken eine immer größere Rolle. Siehe:

- World Health Organization (2009). *Global Health Risks: Mortality and Burden of Disease Attributable to Selected Major Risks*. Genf: WHO Press

## Die Medizintechnik und der weniger bedrohliche Herzinfarkt

Für eine Übersicht möglicher Herz- und Gefäßerkrankungen verweise ich auf die Websites der Nederlandse Hartstichting, der Deutschen Herzstiftung und der American Heart Association:
- www.hartstichting.nl
- www.herzstiftung.de
- www.heart.org

Über das Vorkommen erster Anzeichen von Atherosklerose bei amerikanischen Kriegsopfern:
- Webber, B. J., P. G. Seguin et al. (2012). «Prevalence of and Risk Factors for Autopsy-Determined Atherosclerosis Among US Service Members, 2001–2011». *Journal of the American Medical Association*, 308: S. 2577–2583

## Man kann sich das Leben auch vermasseln

Im international angesehenen Max-Planck-Institut für demografische Forschung (MPIDR, Rostock) wird unter Leitung des amerikanischen Bevölkerungswissenschaftlers James Vaupel zum Anstieg der Lebenserwartung, auch in evolutionär-biologischer Perspektive, geforscht. Es ist sein Verdienst, dass die andauernde Zunahme der Lebenserwartung als realistisches Szenario modelliert wurde. Zu einer Analyse und Projektion des Anstiegs unserer Lebenserwartung siehe:
- Oeppen, J., und J. W. Vaupel (2002). «Demography. Broken Limits to Life Expectancy». *Science*, 296: S. 1029–1031
- Vaupel, J. W. (2010). «Biodemography of human ageing». *Nature*, 464: S. 536–542

Die Extrapolation der zunehmenden Lebenserwartung wurde inzwischen auch vom Niederländischen Demografischen Interdisziplinären Institut (NIDI) übernommen. Diese Publikation löste eine öffentliche Kontroverse aus:
- Beer, J. de (2013). «Een levensduur van meer dan honderd jaar: van uitzondering naar regel?» *nidi*. Den Haag: nidi-webartikel

## KAPITEL 7
## BABYBOOMER UND VIELE ALTE

### Unruhe unter den Totengräbern

Informationen über das Sterbealter seit dem 19. Jahrhundert finden sich auf der Website des Zentralen Amts für Statistik (CBS) in Den Haag. Eine alternative Quelle ist die Human Mortality Database, die vom Max-Planck-Institut für Demografische Forschung (MPIDR) geführt wird. Eine grafische Darstellung der Mortalitätsverteilung über Lebensalter und Zeit ist auf der Website der Leyden Academy on Vitality and Ageing zu finden. Die Geschichte vom Totengräber geht auf diese Daten zurück. Für eine grafische Darstellung siehe:

- www.leydenacademy.nl/Veroudering/Wat_we_kunnen_leren_van_de_doodgraver

Den Totengräber Lenderink aus Lochem hat es tatsächlich gegeben. Sein Bericht für das Jahr 1889 wurde in folgende Kulturgeschichte aufgenommen:

- Spruit, R. (1986). *De dood onder ogen: een cultuurgeschiedenis van sterven, begraven, cremeren en rouw*. Houten: De Haan

### Von der Pyramide zum Wolkenkratzer

Für eine theoretische Darstellung der demografischen Transition – die Veränderung des Bevölkerungsaufbaus durch eine Verschiebung der Todesursachen – siehe:

- Galor, O., und D. N. Weil (2000). «Population, Technology, and Growth: From Malthusian Stagnation to the Demographic Transition and beyond». *The American Economic Review*, 90: S. 806–828

Zum Konzept des zweiten demografischen Übergangs – der Veränderung der Fruchtbarkeitsmuster aufgrund eines abnehmenden Sterberisikos – siehe:

- Kaa, D. J. van de (1987). «Europe's second demographic transition». *Population Bulletin*, 42: S. 1–59

Für eine Beschreibung des demografischen Übergangs, wie sie von meiner Forschungsgruppe im Studiengebiet in Ghana beobachtet wurde, siehe:

- Meij, J. J., A. J. de Craen et al. (2009). «Low-Cost Interventions Accelerate Epidemiological Transition in Upper East Ghana». *Transactions of the Royal Society of Tropical Medicine and Hygiene*, 103: S. 173–178

### Grüner und grauer Druck

Zur Entwicklung des demografischen Drucks in den Niederlanden verweise ich auf die Website des Zentralen Amts für Statistik (CBS) und auf die des Niederländischen Interdisziplinären Demografischen Instituts (NIDI). Daten zu internationalen Entwicklungen finden sich auf der Website der Weltgesundheitsorganisation (WHO) und auf der der Organisation für wirtschaftliche Zusammenarbeit und Entwicklung (OECD). Ein hervorragendes Instrument zur Analyse von derartigen Daten und zur Erstellung von Grafiken und Abbildungen findet man auf:
• Gapminder: www.gapminder.org

## KAPITEL 8
## ALTERN IST EINE KRANKHEIT

### Krebs und die Concorde-Katastrophe

Einen Überblick über den Zusammenhang zwischen Alter und Krebs bietet der Molekularbiologe Jan Hoeijmakers (Rotterdam, Niederlande), international anerkannter Forscher auf den Gebieten DNA-Defekte, Entstehung von Krebs und Altern:
• Hoeijmakers, J. H. (2009). «DNA Damage, Aging, and Cancer». *New England Journal of Medicine*, 361: S. 1475–1485

### Immer mit Nebenwirkungen – ein normales Altern gibt es nicht

Altern und das Entstehen von Krankheit in hohem Alter lassen sich nicht voneinander unterscheiden. Das lege ich in zwei Schritten dar. Der erste greift die Überlegungen des Epidemiologen Kenneth Rothman (Boston, USA) zu Krankheitsursachen auf. Seiner Auffassung nach gehen Erkrankungen nicht auf eine einzige Ursache zurück, sondern auf das Zusammenspiel verschiedener, für sich unzureichender Teilursachen, die erst gemeinsam das Entstehen einer Krankheit erklären. Dieses Faktum habe ich in diesem Buch anhand der Concorde-Katastrophe erläutert. Rothmans ursprüngliche Publikation im *American Journal of Epidemiology* aus dem Jahr 1976 scheint mir die gelungenste zu sein, weil die Fakten hier verständlich dargestellt werden. Sein Modell der Krankheitsursachen wurde inzwischen mehrfach überarbeitet und aktualisiert. Für eine neuere Fassung siehe:
• Rothman, K. J., und S. Greenland. (2004). «Causation and Causal Inference in Epidemiology». *American Journal of Public Health*, 95: S. 144–150

Im zweiten Schritt wende ich die Überlegungen zu Teilursachen, der Akkumulation kleiner Schäden, die eine Krankheit oder ein Gebrechen auslösen kann, auf das Prinzip des Alterns an. Das habe ich anhand des Bingo-Spiels zu erklären versucht. Siehe dazu:
- Izaks, G. J., und R. G. Westendorp (2003). «Ill or Just Old? Towards a Conceptual Framework of the Relation Between Ageing and Disease». *bmc Geriatrics*, 3: e7

## Demenz – eine Epidemie

Eine Prognose über die Zahl der Patienten, die in naher oder ferner Zukunft an Demenz erkranken werden, ist Teil einer öffentlichen Debatte. Ich vertrete den Standpunkt, dass das Ende der Demenzepidemie in Sicht ist. Dabei stütze ich mich auf die Erkenntnis, dass Demenz bei Patienten in fortgeschrittenem Alter multikausal zu erklären ist und dass sich mehrere ihrer Teilursachen gut beeinflussen lassen. Siehe:
- Savva, G. M., S. B. Wharton et al. (2009). «Age, Neuropathology, and Dementia». *The New England Journal of Medicine*, 360: S. 2302–2309

Da nachgewiesen wurde, welch große Rolle Herz- und Gefäßerkrankungen bei der Entstehung von Demenz spielen – deren Auftreten in der vergangenen Zeit allerdings drastisch zurückgegangen ist –, *muss* sich auch das Demenzrisiko in den vergangenen zehn bis zwanzig Jahren verringert haben. In den Jahren 2012 und 2013 wurden mehrere Studien publiziert, die diese Interpretation mit Zahlenmaterial stützen:
- Schrijvers, E. M., B. F. Verhaaren et al. (2012). «Is Dementia Incidence Declining?: Trends in Dementia Incidence Since 1990 in the Rotterdam Study.» *Neurology* 78, S. 1456–1463
- Qiu, C., E. von Strauss et al. (2013). «Twenty-Year Changes in Dementia Occurrence Suggest Decreasing Incidence in Central Stockholm, Sweden». *Neurology*, 80: S. 1888–1894
- Christensen, K., M. Thinggaard et al. (2013). «Physical and Cognitive Functioning of People Older than 90 Years: A Comparison of Two Danish Cohorts Born 10 Years Apart.» *The Lancet*, 382: S. 1507–1513
- Matthews, F. E., A. Arthur et al. (2013). «A Two-Decade Comparison of Prevalence of Dementia in Individuals Aged 65 Years and Older from Three Geographical Areas of England: Results of the Cognitive Function and Ageing Study I and II». *The Lancet*, 382: S. 1405–1412

## Ein Gebrechen nach dem anderen

So gut sich Gebrechlichkeit definieren lässt, so schwierig ist es, die einer Person einzuschätzen, den Verlauf einer Krankheit oder den Tod vorher-

zusagen. Dieses Unvermögen ist wohl der Vielzahl von Definitionen für Gebrechlichkeit geschuldet. Der Geriater Marcel Olde Rikkert (Nimwegen, Niederlande) hat nachgewiesen, dass die derzeitige Einstufung als gebrechliche beziehungsweise nicht gebrechliche Person von der verwendeten Definition abhängt – ein beunruhigendes Ergebnis. Der Stein der Weisen ist noch nicht gefunden:
- Iersel, M. B. van, M. G. Rikkert (2006). « Frailty criteria give heterogeneous results when applied in clinical practice». *Journal of the American Geriatric Society*, 54: S. 728–729.

Die Gebrechlichkeit, die Krankheit und der Tod Einzelner lässt sich nicht vorhersagen, wohl aber die bestimmter Personengruppen. Ein einfaches und markantes Merkmal einer solchen Gruppe ist die Gehgeschwindigkeit:
- Studenski, S., S. Perera et al. (2011). «Gait Speed and Survival in Older Adults». *Journal of the American Medical Association*, 305: S. 50–58

## KAPITEL 9
### WARUM WIR UNWEIGERLICH ALTERN, ABER NICHT UNBEDINGT ALT SEIN MÜSSEN

Für weitere Hintergrundinformationen zur Biologie des Alterns siehe die Website des National Institute of Ageing (Bethesda, USA):
- www.nia.nih.gov/health/publication/biology-aging.

Wer mehr über proximate und ultimate Ursachen erfahren möchte, den verweise ich auf das Werk des ukrainisch-amerikanischen Genetikers Theodosius Dobzhansky (1900–1975). Er war einer der bedeutendsten Vertreter der «modernen Synthese», die die Genetik – insbesondere die Mendel'schen Regeln – mit der Evolutionstheorie verknüpft.
- Dobzhansky, T. (1973). «Nothing in Biology Makes Sense Except in the Light of Evolution». *The American Biology Teacher*, 35: S. 125–129

Als Experiment für Master-Studenten hat der Verhaltensbiologe Carel ten Cate (Leiden, Niederlande) die Feldversuche des niederländischen Ethologen Nikolaas Tinbergen repliziert:
- Cate, C. ten, W. Bruins et al. (2009). «Tinbergen Revisited: A Replication and Extension of Experiments on the Beak Colour Preferences of Herring Gull Chicks». *Animal Behaviour*, 77: S. 795–802

### Schon ganz jung ganz alt
Einer der hervorragendsten Wissenschaftler, der die Progeroid-Syndrome

bekannt machte, ist der Pathologe George Martin (Washington, USA). In folgendem Artikel geht er auf die unterschiedlichen Syndrome ein und verdeutlicht, worin sie sich vom menschlichen Alterungsprozess unterscheiden:
- Martin, G. M. (2005). «Genetic Modulation of Senescent Phenotypes in *Homo Sapiens*». *Cell*, 120: S. 523–532

### Alt durch freie Radikale?

Der Molekularbiologe David Gems (London, England) hat einzigartige Experimente durchgeführt, in denen er die natürlichen Antioxidationsmechanismen bei Fadenwürmern und Fruchtfliegen mithilfe genetischer Manipulation nach und nach ausgeschaltet hat. Was sich aber nicht auf deren Überleben auswirkte. Für eine kritische Erörterung des Beitrags der Theorie der freien Radikalen siehe:
- Gems, D., und R. Doonan (2009). «Antioxidant Defense and Aging in *C. Elegans*: Is the Oxidative Damage Theory of Aging Wrong?» *Cell Cycle*, 8: S. 1681–1687

Um die Wirkung von Nahrungsergänzungsmitteln mit Antioxidantien zu beurteilen, haben Wissenschaftler die Daten von insgesamt 296 707 an verschiedenen experimentellen Studien beteiligten Probanden erfasst. Ihr Fazit lautet, dass von diesen Mitteln keinerlei vorteilhafte Wirkungen zu erwarten sind.
- Bjelakovic, G., D. Nikolova, et al. (2012). «Antioxidant Supplements for Prevention of Mortality in Healthy Participants and Patients with Various Diseases». *The Cochrane Library*, 14. März

### Langlebige Fadenwürmer und das Wachstumshormon

Der Gedanke, dass Menschen auf sparsamen Verbrauch eingestellt sind – auch als *Thrifty-Gene*-Hypothese bekannt –, ist zum ersten Mal von dem amerikanischen Genetiker James Neel (1915–2000) formuliert worden. Er wollte damit plausibel machen, warum Diabetes in unserer modernen Welt so häufig vorkommt. Seine Theorie könnte auch erklären, warum Menschen in Zeiten des Überflusses schnell dick werden. Seine ursprüngliche Hypothese wird thematisiert in:
- Neel, J. V. (1962). «Diabetes Mellitus: A ‹Thrifty› Genotype Rendered Detrimental by ‹Progress›?» *The American Journal of Human Genetics*, 14: S. 353–362

Die Theorie ist umstritten. Einige Wissenschaftler haben gegenteilige Hypothesen formuliert. Sie gehen davon aus, dass in unserer ursprünglichen Umgebung *gegen* Dicksein selektiert wurde, weil eine athletische Statur in

einer Umwelt, in der der Mensch selbst Beute anderer Gattungen werden konnte, einen Vorteil darstellte:
- Speakman, J. R. (2007). «A Nonadaptive Scenario Explaining the Genetic Predisposition to Obesity: The ‹Predation Release› Hypothesis». *Cell Metabolism*, 6: S. 5–12.

Wissenschaftler gehen davon aus, dass sich die Genaktivität zur Optimierung des Stoffwechsels an die Lebensbedingungen des Individuums anpasst. So könnten zum Beispiel die Gegebenheiten in der Gebärmutter lebenslange Veränderungen des genetischen Materials bewirken. Diesen Mechanismus bezeichnet man als Epigenetik. Es ist möglich, dass der Stoffwechsel von Kindern, die im niederländischen Hungerwinter geboren wurden, sparsamer eingestellt ist. Die Epidemiologin Tessa Roseboom (Amsterdam, Niederlande) hat über dieses Thema ein hervorragendes Buch geschrieben:
- Roseboom T., und R. van de Krol (2010). *Baby's van de Hongerwinter: de onvermoede erfenis van ondervoeding*. Amsterdam: Augustus

Professor Barker (Southampton, Großbritannien) ist der ursprüngliche Verfechter der Theorie, die klären könnte, warum Hungerwinterkinder ungewöhnlich oft an Übergewicht und Herz- und Gefäßkrankheiten leiden. Siehe:
- Hales, C. N., und D.J. Barker (1992). «Type 2 (Non-Insulin-Dependent) Diabetes Mellitus: The Thrifty Phenotype Hypothesis.» *Diabetologia*, 35: S. 595–601

Die Biologin Eline Slagboom und ihre Kollegen haben als Erste nachgewiesen, dass die Gene derjenigen, die den Hungerwinter überlebt haben, anders eingestellt waren als die ihrer verstorbenen Geschwister:
- Heijmans, B. T., E. W. Tobi et al. (2008). «Persistent Epigenetic Differences Associated with Prenatal Exposure to Famine in Humans». *Proceedings of the National Academy of Sciences of the United States of America*, 105: S. 17046–17049

Zwei Artikel zur Leidener *85-plus-Studie* und der Leidener *Lang Leven Studie*, in denen wir überprüften, ob Varianten im Insulin-IGF-1-Signalweg Unterschiede im Sterbealter erklären können, sind:
- Heemst, D. van, M. Beekman et al. (2005). «Reduced Insulin/IGF-1 Signaling and Human Longevity». *Aging Cell*, 4: S. 79–85
- Rozing, M. P., R. G. Westendorp et al. (2009). «Human Insulin/IGF-1 and Familial Longevity at Middle Age». *Aging (Albany, NY)*, 1: S. 714–722

Der folgende Artikel, in dem Insulin-IGF-1, Umfeld, Selektion, Adaption, Wachstum, Metabolismus und Lebensspanne zusammengeführt werden, gibt einen Überblick für Fortgeschrittene:

- Gems, D., und L. Partridge (2013). «Genetics of Longevity in Model Organisms: Debates and Paradigm Shifts». *Annual Review of Physiology*, 75: S. 621–644

### Sollen wir weniger essen?

Über die «Kalorienrestriktion» wurden etliche Bücher verfasst; auf dieser Idee bauen ganze Bewegungen auf. Kalorienrestriktion wird zu Unrecht als Heiliger Gral betrachtet, mit dem sich das Tempo des Alterns unter allen Umständen günstig beeinflussen lässt. Bei Mäusen hängt die lebensverlängernde Wirkung der Kalorienrestriktion offensichtlich stark vom erblichen Hintergrund ab. Weder bei allen Gattungen noch bei allen Individuen der gleichen Gattung ist ein günstiger Effekt zu erwarten:

- Liao, C. Y., B. A. Rikke et al. (2010). «Genetic Variation in the Murine Lifespan Response to Dietary Restriction: From Life Extension to Life Shortening». *Aging Cell*, 9: S. 92–95

Eine weitere Frage lautet, ob Kalorienrestriktion beim Menschen funktioniert. Es ist nicht einfach, das experimentell zu klären. Dafür müssten sich Probanden zu einer lebenslangen normalen beziehungsweise eingeschränkten Nahrungsaufnahme bereit erklären. Dennoch sind die Vorbereitungen für ein derartiges Langzeitexperiment in vollem Gange. Interessenten verweise ich auf die Website:

- http://calerie.dcri.duke.edu/

Dazu möchte ich noch auf zwei aktuelle Publikationen über zwei in den USA durchgeführte Langzeitexperimente zur Kalorienrestriktion bei Rhesusaffen hinweisen. Deren vorläufiges Fazit: Einige Krankheiten, die in Zusammenhang mit Fettsucht stehen, wie Diabetes, treten in der Gruppe mit kalorienreduzierter Kost nicht auf. Eine günstige Wirkung auf die Länge der Lebenszeit konnte (noch) nicht nachgewiesen werden.

- Colman, R. J., R. M. Anderson et al. (2009). «Caloric Restriction Delays Disease Onset and Mortality in Rhesus Monkeys». *Science*, 325: S. 201–204
- Mattison, J. A., G. S. Roth et al. (2012). «Impact of Caloric Restriction on Health and Survival in Rhesus Monkeys from the NIA Study». *Nature*, 489: S. 318–321

### KAPITEL 10
### LANG SOLLST DU LEBEN

#### Länger krank durch Ärzte

Das Grundverständnis für die unterschiedlichen Grade von Gesundheit (als krank zu gelten, obwohl man beschwerdefrei ist, beziehungsweise

krank zu sein und auch Beschwerden zu haben) ist bei Forschern wie bei Ärzten, bei Entscheidungsträgern und Politikern gleichermaßen schlecht ausgebildet. Das Paradox liegt darin, dass wir immer mehr Krankheitsjahre erleben, gleichzeitig aber auch einer längeren gesunden Lebenserwartung entgegensehen dürfen. Diese Tatsache ist für viele unbegreiflich. Wim Köhler hat darüber einen sehr lesenswerten Artikel geschrieben:
- Köhler, W., (2013). «Wij vóelen ons nog helemaal niet ziek.» *nrc Handelsblad*, 6. April 2013

Für eine Definition der gesunden Lebenserwartung sowie ergänzendes Zahlenmaterial verweise ich auf den Nationalen Kompass Volksgesundheit (NKV) des Staatlichen Instituts für Volksgesundheit und Umwelt (RIVM) und des Zentralen Amts für Statistik (CBS). Die Trends der (gesunden) Lebenserwartung in den vergangenen dreißig Jahren in den Niederlanden sind beschrieben in:
- Engelaer, F. M., D. van Bodegom et al. (2013). «Sex Differences in Healthy Life Expectancy in the Netherlands». *Annual Review of Gerontology and Geriatrics*, 33: S. 361–371 (11)

## Mehr Jahre ohne Einschränkungen

Oft führt man Screenings und Präventionsmaßnahmen durch, ohne zu wissen, ob man damit Personen ausfindig machen kann, bei denen eine Intervention die zuvor festgelegte gesundheitliche Wirkung erzielen wird. Häufig fehlt es uns an den Mitteln, die richtigen Individuen zu identifizieren, oder wir haben keine Möglichkeit zu einer effektiven Behandlung. Ist Letzteres der Fall, entfällt auch der Anlass zur Durchführung eines Screenings. Dazu hat das im Text genannte Expertenpanel, das die Argumente für und wider ein Screening systematisch bewertet hat, einen Artikel verfasst:
- Drewes, Y. M., J. Gussekloo et al. (2012). «Assessment of Appropriateness of Screening Community-Dwelling Older People to Prevent Functional Decline». *Journal of the American Geriatric Society*, 60: S. 42–50

Über die Altersgrenze für das Brustkrebsscreening wurde viel Aufhebens gemacht, obwohl der Gesundheitsrat sich damit eingehend auseinandergesetzt hat: «Eine Modellberechnung des Nationalen Evaluationsteams für Brustkrebs-Reihenuntersuchungen (LETB) kam zu dem Ergebnis, dass die Vorteile einer Reihenuntersuchung bis zu einem Alter von fünfundsiebzig Jahren deren Nachteile überwiegt.» Auf dieser Grundlage hat der Gerichtshof in Den Haag am 9. Februar 2010 entschieden, dass für Brustkrebs-Reihenuntersuchungen eine Altersgrenze von fünfundsiebzig Jahren gelten darf. Er entschied damit eine Berufungsklage gegen den nie-

derländischen Staat, die von drei Frauen sowie der Stiftung «Musterprozessfonds Clara Wichmann» und der Niederländischen Brustkrebsvereinigung angestrengt worden war:
• Gezondheidsraad: Commissie WBO (2001). *Wet bevolkingsonderzoek: landelijke borstkanker-screening (2)*. Den Haag: Publikation Nr. 2001/02
Es gibt zahlreiche Gegenargumente gegen die Annahme, dass Überalterung der Grund für die zügellose Zunahme der Pflegekosten sind. Nur zu einem geringen Teil können die steigenden Kosten mit der steigenden Lebenserwartung erklärt werden. Siehe beispielsweise:
• http://www.volksgezondheidtoekomstverkenning.nl/Over_deze_VTV/Nieuwsoverzicht/Cijfers_kosten_van_ziekten_openbaar.
Es handelt sich um ein allgemeines Phänomen, das auch für andere Länder mit explodierenden Pflegekosten gilt. In diesem Zusammenhang verweise ich gern auf das Werk des amerikanischen Wirtschaftswissenschaftlers und Nobelpreisträgers Robert Fogel.

## Der ausgefranste Saum des Lebens

Die Vorstellungen über *Healthy Ageing* gehen auf die (falsche) Behauptung des amerikanischen Arztes James Fries zurück, dass wir zukünftig aufgrund des Zurückdrängens von Krankheiten bis zum letzten Atemzug gesund bleiben und dann zwischen dem siebzigsten und neunzigsten Lebensjahr aufgrund des Alterungsmechanismus sterben werden:
• Fries, J. F. (1980). «Aging, Natural Death, and the Compression of Morbidity». *The New England Journal of Medicine*, 303: S. 130–135
Der Demograf John Wilmoth (Berkeley, USA) weist auf der Grundlage schwedischer und japanischer Daten aus den vergangenen fünfzig Jahren nach, dass die These von Fries nicht zutreffend ist. Nebenher erklärt er zudem, das sei auch nicht wahrscheinlich, da sich nicht nur das durchschnittliche Sterbealter, sondern auch das erreichbare Maximalalter erhöhen würde. Die Erhöhung scheine sich in den vergangenen fünfzig Jahren sogar zu beschleunigen. Das heißt: Das Sterben wird allgemein auf einen späteren Zeitpunkt verschoben, und genau das wurde auch in den genetischen Experimenten mit Fadenwürmern nachgewiesen.
• Wilmoth, J. R., und S. Horiuchi (1999). «Rectangularization Revisited: Variability of Age at Death within Human Populations». *Demography*, 36: S. 475–495
• Wilmoth, J. R., L. J. Deegan et al. (2000). «Increase of Maximum Life-Span in Sweden, 1861–1999». *Science*, 289: S. 2366–2368
• Kirkwood, T. B., und C. E. Finch (2002). «Ageing: The Old Worm Turns More Slowly». *Nature*, 419: S. 794–795

# Anmerkungen

## KAPITEL 11
## DIE QUALITÄT UNSERES DASEINS AUS EINER ANDEREN PERSPEKTIVE

### Was ist eigentlich gesund?

Weitere Informationen zur Gesundheitsdefinition der Weltgesundheitsorganisation (WHO) finden sich auf:
- www.who.int/about/definition/en

Siehe zum Disability-Paradox:
- Albrecht, G. L., und P. J. Devlieger (1999). «The Disability Paradox: High Quality of Life Against All Odds». *Social Sciences & Medicine*, 48: S. 977–988
- Covinsky, K. E., A. W. Wu et al. (1999). «Health Status Versus Quality of Life in Older Patients: Does the Distinction Matter?» *The American Journal of Medicine*, 106: S. 435–440

### Die Leidener 85-plus-Studie

1997 führten Annetje Bootsma, Eric van Exel, Margaret von Faber, Jacobijn Gussekloo, Gooke Lagaay, Dick Knook (†) und ich unter den Bewohnern Leidens eine Stichprobe durch. Innerhalb von zwei Jahren haben wir alle 599 in den Niederlanden lebenden Fünfundachtzigjährigen aufgesucht und über einen Zeitraum von mehr als zehn Jahren in Bezug auf Gesundheit, Krankheit, Lebensqualität und Sterben begleitet. Diese interdisziplinäre Zusammenarbeit der Leidener Ärzte und Gerontologen und der Amsterdamer Kulturanthropologen Els van Dongen (†) und Sjaak van der Geest lieferte eine Reihe neuer, aufschlussreicher Erkenntnisse. Die in diesem Buch beschriebene Studie zum Thema «Gesund sein und sich gesund fühlen» ist eine zentrale Publikation aus der Zeit:
- Faber, M. von, A. Bootsma-van der Wiel et al. (2001). «Successful Aging in the Oldest Old: Who Can Be Characterized as Successfully Aged?» *JAMA Internal Medicine*, 161: S. 2694–2700

In genannter Teilstudie werden die zwei klassischen und sich ausschließenden Interpretationen erfolgreichen Alterns bei Fünfundachtzigjährigen überprüft. Die ursprünglichen Veröffentlichungen, in denen sie vorgestellt wurden, sind:
- Rowe, J. W., und R. L. Kahn (1987). «Human Aging: Usual and Successful». *Science*, 237: S. 143–149
- Baltes, P. B., und B. M. Baltes (1990). «Psychological Perspectives on Successful Aging: The Model of Selective Optimization with Compensa-

tion». In: Baltes, P. B., und B. M. Baltes (Hg.) (1990). *Successful Ageing: Perspectives from the Behavioural Sciences*, S. 1–34. Cambridge: The Press Syndicate of the University of Cambridge.

### Eine Note fürs Leben

Der Soziologe Ruut Veenhoven (Rotterdam, Niederlande) erforscht die gesellschaftlichen Bedingungen menschlichen Glücks. Dazu stellt er Menschen eine einzige Frage: «Wie zufrieden sind Sie heute alles in allem mit dem Leben, das Sie führen?» Eine Darstellung seiner Untersuchungsergebnisse findet sich in:
- Veenhoven, R. (2000). «The Four Qualities of Life.» In: McGillivray, M., und M. Clarke (Hg.) (2006). *Understanding Human Well-Being*, S. 74–100. New York: United Nations University Press

Über die Beziehung zwischen Zufriedenheit im Leben und Alter wurde sehr viel geforscht, beispielsweise in der «Eurobarometer-Umfrage». Das Hauptziel dieser Untersuchung, die seit 1973 jährlich zweimal in allen EU-Ländern durchgeführt wird, ist die Erfassung der öffentlichen Meinung über die Vereinigung Europas. In die Umfrage wurde auch die Frage nach der Zufriedenheit mit dem eigenen Leben aufgenommen. Aus dem Ergebnis geht klar hervor, dass das Lebensglück stark vom Land abhängt, in dem man lebt, nicht jedoch vom Alter der Befragten:
- Veenhoven, R. (2006). «Geluk op leeftijd.» *Gerōn*, 8: S. 58–61

Erst in den letzten Jahren vor dem Tod sinkt die Zufriedenheit mit dem eigenen Leben, was angesichts der Tatsache, dass dem Tod meist immer mehr Gebrechen vorausgehen, nicht verwunderlich ist. Dieser Effekt wurde in mehreren westlichen Ländern in Follow-up-Studien bestätigt:
- Gerstorf, D., M. Hidajat et al. (2010). «Late-Life Decline in Well-Being Across Adulthood in Germany, the United Kingdom, and the United States: Something is Seriously Wrong at the End of Life». *Psychology and Aging*, 25: S. 477–485

## KAPITEL 12
## VITALITÄT!
## AUCH IN UNSERER GESELLSCHAFT

### Die neue Lebenstreppe

Das Konzept der neuen Lebenstreppe setzt sich aus den Stadien Vorsorge, Multimorbidität, Gebrechlichkeit und Abhängigkeit zusammen. Meine

# Anmerkungen

Kollegin Marieke van der Waal und ich haben dieses Konzept zum ersten Mal publiziert in:
- Westendorp R. G., und M. van der Waal (2011). «Anders kijken naar de ouderenzorg». *Zorgmarkt*, 11: S. 13–16

Das erschütternde Fazit, dass in der westlichen Welt drei Viertel aller Fälle von Bluthochdruck – in hohem Alter ein wichtiger Risikofaktor für Demenz – nicht oder nur unzureichend behandelt werden, findet sich in:
- Chow, C. K., K. K. Teo et al. (2013). «Prevalence, Awareness, Treatment, and Control of Hypertension in Rural and Urban Communities in High-, Middle-, and Low-Income Countries». *Journal of the American Medical Association*, 310: S. 959–968

Die Rechtfertigung der Aussage «Es ist noch besser zu rauchen, als ein kleines Netzwerk zu haben», ist zu finden in:
- Holt-Lunstad, J., T. B. Smith et al. (2010). «Social Relationships and Mortality Risk: A Meta-Analytic Review». *PLoS Medicine* 7, e1000316

Die derzeitige Struktur des Gesundheitswesens führt zu großen Problemen bei der Behandlung verschiedener gleichzeitig auftretender Erkrankungen. Eine erste Orientierung zu diesem Thema bietet:
- Boyd, C. M., J. Darer et al. (2005). «Clinical Practice Guidelines and Quality of Care for Older Patients With Multiple Comorbid Diseases: Implications for Pay for Performance». *Journal of the American Medical Association*, 294: S. 716–724

Mehr als 60 Prozent der niederländischen Ärzte sind der Auffassung, dass schwerkranke Patienten in ihrer letzten Lebensphase länger weiterbehandelt werden, als wünschenswert ist. 22 Prozent sind gegenteiliger Ansicht. Der Rest vertritt keinen dezidierten Standpunkt zu der Frage:
- Visser, J. (2012). «De arts staat in de behandelmodus.» *Medisch Contact*, 22: S. 1326–1329.

Ich vertrete die These, dass Mitarbeiter in der Langzeitpflege oft in einem medizinisch-technischen Korsett eingebunden sind und zudem den Menschen, die sie behandeln, zu wenig Gehör schenken. Zur Fundierung dieser kühnen Behauptung nenne ich als Beispiel das Problem der Unterernährung. Unterernährung wird in der institutionellen Altenpflege als medizinisches Alarmsymptom angesehen. Daher haben die beteiligten Berufsgruppen Richtlinien für die Diagnose und die Behandlung von Unterernährung entwickelt. Die Vermeidung von Unterernährung wird zudem auch als ein Qualitätsindikator für die (medizinische) Pflege betrachtet. Daher wird in den Einrichtungen mit einem Pflegeprotokoll gearbeitet, dessen Einhaltung vom Gesundheitsamt kontrolliert wird. Diese Vorgehensweisen sind allesamt höchst verwunderlich, denn der Gesundheitsrat

hat festgestellt, dass sich Unterernährung nicht eindeutig definieren lasse, die Ursachen dafür in der Regel nicht leicht aufzuzeigen seien und sich keine allgemeine Richtlinie zur Erkennung und Behandlung formulieren lasse:
• Gezondheidsraad (2011). *Ondervoeding bij ouderen*. Den Haag, Gezondheidsraad: 2011/32
Das Beispiel Unterernährung stützt also meine Behauptung, dass wir uns in den Altersheimen und Pflegeeinrichtungen oft vergaloppieren und die Mitarbeiter nur unzureichend in der Lage sind, den Wünschen der Patienten nachzukommen. Der Umgang mit Unterernährung muss daher auch aus einer vollkommen anderen Perspektive angegangen werden. Wija van Staveren, Professorin in Wageningen und Expertin für die Ernährung älterer Menschen, hat nachgewiesen, dass man die Gewichtsabnahme in Heimen allein dadurch in eine Gewichtszunahme verkehren kann, indem man den Tisch deckt, das Essen in Schüsseln serviert und den Bewohnern genügend Zeit zum Essen lässt.
• Nijs, K. A., C. de Graaf et al. (2006). «Effect of Family Style Mealtimes on Quality of Life, Physical Performance, and Body Weight of Nursing Home Residents: Cluster Randomised Controlled Trial». *British Medical Journal*, 332: S. 1180–1184

## Optimismus und Lebenslust

In den Sozialwissenschaften wird schon länger die wichtige Rolle von Vitalität für das Gefühl des Wohlbefindens in hohem Alter betont. Typische Eigenschaften dafür sind Introspektion, positive Gefühle, Energie, Engagement, Resistenz, Selbstvertrauen, Selbständigkeit und das Gefühl, sich mit etwas Sinnvollem zu beschäftigen. Siehe:
• Ryan, R. M., und C. Frederick (1997). «On Energy, Personality, and Health: Subjective Vitality as a Dynamic Reflection of Well-Being». *Journal of Personality*, 65: S. 529–565
Für den Kontext des Alterns hat die Leyden Academy on Vitality and Ageing eine operationale Definition des Begriffs «Vitalität» erarbeitet: die Möglichkeit, Ambitionen zu entwickeln, die einen Bezug zur eigenen Lebenssituation haben, und die Fähigkeit, die gestellten Ziele zu realisieren. Die Bedeutung, die das Erreichen individueller Ziele für das Wohlbefinden vor allem im hohen Alter hat, wenn Ambitionen und Ziele nicht mehr für so selbstverständlich gehalten werden, ist schon häufiger betont worden:
• Westendorp, R. G., B. Mulder et al. «When Vitality Meets Longevity. New Strategies for Health in Later Life». In: Kirkwood, T. B., und C. L.

# Anmerkungen

Cooper (Hg.) (2013). *Wellbeing in Later Life: A Complete Reference Guide, Volume IV: Wellbeing in Later Life*. London: John Wiley & Sons, Ltd.

Für einen Hinweis auf ein Umdenken, wie es bereits in der Kulturanthropologie stattgefunden hat, siehe:
- Marcus, L., und A. Marcus (1988). «From Soma to Psyche: The Crucial Connection. Part 2. Cross-Cultural Medicine Decoded: Learning About ‹Us› in the Act of Learning About ‹Them›.» *Family Medicine* 20, S. 449–457

## Grau ist nicht Schwarz-Weiß

Medical Delta, eine Kooperation der Universitäten von Leiden, Delft und Rotterdam sowie der Gemeindebehörden in Südholland, setzt sein Wissen und seine Fähigkeiten ein, um Lösungen für die gesellschaftlichen und persönlichen Folgeprobleme der Überalterung zu finden. Diese Aktivitäten sind in dem Programm «Vitalität» gebündelt. Die Studie «Grau ist nicht Schwarz-Weiß» gibt einen Überblick über die persönlichen Meinungen, Wünsche und Nöte älterer Menschen. Ihre Fragen – die im Zuge einer Voruntersuchung von einem Panel älterer Menschen entwickelt worden waren – wurden in einer repräsentativen Stichprobe 650 Probanden vorgelegt, die fünfundfünfzig Jahre oder älter waren. Siehe dazu:
- Grijs is niet zwart-wit: www.medicaldelta.nl.

## KAPITEL 13
## DER NEUE LEBENSLAUF

### Fünfundsiebzig ist das neue Fünfundsechzig

Der Amsterdamer Soziologieprofessor Kees Knipscheer plädierte in seiner Abschiedsvorlesung dafür, ab dem fünfzigsten Lebensjahr ans Ende der ersten und den Beginn einer zweiten Karriere zu denken. Letztere sollte idealerweise stärker auf die erworbene Expertise zugeschnitten sein und ein Abdriften in jegliche Form von Frühverrentung verhindern. Die zweite Karriere könnte flexibler gestaltet und gegebenenfalls auch in Teilzeitarbeit realisiert werden. Über Fünfzigjährige könnten als selbständige Unternehmer oder als Angestellte mit einem breit gefächerten Vergütungssystem tätig sein. Die soziale Absicherung könnte an die bereits initialisierten gesetzlichen Veränderungen der Lebensarbeitszeitregelung und der Frühverrentung angebunden werden:
- Knipscheer, K. (2005). *De uitdaging van de tweede adolescentie*. Amsterdam: Vortrag an der Freien Universität Amsterdam.

### Wer ist wofür verantwortlich?:
- Rosenberg, Martina (2012). *Mutter, wann stirbst du endlich? Wenn die Pflege kranker Eltern zur Zerreißprobe wird.* München: Blanvalet

### Ein kleines Gedicht für den Jubilar
Die Zahlen über die verbleibende Lebenserwartung sind auf der Website des niederländischen Zentralen Amts für Statistik (CBS) zu finden. Zu ihrer Interpretation siehe:
- Hintum, M. van (2013). «Nog nooit zo lang gezond.» *De Volkskrant*, 2. März 2013

## EIN REZEPT FÜR DIE ZUKUNFT

Meine Interpretation der gängigen Ernährungstipps weicht nicht wesentlich von den Ratschlägen ab, die der weltweit meist zitierte amerikanische Ernährungswissenschaftler Walter Willet (Harvard, USA) in seinem Bestseller gibt:
- Willett, W. C. (2005). *Eat, Drink, and be Healthy: The Harvard Medical School Guide to Healthy Eating.* New York: Free Press

Der Epidemiologe John Ioannides (Stanford, USA) formuliert seine Meinung noch schärfer. Er behauptet, die Untersuchungen zur Überernährung seien oft «zu schön, um wahr zu sein».
- Ioannides, J. P. (2013). «Implausible Results in Human Nutrition Research». *BMJ*, 347: S. 6698

Ein niederländischer Verfechter der Verhaltensänderung als leitendes Prinzip für eine Erneuerung des öffentlichen Gesundheitswesens ist der Arbeits- und Sportmediziner Willem van Mechelen (Amsterdam). Zum Thema äußert er sich gemeinsam mit Kollegen in:
- Matheson, G. O., M. Klügl et al. (2013). «Prevention and Management of Non-Communicable Disease: The IOC Consensus Statement, Lausanne 2013». *British Journal of Sports Medicine*, 47: S. 1003–1011

Die Kraft gebrechlicher älterer Menschen zu stärken, ihnen zuzuhören und das professionelle Vorgehen an dem Gehörten auszurichten, bildet das Leitmotiv des *Nationalen Programms für ältere Menschen* (NPO):
- www.nationaalprogrammaouderenzorg.nl

# REGISTER

Abhängigkeit 73, 210f., 218ff., 234, 238, 240, 248, 274
Abwehrsystem 63, 75, 88–91, 107ff., 162, 166, 173, 260f.
Affen 86, 160, 175f.
Menschenaffen 78f.
Rhesusaffen 175, 270
Afrika 70, 76ff., 80, 83f., 87, 93, 117, 122
*Ageism* 215; *siehe auch* Altersdiskriminierung
Alke 79
Alkohol 44, 50, 73, 104, 187, 211, 244
Altern, allgemeine Definition 15f., 19, 143
Altersdiskriminierung 149, 186, 215
Altersgrenzen 27, 271
Altersheim 197, 237, 276
Alzheimer, Alois 149
Alzheimerkrankheit 135, 147ff.
Amerika, Amerikaner 43, 104, 233, 244; *siehe auch* USA
Amyloid 147–150
Anthropologie 25, 77f., 84, 94, 105, 225, 258f., 273, 277
Antibabypille 31, 128

Antibiotika 73, 162, 215
Antioxidantien 166ff., 268
Apathie 222f., 227
Apoptose 140
Arbeitsmarkt 12, 133, 240
Arbeitsunfähigkeit 180
Armut 50f., 84, 94, 234
Atherosklerose 106–111, 113, 146, 150, 167, 263; *siehe auch* Herz- und Gefäßerkrankungen

Babyboom 121, 128f., 133, 234, 236, 238
Betreuungsheim 237, 240
Bevölkerungsaufbau 121, 126, 128f., 193, 264
Bevölkerungspolitik 50, 53, 127, 131f.
Bevölkerungswachstum 48, 51, 126, 131
Bewegung 73, 182, 262; *siehe auch* Fitness, körperliche Aktivität, Sport
Bewegungsapparat 182, 184
Bimoba 83–86, 95f.
Biologisches Alter 15, 26, 28, 30f., 39, 151, 155, 223

Biomarker 156
Bismarck, Otto von 27
Blindheit 63, 248
Blutdruck 44, 73, 113, 146, 179f., 212, 229, 262, 275
Blutzucker 44, 172; siehe auch Diabetes
Bruttonationaleinkommen 99, 104, 131, 206
Bruttonationalprodukt 104
Butler, Robert 149, 253

Calment, Jeanne-Louise 9
China 115, 127, 131, 134
Cholera 51, 98ff.
Cholesterin 44, 73, 107, 179f., 262
Chronische Krankheiten 106, 130, 178, 180, 184f., 194, 198, 201, 214, 216f., 262
*Cognitive-Reserve*-Theorie 147
*colourful eating* 244

Darwin, Charles 17, 20f., 49, 52, 81
Dauerlarvenstadium 29, 169
Dawkins, Richard 81, 259
DDR 105
Demenz 135, 145–151, 167, 186f., 198, 202, 212, 218, 236f., 266, 275
Demografischer Übergang 126ff.
Depression 87, 187, 195, 198, 222, 236, 262, 264
Deutschland 70, 130, 193, 206, 236, 240f.
Diabetes 44, 109f., 163, 167, 171f., 176, 187, 229, 247, 268, 270
Diät 73, 168, 175, 243; siehe auch Ernährung
Disability-Paradox 195, 201, 273
DNA 20f., 42, 47, 54ff., 73, 77, 79, 81f., 86, 90, 94, 97, 103, 117, 139ff., 164f., 167ff., 171
Defekt 138f., 161, 265
Reparatur 139
Dopamin 38f.
Dreigenerationenfamilie 93, 261

Eijkman, Christiaan 103
Eiweiße 90, 143; siehe auch Proteine
Elastin 143, 167
Entwicklungsstörung 162
Entzündungsreaktion 89, 107ff., 140
Epidemiologische Transition 106, 262
Ernährung 97, 100, 102f., 111, 126, 243, 278
Europa 50, 98, 130, 193, 205, 274
Evolution 21, 54, 76, 78ff., 83, 85, 93

Fadenwürmer 29ff., 167–170, 189f., 254, 268, 272
Falten 143
Fitness 20ff., 55, 81f., 85, 90, 93, 96, 103, 159, 169, 213, 222; siehe auch Bewegung, körperliche Aktivität, Sport
Fortpflanzung 13, 17, 20, 27, 29, 31, 38, 54f., 57, 61f., 64, 66,

81f., 85f., 91, 109, 139, 169, 171, 256f.
*frailty* 153
Freie Radikale 140, 142, 161, 166ff., 268
Fries, James 188, 272
Fruchtbarkeit 22, 31, 54f., 57, 59, 65, 75, 91f., 95f., 157, 160, 264
Fruchtfliegen 47, 59ff., 63, 65, 167, 170, 175, 256f., 268

Ganzkörperscan 142f., 179, 185
Gebrechlichkeit 153f., 156, 177, 210, 217, 266f., 274
Geburtenüberschuss 126f., 234
Gedächtnis 24, 76, 146, 163, 186, 198
  Gedächtnisstörung 145f., 202
  Gedächtnistest 186, 198
Gehgeschwindigkeit 23, 156, 267
Gehirn 23, 28, 38f., 82f., 109, 113, 116, 145–151, 153, 159, 162f., 173, 179, 182, 196
Gehirnblutung *siehe* Schlaganfall
Gehtest 156
Gene 73f., 80, 87, 90, 139, 169, 171, 189, 269
  genetische Erkrankungen 164
  genetische Experimente 64, 170ff., 272
  genetische Varianten 52, 63, 90, 172, 175, 190
  genetisches Material 48, 63f., 72, 81, 86, 90, 96, 159, 164, 269
Gennep, Arnold van 25, 31
Geriatrie 82f., 135, 153, 220, 251, 259

Gesellschaft 12, 16, 25, 27, 30f., 66, 84ff., 88, 93, 101, 104f., 107,115ff., 128f., 131–134, 182, 188, 192, 210, 212, 215, 227f., 231, 234f., 238ff., 262, 274
  gesellschaftliche Lebenserwartung 235
  gesellschaftliche Stellung 15, 26, 95
  gesellschaftlicher Lebenslauf 26
  gesellschaftliches Alter 26, 31
Gesundheit 11, 15, 26, 63, 72, 126, 178, 183f., 191, 193ff., 197, 202, 204, 211, 213, 218, 225, 228, 236, 238, 240, 244f., 258f., 270, 273
  Gesundheitlicher Zugewinn 186, 213, 244
  Gesundheitsapparat 214
  Gesundheitsberatung 112
  Gesundheitsökonomen 187
Gewalt 9, 97, 103ff., 262
Ghana 75, 83ff., 87f., 90f., 95f., 98, 109, 125ff., 259, 261, 264
Gompertz, Benjamin 70f., 258
Grey, Aubrey de 118
Grippe 39, 89, 101, 108, 162, 212
  Grippeepidemie 101
Großeltern 11, 77, 93, 193, 231–235
«Großmutterhypothese» 92–96, 261

Halley, Edmond 69
Harman, Denham 166
Hausarzt 187, 205, 215, 218, 226

Hermaphrodit 61
Herz- und Gefäßerkrankungen
   44, 107f., 111, 114, 116, 150,
   214, 245, 263, 266, 269; *siehe
   auch* Atherosklerose
Herzinfarkt 110–113, 116, 150,
   163, 180, 221
Herzinsuffizienz 123, 144
Hirnscan 145–148, 150
HIV 117, 131
Hodgkin'sche Krankheit 215
Hoher Blutdruck 44, 73, 113,
   146, 212, 262, 275
Hopkins, Frederick 103
Hormone 13, 173
   Geschlechtshormone 163
   Insulin und Wachstums-
   hormon 138–173, 268
   Östrogene 173
Hudde, Johannes 68
Hüfte 40, 118, 153, 160, 164,
   176, 181, 198, 247
Hundertjährige 43f., 172, 212,
   255
Hunger 51, 84, 88, 104, 110,
   114, 161, 174
Hungersnot 49ff., 53, 70, 117,
   127, 134
Hungerwinter 269
Hydra 33–38, 42, 54, 61f.,
   70, 137, 244, 247, 255,
   257
Hygiene 97

Industrielle Entwicklung 50, 98,
   104, 110
Industrielle Revolution 9, 49, 99,
   101, 114, 134, 211, 233
Infektionskrankheiten 9, 51, 53,
   75, 87–91, 101, 104, 106, 108,
   110, 162
Insulin 168–173, 176, 229
Italien 43, 130, 193, 206, 255

Japan 115, 117, 130, 164, 193,
   240f., 272
Jugendliche 13, 21, 24, 123, 125,
   133, 211

Kahlheit 22, 164
Kalendarisches Alter 15, 26–29,
   31, 151, 155, 207, 209f.
Kalorienrestriktion 175, 270
Kinderlosigkeit 54, 65, 85
Kindersterblichkeit 91, 93f., 110,
   116, 126
Kirkwood, Tom 54, 59, 63ff., 91,
   256f., 261
Klima 51, 84, 101f., 114, 117
Klimaveränderungen 52
Klonen 38, 62
Knie 20, 40f., 143, 153, 182
Knochenschwund 144, 163;
   *siehe auch* Osteoporose
Knorpel 40
Koch, Robert 100
Körperliche Aktivität 42, 174,
   180, 182; *siehe auch* Bewegung,
   Fitness, Sport
Körperliche Verfassung 197f.
Krebs 29, 42, 56f., 114, 123,
   139ff., 163f., 167, 171, 179,
   186, 197, 204, 217, 265
   Bindegewebskrebs 164
   Blutkrebs 114
   Brustkrebs 186, 271
   Gebärmutterhalskrebs 40, 186

Hautkrebs 187
Lungenkrebs 138 ff.

Krieg 9, 70, 124
   Irakkrieg 110
   Koreakrieg 110
   Syrienkonflikt 117
   Vietnamkrieg 110

Lachs 59
Laktase 89
Laron-Sydrom 170
Lebenserwartung 9, 30, 44, 53, 60, 67–70, 85, 97, 99, 101, 103 ff., 114–119, 131, 133, 147, 171, 177, 183, 185, 188, 193, 224, 231 ff., 235, 238, 242, 263, 271 f., 278
Lebensqualität 191, 195 f., 200, 203–206, 219 ff., 224, 273
Lebensstil 44, 107, 213, 229, 244
Lebenstreppe 25 f., 31, 207, 210, 214, 217 f., 274
Leibarzt 218
Leibrente 68
Leidener 85-plus-Studie 196–206, 269, 273
Leidener *Lang Leven Studie* 43 f., 146, 221, 255, 269
Lenderink, Jan Hendrik 122 ff., 264
Liefbroer, Aad 93

Malthus, Thomas 49–53, 127, 256
Marathon 22 f.
Martinéz, Daniel E. 35 ff.

Medawar, Peter 17 f., 20, 253
Menopause 26, 29, 65, 75, 92–96, 173
Menschenaffe 78 f.;
   *siehe auch* Affen
Metabolismus 45, 172 f., 269
Mineralien 13, 174
Morbus Crohn 108
Möwen 79, 158 ff.
Multimorbidität 210, 214, 216, 274
*Multiple-Hit*-Hypothese 139
Muskelschwäche 184

*Nature-Nurture*-Debatte 158 f., 175, 222
Natürliche Selektion 54 f., 159, 208
Neel, James 109, 268
Neuseeland 76 f., 115
Norwegen 134

Optimismus 21, 86 f., 118, 220 ff., 227, 276
Osteoporose 144, 164, 184, 214;
   *siehe auch* Knochenschwund
Östrogene 173

Parkinsonkrankheit 38 f.
Parodontose 108
Partridge, Linda 61, 257
Pauling, Linus 168
Pflegeheim 220, 237, 249
Pflegekosten 187, 272
Pflegesystem 237
Pinguine 79
Pinker, Steven 105

Plastizität 29 ff., 254
Pleiotropie 108, 94 ff.
Polygam 85 f., 94 ff.
Prävention 56, 111, 149, 177, 179, 182, 271
Progerie 163, 165, 267
Programmierter Zelltod 140
Proteine 56, 147, 161, 164; siehe auch Eiweiße
Chaperon-Proteine 56

Quality-Quantity-Trade-Off 91, 260 f.

Radikale siehe Freie Radikale
Rate-of-Living-Theorie 41, 166
Rauchen 44, 73 f., 107, 111 f., 114, 138 ff., 142, 187, 213, 244, 275
Regenerationsfähigkeit 37 ff., 42 f., 45, 61 f., 72, 106, 141, 151, 176, 182, 194, 214
Regie 207, 218, 220, 227, 237, 239 f., 248
Rehabilitation 113, 181, 217, 221
Reichtum 74
Rente 27, 182 f., 235 f., 238
Rentenversicherungsanstalt 67
Rentenalter 12, 177, 180, 183, 192
Basisrente 177, 234
Rheuma 184, 260
Rhythmusstörungen 73, 111 f., 180
Risikovermeidendes Verhalten 111, 197

Rubinstein, Arthur 11
Sauerstoffradikale siehe Freie Radikale
Säugetiere 28, 57 f., 62, 66, 71, 169
Schimpanse 79, 259; siehe auch Affen
Schlaganfall 111, 116, 141, 148, 150, 179, 181, 198
Schwalben 78 f.
Screening-Programme 179, 186 f., 212, 271
«Senior» 12, 23, 234 f., 239
Sex 13, 20 ff., 27, 31, 55, 61 ff., 66, 72, 81 ff., 85, 103, 119, 171, 204, 256 f., 260
Sexuelle Entwicklung 57
Skandinavien 94 ff., 115, 245
Slagboom, Eline 43, 171, 255, 269
Snow, John 100, 262
Soziale Kompetenzen 212
Soziale Kontakte 191, 199 ff., 202 ff., 210, 213, 221, 224, 228
Sozialstaat 234, 238
Sozioökonomische Benachteiligung 213
Sozioökonomische Klasse 64, 223
Sozioökonomischer Status 64, 223, 260
Sport 20, 41, 44, 153, 180, 182, 210; siehe auch Bewegung, Fitness, körperliche Aktivität
Stammbaum 43, 77, 80, 95
Stammzellen 37–40, 61 f., 161, 247, 255, 257

Starerkrankungen 39, 57, 163
Statistisches Zentralamt 129,
  183f., 232, 264f., 271, 278
Steifigkeit 20, 23
Sterben 49, 51, 117, 126, 156,
  188, 190, 213, 219;
  siehe auch Tod
Sterberisiko 23, 35f., 44, 53,
  57, 61f., 64, 69–72, 85,
  97, 108, 171, 176, 213, 258,
  264
Subjektives Gesundheits-
  empfinden 195, 203
Südamerika 50

Taubheit 10, 248
Telomere 141, 161
Thomese, Fleur 93, 261
Tinbergen, Nikolaas 158, 160
Tod 25, 35, 54, 66, 70, 80,
  87, 92f., 96, 121–126, 141,
  149, 153, 174, 177, 181,
  189, 200, 206, 210, 219,
  266f., 274
  Todesursache 84, 103, 106,
    110, 114, 176, 262, 264
  Totengräber 122ff., 264
  Totgeburten 122

Überalterung 12, 129f., 132ff.,
  192, 272, 277; siehe auch
  Vergreisung
Überbehandlung 185
Überbevölkerung 47ff., 51,
  54
Übergewicht 107, 109f., 174,
  212f., 246, 262, 269

Unfruchtbarkeit 22; siehe auch
  Kinderlosigkeit
Unsterblichkeit 33ff., 70, 97,
  118
Unterernährung 275f.
USA 104, 131, 175, 186,
  270

Vandenbroucke, Jan 63, 252
Veenhoven, Ruut 206, 274
Vergesslichkeit 155; siehe auch
  Gedächtnisstörung
Vergreisung 13, 133, 187, 193,
  214
Verhaltensbiologie 267
Verliebtheit 22, 87
Verschleiß 10, 18, 40f., 143
Vitalität 13, 187, 221–225, 227,
  239, 248, 276f.
Vitamine 13, 50, 102f., 166, 168,
  173, 175
Vogelgrippe 101
Vorderman, Adolphe 103
Vorfahren 75–78, 80, 101
Vorruhestandsregelung 234
Vorsorge 116, 143, 182,
  184, 188, 199, 210f.,
  212ff., 217, 223, 240, 247,
  274

Wachstumshormon 169–173
Wassersucht 123, 144
«Wegwerfkörper» 47, 54f., 57,
  59, 61ff., 65, 82, 85, 91f.,
  139, 256
Weltgesundheitsorganisation
  (WHO) 115, 126, 191, 265,
  273

Werner-Syndrom 163 ff.
Witt, Johan de 68
Wohlbefinden 13, 191, 194 f., 197–201, 203–207, 210 f., 218 ff., 223 f., 227, 276
Wohlstand 85, 106 ff., 126, 128, 233 f., 262

Zuckerkrankheit
 *siehe* Diabetes
Zufall 19, 43, 67, 74, 138
Zwaan, Bas 60, 63 ff., 256
Zwergfledermäuse 171
Zwillinge 79, 86, 189, 260

## Aus dem Verlagsprogramm

André Aleman
**Wenn das Gehirn älter wird**
Was uns ängstigt. Was wir wissen. Was wir tun können
Aus dem Niederländischen von Bärbel Jänicke
und Marlene Müller-Haas
2. Auflage. 2013. 240 Seiten mit 20 Abbildungen. Gebunden

Gian Domenico Borasio
**selbst bestimmt sterben**
Was es bedeutet. Was uns daran hindert. Wie wir es erreichen können
2014. 204 Seiten mit 6 Abbildungen und 2 Tabellen. Gebunden

Robin Haring
**Der überforderte Patient**
Gesund bleiben im Zeitalter der Hightech-Medizin
2014. 203 Seiten mit 19 Abbildungen. Klappenbroschur
(C.H.Beck Paperback Band 6145)

Thomas Meinertz
**Herzangelegenheiten**
Fallgeschichten auf Leben und Tod. Ein Kardiologe erzählt
2012. 222 Seiten mit 2 Abbildungen. Gebunden

Scott Stossel
**Angst**
Wie sie die Seele lähmt und wie man sich befreien kann
Aus dem Englischen von Anne Emmert
2014. 460 Seiten. Gebunden

Verlag C.H.Beck